本书由山西省高等学校人文社会科学重点研究基地项目（2022J026）资助

汾河流域国土空间保护开发利用研究

付建新◎著

中国石化出版社

·北 京·

内 容 提 要

本书是山西省高等学校人文社会科学重点研究基地项目——汾河流域国土空间“三生”用地转型时空分异特征及其驱动力研究（2022J026）的部分研究成果；在聚焦汾河流域国土空间格局分异特征基础上，分析国土空间开发保护驱动力，找出国土空间开发保护存在的问题，最后提出国土空间开发保护的战略路径。

本书可供高等院校地理学、生态学、土地资源管理、资源环境与城乡规划和国土空间规划等专业的师生使用，也可供政府、企业相关部门等相关领域研究和工作人员阅读参考。

图书在版编目（CIP）数据

汾河流域国土空间保护开发利用研究 / 付建新著 .
北京 : 中国石化出版社 , 2024. 10.
— ISBN 978-7-5114-7290-8

Ⅰ. F129.925

中国国家版本馆 CIP 数据核字第 2024H8J852 号

中国石化出版社出版发行

地址：北京市东城区安定门外大街 58 号
邮编：100011　电话：（010）57512500
发行部电话：（010）57512575
http : //www.sinopec-press.com
E-mail : press@sinopec.com
北京捷迅佳彩印刷有限公司印刷
全国各地新华书店经销

*

710 毫米 × 1000 毫米 16 开本 12 印张 16 彩插 179 千字
2024 年 10 月第 1 版　2024 年 10 月第 1 次印刷
定价：68.00 元

前言 PREFACE

构建和优化国土空间开发保护新格局是新时代深化“多规合一”改革的重要组成部分。为了加快推动国土空间开发保护新格局的形成，需要着力提高国土空间安全韧性，确保国土空间合理开发和高效利用，进而实现国土空间开发保护格局系统优化。2019 年黄河流域生态保护和高质量发展战略上升为国家重大战略。山西黄河流域既是京津冀的水源涵养地，拱卫京津冀和黄河生态安全的重要屏障，又是我国重要的资源能源富集区、生态功能区和生态脆弱区，在黄河流域和我国高质量发展中占有重要地位。随着自然生态保护和经济社会发展之间的矛盾日益突出，《山西省黄河流域生态保护和高质量发展规划》提出构建“两带两屏”生态保护和绿色发展空间格局，其中两带之一为沿汾生态经济带，该带为集中连片可开发国土空间，在全省经济发展格局中具有龙头地位。

汾河是黄河第二大支流，位于黄河中游地区，汾河流域是山西省工业化、城镇化水平最高，人口与经济集聚程度最大，创新潜力最大，现代农业和先进制造业发展条件最好的区域，是新时代山西省转型升级、高质量发展的主战场。科学认知山西汾河流域国土空间格局与形成机理，是优化国土空间规划格局，实现山西转型出雏形高质量发展的迫切需要。本书基于气象数据、土地利用遥感影像数据和社会经济数据，使用 M-K 突变检验法、土地利用动态度、转移矩阵、重心迁移和地理探测器等方法和模型，构建汾河流域国土空间格局，明确形成机理，在分析气候变化特征规律和社会经济影响因素的基础上，探测国土空间格局的影响因子，探析气候变化和社会经济因子对国土空间格局的主要影响过程，最后诊断汾河流域国土空间开发利用过程中存在的问题，提出汾河流域国土空间开发保护利用的战略路径，为汾河流域国土空间优化和生态文明建设提供政策支撑。

本书共七章内容，第一章，绪论；第二章，理论基础与国内外研究进展；第三章，研究区概况；第四章，汾河流域国土空间格局分异特征；第五章，汾河流域气候时空特征变化规律；第六章，汾河流域国土空间保护开发利用驱动力；第七章，汾河流域国土空间保护开发利用问题诊断和战略路径。

本书是在前期学习和科研期间所积累的成果基础上加以修改完成的，得到了山西省高等学校人文社会科学重点研究基地项目（2022J026）、山西省科技战略研究专项（202204031401111）、山西省高等学校科技创新项目（2020L0505）、山西省哲学社会科学规划课题（2020YY202）和山西省社科联重点课题研究项目（SSKLZDKT2022100）的资助。感谢研究生武志平、姜民和李瑞雨对本书的校对。

限于本人水平，书中一定存在许多缺陷和不足，热切希望专家、学者、同行和广大读者批评指正。

付建新

2024 年 7 月 19 日于太原

目录 CONTENTS

第一章 绪论

一、研究背景

（一）黄河流域生态保护和高质量发展国家战略带来新机遇和新挑战

2019 年习近平总书记在黄河流域生态保护和高质量发展座谈会上，对保护和治理黄河，提出“坚持生态优先、绿色发展，以水而定、量水而行，因地制宜、分类施策”的科学论断，确立了黄河流域生态保护和高质量发展国家战略[1]。黄河流域国土空间开发应从不断扩张开发空间和建成区面积转为调整和优化空间结构布局[2]，从强调土地利用数量和规模转为提高土地资源的利用质量和效率，从强化生产、生活空间而弱化生态空间转为确保生产、生活、生态空间的目标均能实现，进而优化和调整国土空间结构布局。立足生态、农业和城镇三区及其资源环境承载能力，参照流域内部各地新一轮的国土空间规划方案，制定精细化、差异化的空间管治和区域发展政策[3]。

2021 年 5 月，山西印发了《山西省黄河流域生态保护和高质量发展规划》，将推进汾河保护与治理、五湖治理、开展国土绿化彩化财化行动、推进黄土高原水土流失治理等作为重点任务。山西黄河流域在黄河流域发展格局中的地位得到明确；山西黄河流域经济发展质量将不断提升；山西黄河流域将成为生态文明建设的示范区域；山西黄河流域的整体功能发挥与内部协调发展将受到重视；同时山西黄河流域也面临诸多挑战，山西黄河流域作为我国粮食安全重要保障区，面临规模和质量的双重挑战；山西黄河流域生态环境自然本底依然脆弱，生态环境保护压力仍然较大，水土流失总体缓和，局部加剧，问题依然严峻；山西黄河流域水资源匮乏，水资源供需矛盾尖锐，且具有水少沙多的典型特征，优质水源保护压力"常态化"；山西黄河流域创新驱动支撑高质量发展的能力不足，文化旅游产业竞争力不够，吸引力和竞争力不强，文旅产业经济支撑和生态支撑不足；汾河流域是黄河流域的重要组成部分，是山西农产品主产区，工业主要集中区，城镇化水平最高区，也是新时代山西省转型升级、高质量发展的主战场，但该流域水资源全域化配置与水生态保护修复、生态景观建设与流域污染治理、工业化绿色转型与城镇化高质量发展等问题同时并存，流域国土空间开发和生态系统服务功能的可持续维系难度更趋明显，对国土空间优化与管制提出更大挑战。

（二）"碳达峰、碳中和"背景下山西国土空间如何优化

碳中和是指人类活动造成的二氧化碳排放与全球人为二氧化碳吸收量在一定时期内达到平衡[4]。2020年，习近平主席在第七十五届联合国大会一般性辩论上的讲话中上提出了"中国将采取更加有力的政策和措施，二氧化碳排放力争于2030年前达到峰值，努力争取2060年前实现碳中和"的目标。《中华人民共和国国民经济和社会发展第十四个五年规划和2035年远景目标纲要》中明确提出了"国土空间开发保护格局得到优化，生产生活方式绿色转型成效显著，能源资源配置更加合理、利用效率大幅提高，单位国内生产总值能源消耗和二氧化碳排放分别降低13.5%、18%"的目标。碳达峰和碳中和已经纳入生态文明建设整体布局中，是国土空间格局优化的目标导向[5]。土地利用变化通过改变土地利用类型、方式、强度、结构，直接改变或间接影响陆地生态系统与大气之间的碳排放和吸收过程[6，7]。"十四五"时期是碳达峰的关键期、窗口期，要提升生态碳汇能力，强化国土空间规划和用途管控，有效发挥森林、草原、湿地、海洋、土壤、冻土的固碳作用，提升生态系统碳汇增量。建设用地挤占耕地、城市扩张占用其他用地、工农业用地布局等均与人类活动有密切关系，土地利用与碳排放密切相关，如何实现土地利用结构、方式、规模、强度等的低碳化是必须解决的问题。

国土空间功能格局是协调经济发展与碳排放的空间载体[8]，作为我国能源资源富集大省，在碳达峰和碳中和背景下，未来山西的社会经济发展充满挑战和机遇。对山西来说全方位推进高质量发展，在短期内实现碳达峰和碳中和，面临的挑战是极其严峻的。保耕、稳林、护草、限建、防荒、增湿等土地利用方式对山西实现碳中和目标至关重要。耕地在为粮食产出做出保障的同时也出现了耕地土壤被污染的现象。2014 年全国土壤污染调查显示，耕地土壤污染超标率高达 19.4%[9]，耕地土壤的重金属污染面积约 16.67%，山西耕地土壤重金属污染尤为严重[10]，主要和工业废水与生活污水排放、汽车尾气排放以及受到污染的农田灌溉水体等有关。如何实现耕地低碳、绿色利用是碳中和背景下山西耕地利用的最有效途径之一。森林生态系统通过植物光合作用吸收大气中的二氧化碳并释放氧气，将碳吸收和储存在森林植被、地上凋落物、地下植物根系等森林生态系统中，实现森林碳汇[11]。山西应该加快森林、草地、湿地和耕地等生态系统的固碳作用。积极开展矿区地质环境治理、修复，对矿区土地进行复垦，提升矿区生态固碳能力。大力发展绿色低碳循环农业，促进农业提质增效，增强生态农业碳汇[12]。碳中和视角下国土空间优化对提高碳减排措施的公平化制定和推动区域绿色低碳可持续发展具有重要意义[13]。

（三）国土空间开发利用新格局、新优化亟待形成

国土空间开发利用格局是一个国家或地区总体发展战略、目标任务和开发保护利用方式在空间上的体现[14]。改革开放以后，中国国土空间开发的步伐不断加快，土地利用 / 土地覆被发生着深刻的变化。第七次全国人口普查数据显示，中国居住在城镇的人口为 9.02 亿人，城镇化率已达 63.89%，1978 年，我国国内生产总值仅为 3678.7 亿元，但 2020 年突破百万亿元，为 101.60 万亿元，40 多年增长了约 275 倍，2023 年达 126.06 万亿元。伴随我国经济发展水平不断提高和城镇化进程不断加快，在国土空间开发中因重短期单一效果轻长远综合效益，重国土开发速度轻国土开发质量，我国国土空间开发一度出现开发秩序混乱和失衡[15, 16]、城乡差距拉大[17, 18]、环

境污染加剧[19, 20]、生态系统恶化[21]、能源资源枯竭[22]等一系列问题，形成了以建设用地增长为主要驱动的国土空间演变格局[23]。有的学者分析“三生”空间土地利用功能变化[24]，将生产、生活和生态空间作为优化国土空间格局的重要抓手[25]。

为了应对以上问题，国家陆续编制了区域规划、土地利用规划、主体功能区规划、城乡规划、新型城镇化规划、国土空间规划等一系列重要的规划文件[26]，包括《全国土地利用总体规划纲要（2006—2020年）》《全国主体功能区规划》《国家新型城镇化规划（2014—2020年）》和《全国国土规划纲要（2016—2030年）》等。但由于规划管理部门不同、规划目标不一、技术操作平台差异和不同地域规划政策有别等原因，极大制约了国土空间规划开发的统一性、协调性和持续性，影响了国土空间开发利用的成效。党的十九大报告提出“构建国土空间开发保护制度”，并要求完成生态保护红线、永久基本农田、城镇开发边界三条控制线划定工作[27]。2018年国家整合了原国土资源部等8部委机构和部门，成立了自然资源部，标志着“多规合一”的新规划时代的到来，国土空间规划编制迎来了重大改革，为新时代国土空间规划的顶层设计提供了保障，并针对近期、中期和远期的国土空间规划制定提出了明确目标。2019年《中共中央、国务院关于建立国土空间规划体系并监督实施的若干意见》中指出“将主体功能区规划、土地利用规划、城乡规划等空间规划融合为统一的国土空间规划，实现‘多规合一’”[28]，为新时代国土空间治理和开发指明了方向。要深入落实山西省促进“两山”与平川地区协调发展的总体战略，衔接“一泓清水入黄河”生态修复治理工程方案和“一群两区三圈”城乡区域发展新布局，坚持生态优先、绿色发展，系统治理、分区施策，统筹兼顾、协同共治，传承文化、讲好故事的原则，遵循上述区域协调发展的战略取向，加快形成主体功能突出、空间节约高效、保护与发展统一的生态保护和高质量发展格局。

（四）资源型经济转型升级、高质量发展和生态保护协同推进常态化

山西省是我国重要的资源富集区、能源供给区、重工业分布区，同时

也是我国工业高耗能区、矿产资源枯竭区、水土流失严重区。2022 年山西省地区生产总值为 25642.6 亿元，第二产业占 53.98%，工业企业单位数为 7688 个，其中重工业单位数达 6712 个，占比为 87.30%。新常态背景下资源型经济转型发展困难，煤炭产业结构依赖性不减，过度依赖于资源高消耗的增长模式瓶颈受限，生态环境保护与经济高质量发展并存等新问题成为新时期山西省经济社会发展面临的挑战和机遇。山西煤炭的生产与消费占黄河流域和全国总量的比重高，煤炭依然是依赖严重的能源，资源型城市转型难度大，转型效率低。2019 年黄河流域 9 省（区）原煤产量占全国原煤总产量的比重高达 80.6%，山西是我国仅次于内蒙古的煤炭大省，占黄河流域原煤产量的 31.8%，占全国的 25.7%，是原煤生产加工区和煤炭产品转换区。2019 年黄河流域 9 省（区）能源消费量占全国的比重为 33.5%，其中煤炭消费量占全国的比重为 46.5%，表明黄河流域消费的能源种类主要是煤炭。山西是黄河流域煤炭消费总量最多的省份，占到流域总量的 23.9%。山西煤炭的生产与消费均占黄河流域总量和全国总量的超高比重，煤炭等化石能源依然是山西黄河流域严重依赖的能源品种。石油型城市转型好于煤矿型城市和金属矿型城市，山西资源型城市基本属于煤炭型城市，由于环境污染严重，治理和转型难度较大，城市转型效率较低，转型效率高的城市主要集中在甘肃省和陕西省，转型效率低的城市则主要集中在山西省[29]。山西作为国家资源型经济转型综合配套改革试验区，高质量发展是山西省优化国土空间开发保护的核心主题之一，应该着力优化国土空间格局，提升国土空间品质和利用效率，提高国土空间治理能力。

山西黄河流域水土流失面积有所减小，但是水土流失面积占全省土地面积比例较大，侵蚀沟道数量较多，虽然侵蚀类型以轻度为主，但中度侵蚀比重在黄河流域各省中较大。根据中国水土保持公报（2021），可以看出黄河流域 9 省（区）水土流失面积为 121.09 万 km^2，占全国水土流失面积的 45.28%。山西水土流失总面积居第 6 位，比第 5 位的陕西少 5532km^2，但是远高于宁夏（15535km^2）、河南（20680km^2）、山东（23242km^2）。从水土流失面积占各省（区）、市土地总面积的比例来看，内蒙古水土流失面积占各省（区）、市土地总面积的比例最大，达 48.29%，山西水土流失面积占土地总面积的比例居第 3 位，仅比第 2 位的甘肃少 2.98%，说明山西水土流失面积的占比是黄河流域 9 省（区）中比例较大的省份。《第一次全国水利普查水土保持情况公报》显示，山西侵蚀沟道数量位列第 3，为 10.89 万条，是第 4 位青海的 2.10 倍。从水土流失面积变化来看，山西 2021 年水土流失面积比 2020 年减少了 952km^2，其中强烈及以上侵蚀类型减少了 768km^2。按水土流失侵蚀强度分，黄河流域轻度、中度、强烈及以上侵蚀面积分别为 79.28 万 km^2、15.83 万 km^2、25.97 万 km^2，其中各省（区）、市均以轻度侵蚀为主。山西水土流失轻度侵蚀的面积和占水土流失面积的比例均为第 5 位，分别为 3.94 万 km^2 和 67.93%；强烈及以上的侵蚀面积和占比均为第 6 位，分别为 0.65 万 km^2 和 11.19%；中度侵蚀的面积居第 6 位，为 1.21 万 km^2，但是中度侵蚀面积占水土流失面积的比例为第 3 位，为 20.88%，且仅比排在前两位的陕西、宁夏低 2.03% 和 1.21%。故虽然山西黄河流域水土流失侵蚀类型以轻度为主，所占比例为第 5 位，但中度侵蚀比重在黄河流域各省中较大，所以中度侵蚀治理是山西黄河流域治理的重点。

山西森林覆盖率位居黄河流域第 5，生态保护工作成效较好，但森林质量不高、生态功能不强、森林面积增长空间有限。据《中国统计年鉴 2022》，2021 年，黄河流域 9 省（区）森林面积为 7327.32 万 hm^2，占全国森林面积的 30.35%。黄河流域 9 省（区）中有 3 个省的森林覆盖率高于 23.0% 的全国平均水平，其中陕西省的森林覆盖率最高，为 43.06%；其次是四川省，为 38.03%，但省内仅有阿坝州处于黄河流域，因此全省高森林覆盖率并不能对黄河流域的生态安全发挥太大作用；处于第 3 位的是河南省，为 24.24%。作为“中国水塔”的青海省，由于其植被多为草原，其森林覆盖率为 5.82%。山西省的森林覆盖率居第 5 位，为 20.50%。但山西的造林总面积居第 1 位，达 338830hm^2，比排在第 2 位的陕西造林面积多 14499hm^2。森林蓄积量仅排在第 6 位，为 12923.37 万 m^3，仅比山东、青海和宁夏高。由于不同省份位于黄河流域的县域数量不同，从每个省份森林覆盖率增长县域数目与该省份位于黄河流域的总县数的比值而言，山西和陕西的生态保护工作较有成效，比值分别为 72.9% 和 52.9%。《山西省森林生态连清与生态系统服务功能研究》[30] 指出，全省森林生态系统年固碳量 762.88 万 t，年碳汇量 2797.51 万 t，相当于吸收了 2016 年全省碳排放量的 5.20%，山西森林生态系统吸收碳排放量相当于全国平均水平的一半。其原因，一是山西煤炭在能源消费总量中占比高达 90%，碳排放强度位于全国前列；二是山西乔木林平均碳密度（即平均固碳量）小于全国乔木林平均碳密度。森林碳汇能力与其林龄组成密切相关，幼、中龄林的固碳速率相对较快。山西省第九次森林资源清查结果表明，全省森林以中幼龄林为主，其面积、蓄积量分别占到乔木林面积、蓄积量的 69.09%、55.23%。2021 年林草生态综合监测结果显示，全省每公顷森林蓄积量 51.58m^3，其中天然林 70.98m^3、人工林 31.05m^3，是世界水平的 1/9，森林质量相对较低，森林生态功能不强。山西黄河流域森林资源总量不足、质量不高、功能不强、分布不均的现象依然存在，故需要在森林质量精准提升工程上下功夫。

汾河流域是山西省工业化、城镇化水平最高，人口与经济集聚程度最大，现代农业和先进制造业发展条件最好的区域，是新时代山西省转型升级、高质量发展的主战场。科学认知山西汾河流域国土空间格局与形成机理，是优化国土空间规划格局，实现山西高质量发展的迫切需要，为山西省在转型发展上率先蹚出一条新路来做好空间保障。

二、研究意义

土地利用转型更多是土地主导功能的变化，不同主导功能在自然和社会经济因素的作用下，其数量、空间组合、生态属性等均发生改变[31]。土地利用生产、生活、生态功能转型是土地利用转型的主要形式，是土地利用/覆被变化研究的新视角和新途径[32-34]。随着改革开放进程不断推进，我国城镇化率由1978年的17.9%上升为2023年的66.16%，同时，快速的城镇化和工业化发展带来了诸多问题，如国土空间开发秩序失衡、土地资源利用粗放低效、环境污染问题依然严峻、生态系统遭受破坏等。农业、生态用地等被建设用地挤占，生产、生活和生态空间之间的矛盾日益尖锐，呈现出不协调的发展趋势[35]。在我国经济社会发展面对多重问题与挑战的背景下，党的十八大首次从国家战略的高度提出构建生产空间集约高效、生活空间宜居适度、生态空间山清水秀的发展目标[36]，明确了生产空间、生活空间和生态空间“三生”空间的发展要求。目前快速城市化背景下“三生”空间的转型规律是生活和生产方式绿色化、低碳化转变和国土空间规划高质量发展的基础，对于国土空间资源优化配置和生态系统韧性建设具有重要意义[37]。“三生”功能视角下的国土空间动态演化过程和特征分析有利于优化国土空间开发格局和把握国土空间发展趋势[38, 39]。“三生”功能如何通过识别权衡利弊来实现协同发展，受到地域分异规律和社会经济发展规律的影响[40, 41]。国土空间过渡地带的“三生”功能转型尤为明显，其转型对生态环境效应的空间分异影响较大[42]。不同国土空间的“三生”功能之间的耦合协调与内部差异较大，城市空间是国土空间的重要组成部分，其“三生”功能的耦合协调特征和发展规律研究对于城市高质量推进和区域协调发展具有指导意义[43]。城市及城市群国土空间“三生”功能耦合协调关系及其影响因子是促进其国土空间格局科学、有序、可持续发展的关键[44, 45]。乡村空间的“三生”功能协同发展是不断博弈的动态复杂过程，三者相互促进、相互影响[46]，优化村域尺度国土空间格局的“三生”协调功能，为全面乡村振兴提供空间支撑[47]，促使乡村地域功能协调有序发展。尤其在生态脆弱区，开展“三生”空间主导功能冲突研究，有助于合理构建当地生态安全保障，促进社会经济良性发展[48]。通过GMOP-FLUS模型等预测，同时将“三生”空间情景配置和“三生”空间底线保护相结合，为合理编制国土空间规划和制定“三生”功能协调发展政策提供依据[49–51]。在明确国土空间“三生”主导功能的定位基础上，依托各区域自身优势与资源禀赋，通过加强区域协作[52]，通过“三生”功能时空演化及发展障碍和优势功能识别，提出未来国土空间格局优化建设的主导方向[53]。“三生”空间的土地利用主导功能变化是在社会经济转型发展背景下土地利用变化研究的新视角，对科学认知资源型经济地区土地利用系统、引导社会经济资源合理配置，提升国土空间生态环境质量，创建宜居宜业的生活空间，促进经济社会可持续发展具有重要意义。

三、研究内容与研究思路

（一）研究内容

首先阐述了国土空间相关概念和基本理论，在此基础上综述国土空间开发利用国内外研究进展，对汾河流域自然地理特征和人文地理特征进行描述和分析，探究了汾河流域国土空间格局分异特征和变化规律；其次对汾河流域气候时空特征变化规律进行研究，主要分析了气温变化特征和降水量变化特征及变化规律；明确了汾河流域“三生”国土空间保护开发利用驱动力，包括农业生产用地、工业生产用地、城镇生活用地、农村生活用地、林地生态用地、草地生态用地和水域生态用地，单独对政策影响因素进行了阐述，并对国土空间影响因素进行地理探测；基于汾河流域国土空间开发保护总体战略思路，进行了新阶段和新要求的梳理和判定，指出现阶段空间开发保护存在的问题，提出国土空间“三生”用地开发利用战略路径。

（二）研究思路

遵循“文献综述—理论研究—特征分析—规律揭示—成因探究—路径提出”的研究思路，基于土地利用数据，构建了汾河流域国土空间“三生”空间功能分类体系，描述国土空间分异格局现状特征，揭示在自然因素和社会经济因素影响下的国土空间格局分异规律，着重分析了流域气候时空特征变化规律，对“三生”空间不同地类驱动力进行了定性分析与定量探测，在此基础上挖掘了国土空间“三生”用地现状与开发存在的问题，最后提出了国土空间“三生”用地开发利用战略路径。

四、数据来源与研究方法

（一）数据来源

土地利用数据来源于中国科学院资源环境科学数据平台（http：//www.resdc.cn/DOI），其中，1980年、1990年、2000年和2010年为Landsat TM/ETM遥感影像，2020年为Landsat 8遥感影像，均通过人工目视解译生成，解译精度大于95%[54]。对“三生”空间的分类和识别主要依据国土空间功能、土地利用和城乡规划用地三种分类体系进行分类和识别[55]。分类的原则是以“三生”用地的主导功能涵盖不同土地利用类型的次要功能，以此来建立新的“三生”用地分类体系，来满足流域研究实际需要，比如耕地既有主要的生产功能也兼有生态和生活功能，故将耕地归为农业生产用地类型。其他建设用地是指厂矿、大型工业区、油田、盐场、采石场等用地以及交通道路、机场及特殊用地，故将其划分在工业生产用地中。同时参照了董建红、高星等学者[56, 57]对“三生”用地的分类方法，考虑数据的可获取性和可操作性，将生产用地分为农业和工业生产用地，生活用地分为城镇和农村生活用地，生态用地分为林地、草地、水域和其他生态用地（表1-1）。数字高程模型（DEM）数据来源于地理空间数据云。社会经济数据来源于山西省统计年鉴[58]。乡村家庭户规模数据来源于中国人口和就业统计年鉴。

表1-1 “三生”空间功能分类体系

“三生”空间功能分类		土地利用类型二级地类
一级分类	二级分类及代码	
生产用地	农业生产用地1A	水田、旱地
	工业生产用地1B	其他建设用地
生活用地	城镇生活用地2A	城镇用地
	农村生活用地2B	农村居民点

续表

“三生”空间功能分类		土地利用类型二级地类
一级分类	二级分类及代码	
生态用地	林地生态用地 3A	疏林地、灌林地、有林地、其他林地
	草地生态用地 3B	高覆盖度草地、中覆盖度草地、低覆盖度草地
	水域生态用地 3C	河渠、水库坑塘、湖泊
	其他生态用地 3D	沼泽地、裸岩石质地、戈壁、沙地、滩地、盐碱地、裸土地

（二）研究方法

1. 土地利用动态度

土地利用动态度表征土地资源数量的变化速度。包括表示某种土地利用类型数量变化的单一土地利用动态度（K）和表示综合土地利用类型数量变化的综合土地利用动态度（LC），公式如下[59]：

$$K=\frac{U_{\mathrm{b}}-U_{\mathrm{a}}}{U_{\mathrm{a}}}\times\frac{1}{T}\times 100\% \tag{1-1}$$

$$LC=\frac{\sum_{i=1}^{n}\Delta LU_{i-j}}{2\sum_{i=1}^{n}LU_{i}}\times\frac{1}{T}\times 100\% \tag{1-2}$$

式中：U_{a} 和 U_{b} 分别为初期和末期土地利用类型的面积；T 为研究时段；ΔLU_{i-j} 为第 i 类土地利用类型转化为第 j 类土地利用类型的面积绝对值；LU_i 为研究初期第 i 类土地利用类型的面积。

2. 土地利用转移矩阵

土地利用转移矩阵用来刻画区域土地利用变化的结构特征和各地类变化的方向[60, 61]。公式如下：

$$S_{ij}=\begin{vmatrix} S_{11} & S_{12} & S_{13} & \cdots & S_{1n} \\ S_{21} & S_{22} & S_{23} & \cdots & S_{2n} \\ S_{31} & S_{32} & S_{33} & \cdots & S_{3n} \\ \vdots & \vdots & \vdots & \vdots & \vdots \\ S_{n1} & S_{n2} & S_{n3} & \cdots & S_{nn} \end{vmatrix} \tag{1-3}$$

式中：S 为面积；n 为土地利用类型数；i、j 分别为研究初期和末期土地利用类型。

3. 重心迁移

通过分析“三生”空间功能重心迁移，可以了解土地功能转型的过程、特点与方向。重心坐标一般用经、纬度表示，公式如下[59]：

$$X_{t}=\sum_{i=1}^{n}(C_{ti}\times X_{i})/\sum_{i=1}^{n}C_{ti} \quad (1\text{-}4)$$

$$Y_{t}=\sum_{i=1}^{n}(C_{ti}\times Y_{i})/\sum_{i=1}^{n}C_{ti} \quad (1\text{-}5)$$

式中：X_t、Y_t 分别为迁移重心经、纬度坐标；X_i、Y_i 分别为第 i 个单元几何中心经、纬度坐标；n 为研究区内单元个数。

4. 地理探测器

地理探测器[62, 63]是探测地理事物空间分异性，以及揭示其背后驱动力的一组统计学方法。不仅可以用来探测单个因子对地理事物的独立解释能力，也可以探测相互作用后加强或减弱解释能力。公式如下：

$$q=1-\frac{\sum_{h=1}^{L}N_{h}\sigma_{h}^{2}}{N\sigma^{2}} \quad (1\text{-}6)$$

式中：q 为影响因子对“三生”空间转型的解释力；N_h 和 N 分别为层 h（h=1，2，…，L）和研究区的样本量；σ_h^2 和 σ^2 分别为层 h 和研究区 Y 值的方差。q 值在［0，1］，q 值越大，表示因子对“三生”空间功能转型的解释力越强；反之越弱。q=1，表示解释力最强；q=0，表示因子与地理事物无关。

交互作用可探测评估因子 X_1 和 X_2 共同作用时是否会增强或减弱对 Y 的解释力或者这些因子对 Y 的影响是相互独立。先分别计算因子 X_1 和 X_2 对 Y 的解释力 q（X_1）和 q（X_2），再计算因子 X_1 和 X_2 对 Y 的叠加解释力 q（$X_1 \cap X_2$），最后对 3 个解释力进行比较分析得出交互作用探测解释力。

第二章
理论基础与国内外研究进展

一、相关概念与内涵

（一）国土空间

空间、国土空间的概念解析是准确把握国土空间开发利用和格局优化的前提。空间概念被建筑学、地理学、生态学、景观学等学科广泛应用，具有政治、生态、自然、社会、文化、宗教等多重属性。地理空间其实包含了空间形式、空间分布和空间结构（structure）或格局（configuration）等地理空间的衍生概念[64]。空间是指人类社会赖以生存和发展的总体物质环境。包括自然环境，人工环境和人三大部分，即人居环境[65]。国土空间是“区域”在国家尺度上的称谓具有“区域”的基本内涵，具有基本的自然地理属性和社会经济属性，是地域分异规律作用的产物[66]。

《全国主体功能区规划》中明确指出国土空间的概念，是指国家主权与主权权利管辖下的地域空间，是国民生存的场所和环境，包括陆地、陆上水域、内水、领海、领空等。国土空间的内涵核心是权域空间[67]，是由各种自然要素和人文要素组成的地域空间，组成要素包括资源和环境[68]。国土空间具有自然地理属性、社会属性、经济属性和政治属性。国土空间是人类及其他生物生存与活动的场所，由生态系统和人类社会共同组成[69]。国土空间是一个复杂空间，包括土地资源、水资源、矿产资源、生态环境、社会经济等不同主题要素。国土空间的核心是土地资源，但不能简单地理解为土地资源，它是由自然—社会多种要素共同构成的空间[70]。国土空间是一个综合性功能空间，应注重经济、社会与生态的协调发展[71]。国土空间作为生态文明建设的载体，是人地关系耦合的整体[72, 73]。国土空间规划应该更加注重高效、协调、可持续地优化配置国土资源，需要更加注重处理集聚和分散、开发和保护的关系，需要更加注重国土安全，构建高效、协调和可持续的国土空间开发格局[74]。优化国土空间集约利用调控政策和管治手段，制定差别化的空间集约利用政策[75]。随着中国式现代化的提出，对国土空间体系提出了新要求，同样国土空间体系为实现中国式现代化提供了国土空间保障[76]。中国特色国土空间治理自然资源治理和空间规划治理"双脉络"的"要素—空间—过程—主体"四位一体和"有序、高效、安全、绿色、共享"五维协同的国土空间治理现代化整体框架被提出[77]。如何使国土空间的生产、生活、生态功能发挥协同效应和乘数效应，最终促进经济社会持续健康发展？结合前人对国土空间的概括和阐述，本研究认为国土空间是一个自然本底和人类利用方式都复杂的三维空间、地理空间、功能空间，由提供工业产品和服务产品的城市空间、提供农产品为主的农业生产空间和农村生活空间以及提供生态产品和生态服务的生态空间组成。

（二）"三生"空间

"三生"空间是从功能视角提出的国土空间开发利用格局，与主体功能区相匹配，与国土空间规划"三区三线"相对应，构建科学合理的城市、农业和生态安全格局[78]。国土空间规划是在自然条件和规律的基础上对人类行为在生产、生活、生态空间上统筹安排的结果，核心是协调和解决空间竞争问题[79]。

"三生"空间更多强调和考虑人的因素，集合了生产空间、生活空间和生态空间，中央十八届三中全会通过了《中共中央关于全面深化改革若干重大问题的决定》，进一步提出了建立空间规划体系，探讨了中国当前阶段生态文明建设、乡村振兴以及生态、生产和生活空间的合理布局，实现生产、生活和生态功能三者协调发展是当前国土空间规划和开发的重点[80]。生产空间主要为人类提供农产品、工业产品和服务产品的区域[81]，生活空间主要为人类提供居住、消费、休闲和娱乐等与承载和保障人居有关功能的区域[82]，生态空间是以提供生态产品和生态功能为主导的区域，在维持人类生存的自然条件及其效用中发挥重要作用[83]。生态空间是生产空间和生活空间的基础，是维持和协调生产空间和生活空间发挥各自效应的纽带，是促进社会、经济和生态三者可持续和协调发展的必备条件。生产空间、生活空间和生态空间分别具有产业集聚效应、邻里文化效应和规模尺度效应[82]。以“三生”空间均衡发展为目标优化国土空间发展格局，有利于实现生产空间集约高效、生活空间宜居适度、生态空间山清水秀[84]。

2019 年 5 月，《中共中央、国务院关于建立国土空间规划体系并监督实施的若干意见》明确了国土空间规划的主要目标，指出“到 2035 年，全面提升国土空间治理体系和治理能力现代化水平，基本形成生产空间集约高效、生活空间宜居适度、生态空间山清水秀，安全和谐、富有竞争力和可持续发展的国土空间格局”。按照“以水定城、以水定地、以水定人、以水定产”和“生态优先、绿色发展”的原则，加快构建生产—生活—生态空间协调发展的高质量国土空间开发与保护格局，形成优势互补的国土空间体系[85]。

（三）“三区”空间

2017 年中共中央办公厅、国务院办公厅印发的《省级空间规划试点方案》指出“三区”空间，是指城镇空间、农业空间、生态空间三类空间。“城镇—农业—生态空间”是三种具备土地多功能特性，既在主体功能上有差异，又存在功能上交叉的空间形式[86]。2019 年 5 月，《中共中央、国务院关于建立国土空间规划体系并监督实施的若干意见》提出，科学有序统筹布局生态空间、农业空间、城镇空间等功能空间（三类空间），划定生态保护红线、永久基本农田、城镇开发边界等空间管控边界（三条控制线），标志着国土空间规划体系建设进入实践阶段。城镇空间是以城镇居民生产生活为主体功能，包括城镇建设空间和工矿建设空间，以及部分乡级政府驻点的开发建设空间。农业空间是以农业生产和农村居民生活为主体功能，承担农产品生产和农村生活功能的国土空间，包括永久基本农田、一般农田以及村庄等农村生活用地。生态空间具有自然属性，以提供生态服务或生态产品为主体功能，包括森林、草原、湿地、河流、滩涂等。也有学者对“三线”的内涵进行了界定，永久基本农田是指为保障国家粮食安全和重要农产品供给，实施永久特殊保护的耕地，原则上应为现状耕地；生态保护红线是指在生态空间范围内具有特殊重要生态功能、必须强制性严格保护的区域，是保障和维护国家生态安全的底线和生命线，包括林地、草地、湿地、水域等，也可包含需要逐步有序退出的城镇村、矿业用地、养殖用海等；城镇开发边界是指在一定时期内因城镇发展需要，集中进行城镇开发建设、以城镇功能为主的区域边界，包括城市、建制镇和各类开发区等[87]。2019 年 11 月，中共中央办公厅、国务院办公厅印发了《关于在国土空间规划中统筹划定落实三条控制线的指导意见》，明确了“三区三线”划定的基本原则，“底线思维，保护优先”“多规合一，协调落实”“统筹推进，分类管控”[88]。并且对协调边界矛盾进行了具体说明，即“三条控制线出现矛盾时，生态保护红线要保证生态功能的系统性和完整性，确保生态功能不降低、面积不减少、性质不改变；永久基本农田要保证适度合理的规模和稳定性，确保数量不减少、质量不降低；城镇开发边界要避让重要生态功能，不占或少占永久基本农田”。2021 年，自然资源部选取广东、浙江、山东、江西、四川 5 个省开展“三区三线”统筹划定试点工作。2022 年 4 月，国务院召开了全国“三区三线”划定工作电视电话会议，总结试点工作经验和情况，要把耕地保护红线放在首要和优先位置，坚持现状耕地应划尽划，确保耕地保护任务落地上图。要完善生态保护红线划定成果，建立健全管控体系，严守生态保护红线。要合理划定城镇开发边界，综合考虑人口和资源环境承载能力，科学确定城镇建设用地总量，优化用地结构，提高节约集约用地水平。2022 年 5 月在全国范围内开展“三区三线”划定工作。2022 年 6 月 9 日山西省召开“三区三线”划定工作电视电话会，以 2020 年国土变更调查成果为基础，摸清耕地资源、城镇土地开发利用情况等底数，统筹交通、水利、能源等专项规划的用地需求，将

"十四五"期间涉及空间需求的各类规划纳入国土空间规划"一张图"，实现"多规合一"。优先划定耕地和永久基本农田，确保耕地和永久基本农田保护目标；基本稳定生态保护红线划定成果，以生态保护红线为基础，构建"一带三屏七廊"生态保护总体格局，筑牢京津冀生态安全屏障。要坚持国土空间的唯一性，深化完善全市国土空间规划体系，发挥好国土空间规划在用途管制中的核心作用，科学做好"三区三线"管控等约束指标分解落地。

（四）国土空间规划

1968年自《区域规划：欧洲的一个问题》发表以来，大尺度的空间规划开始在欧洲得到重视。1980年以来，空间规划在原有物质空间规划的基础上，更加注重实现经济、社会和环境等多重目标。1983年欧洲区域规划部长级会议通过的《欧洲区域/空间规划宪章》中首次使用"空间规划"（spatial planning），此后"空间规划"逐渐成为对各国规划体系的统称。

我国国土空间规划主要分为四个阶段（表2-1），分别为基础萌芽不断探索阶段（1949—1978年）、极化发展规划成型阶段（1978—2000年）、集约协调试点推行阶段（2000—2012年）和资源生态约束优化阶段（2013年至今）。①基础萌芽不断探索阶段：新中国成立初期，我国主要为了厘清全国自然资源现状及规律，筹备并成立地质矿产资源管理部门，开展了资源综合生产潜力测度、农业区域划分等研究，为我国国土空间规划奠定资源基础，提供一定支撑。②极化发展规划成型阶段：改革开放至20世纪末期，由于全国各地区位优势和资源禀赋差异，国家将发展重心放在了资源禀赋较优或区位优势明显的地区，形成了特区、经济开放城市等一批率先发展起来的地区，此阶段增长极理论逐渐在我国兴起，点轴开发理论占据主导[89]且逐渐成为最有效的区域空间开发模式，明确了自然资源布局与开发规模以及人口、生产与城镇格局。③集约协调试点推行阶段：为适应经济和社会发展需要，更好地优化国土空间格局和加强管理，2000年，陆大道先生基于20世纪80年代提出的点轴系统理论，提出了我国国土开发和经济布局的"T"字形空间结构战略[90]。2001年国土资源部印发《关于国土规划试点工作有关问题的通知》，我国逐步开始了国土规划试点，先后在深圳、天津、新疆、辽宁、重庆、广东、福建等省区市开展国土规划试点，2008年开始实施《城乡规划法》，并且废止《城市规划法》，开展城乡规划工作。为了推进形成人口、经济和资源环境高效、协调、可持续的国土空间开发格局，加快转变经济发展方式，促进经济长期平稳较快发展和社会和谐稳定，2010年12月国务院印发了《全国主体功能区规划（2011—2020年）》，该规划是我国国土空间开发的战略性、基础性和约束性规划。主体功能区划是构筑我国有序区域发展格局的依据[91]，分为优化开发区、重点开发区、限制开发区和禁止开发区四类功能区[92]。随着试点工作不断展开，国土空间规划也逐步向前推进。④资源生态约束优化阶段：2014年国家发改委、国土部、环保部和住建部联合下发《关于开展市县“多规合一”试点工作的通知》，生态文明是人类对工业文明主动深刻反思的探索，是面对当前资源短缺和生态危机的两大问题，对价值观念、思维方式、生产方式和生活方式的革新。党的十八大报告将生态文明建设与经济建设、政治建设、文化建设和社会建设一起构成“五位一体”总体布局。国土是生态文明建设的空间载体，为寻求适应时代要求的国土空间规划体系，我国生态文明建设水平仍滞后于经济社会发展，资源约束趋紧，环境污染严重，生态系统退化，发展与人口资源环境之间的矛盾日益突出。2015年4月中共中央、国务院《关于加快推进生态文明建设的意见》指出“国土是生态文明建设的空间载体。要坚定不移地实施主体功能区战略，健全空间规划体系，科学合理布局和整治生产空间、生活空间、生态空间”。2017年1月国务院印发《全国国土规划纲要（2016—2030年）》，对国土空间开发、资源环境保护、国土综合整治和保障体系建设等作出总体部署与统筹安排，深入实施区域发展总体战略、主体功能区战略和三大战略，以资源环境承载能力为基础，推动国土集聚开发和分类保护相适应，立足比较优势，促进区域协调发展，切实优化国土空间开发格局。2019年《中共中央、国务院关于建立国土空间规划体系并监督实施的若干意见》从国家高度指出国土空间规划是国家空间发展的指南、可持续发展的空间蓝图，是各类开发保护建设活动的基本依据，提出了将主体功能区规划、土地利用规划、城乡规划等空间规划融合为统一的国土空间规划，实现“多规合一”，并且对国土空间规划的重大意义、总体要求、总体框架、编制要求、实施与监管、法规政策与技术保障和工作要求做出了详细说明。

表 2-1 我国国土空间规划主要发展阶段

时期	1949—1978 年	1978—2000 年	2000—2012 年	2013 年至今
阶段	基础萌芽不断探索阶段	极化发展规划成型阶段	集约协调试点推行阶段	资源生态约束优化阶段
成立部门	筹备并成立地质矿产资源管理部门	1998 年组建国土资源部		自然资源部成立
编制规划		编制《全国国土总体规划纲要（草案）》未批复	2010 年发布《全国主体功能区规划（2011—2020 年）》	2017 年国务院印发《全国国土规划纲要（2016—2030 年）》
法律法规		1987 年 1 月《土地管理法》实施；1989 年出台《城市规划法》	2001 年国土部印发《关于国土规划试点工作有关问题的通知》	2014 年四部委联合下发《关于开展市县“多规合一”试点工作的通知》；2015 年印发《关于加快推进生态文明建设的意见》；2019 年印发《关于建立国土空间规划体系并监督实施的若干意见》
主要任务	厘清全国自然资源现状及规律	明确自然资源布局与开发规模以及人口、生产与城镇格局	2001 年起先后在深圳、天津、新疆、辽宁、广东等省区市开展国土规划试点	2014 年提出在旅顺口区等全国 28 个市县开展“多规合一”试点
理论与研究	资源综合生产潜力测度、农业区域划分等	陆大道提出点轴系统理论（1987）	“两山”理论（2005）	“三生”空间和“三区三线”提出
区域战略和重大工程		西部大开发战略（1999）、三北防护林（1978）工程实施	“T”字形发展战略（2000）、中部崛起战略（2004）、南水北调（2002）工程实施	“一带一路”倡议（2013）、乡村振兴战略（2017）、黄河流域生态保护和高质量发展战略（2019）
标志	为我国国土空间规划奠定资源基础	确定了国土规划任务	21 世纪初期我国逐步开展国土资源规划试点工作	生态优先、人本理念的国土空间规划不断提升

资料来源：作者根据相关文献［93，94］整理。

2019年5月《中共中央、国务院关于建立国土空间规划体系并监督实施的若干意见》正式印发，标志着国土空间规划体系构建工作正式全面展开，建立国土空间规划体系并监督实施，实现“多规合一”。国土空间规划是国家空间发展的指南、可持续发展的空间蓝图，是各类开发保护建设活动的基本依据。是将主体功能区规划、土地利用规划、城乡规划等空间规划融合为统一的国土空间规划，实现“多规合一”，强化国土空间规划对各专项规划的指导约束作用，是对国土空间自然保护、有序开发、高效利用和高品质建设的整体性谋划和有意识行动。我国国土空间规划从“规划打架”到“多规合一”，从资源配置低效、无序到高效、有序，从各空间要素被割裂到“山水林田湖草沙”生命共同体有机联系，从重视生产空间忽略生活和生态空间到科学布局生产、生活和生态空间。要深刻领会“多规合一”的国土空间规划的内涵和职责要求，进一步优化国土空间结构布局，高起点编制国土空间规划，全力构建优势互补、高质量发展的国土空间体系。我国构建“五级三类四体系”的国土空间体系，“五级”即国家、省、市、县区、乡镇。全国国土空间规划是对全国国土空间作出的全局安排，是全国国土空间保护、开发、利用、修复的政策和总纲，主要侧重于战略性；省级国土空间规划是对全国国土空间规划的落实，指导市县国土空间规划编制，侧重于协调性；市县和乡镇国土空间总体规划是对上级规划要求的细化落实和具体安排，可因地制宜，将市县与乡镇国土空间规划合并编制，也可以几个乡镇为单元编制，侧重实施性。“三类”即总体规划、详细规划、相关的专项规划。总体规划强调规划的综合性，是对一定区域全域范围的国土空间保护、开发、利用、修复做全局性安排。详细规划强调实施性，一般是在市县以下组织编制，是对具体地块用途和开发强度等作出的实施性安排。详细规划是开展国土空间开发保护活动，包括实施国土空间用途管制、核实城乡建设项目规划许可，进行各项建设的法定依据。在城镇开发边界外，将村庄规划作为详细规划。相关专项规划强调专门性，一般由自然资源部门或者相关部门来组织编制，可在国家级、省级和市县级层面进行编制，特别是对特定区域或者流域，比如长江经济带、城市群、都市圈等特定区域，或者特定领域，比如说交通、水利等，为体现特定功能对空间开发保护利用作出专门性安排。山西省国土空间专项规划主要包括：山西省国土综合整治和生态修复专项规划、山西中部城市群国土空间规划、山西综改示范区国土空间规划、山西省汾河流域国土空间规划、山西省历史文化遗产与自然遗产整体保护利用规划、山西省黄河流域国土空间规划、太忻一体化经济区国土空间规划、山西省汾河流域生态保护与治理专项规划、山西省交通基础设施国土空间控制规划、山西省康养产业用地专项规划、山西省矿产资源专项规划、山西省林地保护利用专项规划、山西省湿地保护专项规划、山西省荒漠化和沙化土地治理专项规划、山西省粮食仓储物流和物资储备基础设施专项规划等。“四体系”是指从规划运行方面来看，可以把国土空间规划体系分为四个子体系：按照规划流程可以分成规划编制审批体系、规划实施监督体系；从支撑规划运行角度有两个技术性体系，一是法规政策体系，二是技术标准体系。这四个子体系共同构成国土空间规划体系。

二、基础理论

（一）可持续发展理论

可持续发展思想和理论是人类经历了农业文明、工业文明，特别是工业化社会之后的思想飞跃与意识的新领悟。工业化进程高速推进和科学技术的迅猛发展为人类社会提供了前所未有的物质和便捷，同时也带来了环境污染、资源枯竭、生态恶化、人地关系失衡等问题，在这样的背景下，1987 年联合国发布《我们共同的未来》对发展思想做出了新的判断，提出了可持续发展，定义为：“既满足当代人的需求，又不对后代人满足其自身需求的能力构成危害的发展。”[95] 1992 年联合国召开的环境与发展大会通过了《里约宣言》和《21 世纪议程》等文件，标志着“可持续发展”理念从研究讨论层面正式走向人类实践的前台，成为全球行动指南[96]。2015 年联合国发展峰会通过了《2030 年可持续发展议程》，提出 17 个可持续发展目标（SDGs）和 169 个子目标，旨在关注环境、经济和社会的协调程度和区域生态管理[97]。中国承诺加快落实 2030 年可持续发展目标[98]。

从此 20 世纪 90 年代初，我国著名人文地理学家吴传钧院士就提出了地理学的研究核心，即人地关系的地域系统，其中心目标是协调人地关系，重点研究人地关系地域系统的优化，落实到地区综合发展上[99]。可持续发展思想是对人地关系的辩证认识，是对由资源环境和人口构成的经济社会系统的深度思考，重新审视发展的属性。从我国基本国情出发，人口多，山地地形多，适宜人口居住的空间区域受到限制[100]，人类在开发利用土地、矿产、水域、森林、草地等自然资源时，超过资源环境承载力的过度开发行为导致有限的空间更进一步地萎缩，即可适宜的空间受到变相的挤压，所以国土空间开发利用带来了诸多挑战。可持续发展理论研究是以生态平衡、自然保护、资源环境的永续利用等作为基本内容[101]。可持续发展理论为国土空间高效开发和空间格局优化提供重要的理论指导。

（二）人地关系协调理论

人地关系是地理学家研究的永恒主题之一，吴传钧是中国人地关系理论的奠基者，他在 20 世纪 80 年代提出了人地关系地域系统理论。吴传钧先生认为，人地系统是由地理环境和人类社会两个子系统交错构成的复杂的开放的巨系统，内部具有一定的结构和功能机制[102]。从工业文明开始，人类在积累社会财富的同时，面临巨大的人地矛盾和冲突，表现为迅速增长的消费需求和结构变化对有限的资源环境造成的极大压力[103]。今天，人类活动与资源环境之间的关系仍然是不断被关注的问题，国家之间战略资源的争夺、经济发展与环境污染的争辩、地区贫困加剧和生态环境保护的矛盾、城市无序扩张和保障耕地面积的博弈等问题归根结底是人类生产、生活系统与资源环境之间的关系。在人地关系地域系统中，人类活动与地理环境关系密切，相互影响、相互制约。人类活动对地理环境具有依赖性，地理环境是人赖以生存的物质基础和空间场所，地理环境制约着人类社会活动的深度和广度[104]。人地关系地域系统研究的核心目标是如何协调人地关系，推动人与自然间的协调共生，促进区域的空间协调发展[105]。应从多方面多视角去寻求不同空间尺度人地关系系统的整体优化、综合平衡及有效调控的机理[106]。在生态文明背景下，最普惠的民生福祉是建设良好生态环境，不断满足人民日益增长的物质文化需要，需要遵循人与自然、人与土地协调的辩证统一关系[107]。人地协调关系不仅仅辨识某一时间点的协调状态，更要强调在动态演化过程中寻找人地关系主体之间的协调稳定状态[108]。引入相关数学模型对流域或区域生态承载力的人地协调关系进行研究，对协调人与自然相互影响复合系统，促进生态环境承载力和生态系统的协调发展具有重要意义[109]。

我国的国情是山地多，平原少，人口多，自然资源在国土空间分布上差异显著。地域功能空间分异是人地关系空间耦合和可持续发展的客观要求[110]。人类活动对生态空间的占有，使得生态空间功能下降甚至消失，适合人类居住和城市发展的国土空间有限，这给国土空间开发带来了诸多挑战，如何优化国土空间使人类生产、生活空间和国土空间和谐发展，实现经济、社会、环境可持续发展，资源可持续利用。

（三）主体功能区理论

我国国土空间在长期开发利用过程中面临经济发展转型困难与矿产资源枯竭、工业快速发展与环境污染加剧、资源过度开采与生态系统恶化、土地开发秩序混乱与人口数量剧增等多重问题，所以亟待建立高效率、高质量的国土空间规划新秩序，构建国土空间开发利用新格局。主体功能区在中国式现代化建设中发挥战略性和基础性作用[111]。2011 年国家颁布了《全国主体功能区规划——构建高效、协调、可持续的国土空间开发格局》，对推进形成人口、经济和资源环境相协调的国土空间开发格局具有重大的战略意义。2012 年，党的十八大提出“优化国土空间开发格局”“控制开发强度，调整空间结构”。党的十八届三中全会通过的《中共中央关于全面深化改革若干重大问题的决定》提出“坚定不移实施主体功能区制度”，并提出“建立国土空间开发保护制度”。党的十九大报告提出“构建国土空间开发保护制度，完善主体功能区配套政策”。2018 年，主体功能区规划、土地利用规划、城乡规划等被统一整合为国土空间规划，成为社会经济高质量发展和国土空间新格局构建的主要抓手[112]。党的十九届四中全会通过的《中共中央关于坚持和完善中国特色社会主义制度、推进国家治理体系和治理能力现代化若干重大问题的决定》要求“完善主体功能区制度”。党的十九届五中全会提出加快构建以国内大循环为主体、国内国际双循环相互促进的新发展格局，把构建新发展格局同实施区域发展战略、主体功能区战略、建设自由贸易试验区等重大决策部署有机衔接起来。主体功能区战略对新时代高质量发展的重要作用持续深化。正确认识主体功能区划战略的重要性和科学性，是构建现代化的国土空间体系，优化高质量的国土空间格局，进行适宜性的国土空间开发的逻辑必然。在主体功能区优化和调整过程中需重点考虑人口、土地增长 / 收缩趋势，以及人地协调关系的变化[113]。

（四）增长极理论

增长极的概念最初是由经济学家弗朗索瓦·佩鲁提出的，提出此概念的背景源于古典经济学的均衡理论，他发现不同区域由于资源等要素禀赋差异，导致经济活动出现差异，资源等要素丰富地区出现经济发展快，相反资源等要素欠丰富地区出现经济发展慢，进而会出现某一个“极”，“极”的逐渐壮大辐射和带动周边地区[114]。随后，法国经济学家布德维尔将“极”的概念引入地域空间系统，强调城镇的发展，即增长极的“极”位于城镇[115]。经济学家赫希曼对于增长极进行了进一步的研究，提出“极化—涓滴效应”，较为落后的南方地区资源等要素会流向较为发达的北方地区，他把这种因增长极的壮大发展导致周围区域的要素不断向其集聚的过程称为增长极的极化效应，之后又因增长极不断壮大，出现了交通拥挤、环境污染、住房紧张等城市病，许多要素又开始向周边地区分散，进而辐射和带动周边地区发展，将该效应称为“涓滴效应”。之后，增长极理论引入我国，同时被用于我国不同省区的经济发展，比如黔中经济区积极发展壮大贵阳中心城市，同时积极培育遵义、安顺、毕节、都匀、凯里等次级中心城市[116]。西部内陆地区的省会城市往往是资源环境承载力较强，交通条件、公共服务设施最好，例如，成都、西安、西宁、银川等省域增长极集聚了全省较高比例的人口、经济和其他要素[117]。国家节点战略作为增长极理论在中国转型时期的创新性应用与发展，不仅是区域发展“引擎”和重要增长极，同时国家节点战略地区与区域发展实现了良性耦合，形成了梯次区域开发模式[118]。增长极中心城市在经济增长过程中对周边城市的显著虹吸效应是多方面因素造成的，经济发展差距并非唯一原因，优惠政策、基础设施水平、教育、医疗的健全程度等多种因素均会影响[119]。对于以传统工业为主的城市，通过产业结构升级可以推动增长极形成和壮大，城市的主导产业升级后比原来产业更迅速、更为有效地吸收创新成果，产生新的就业岗位，吸引人口集聚，能满足新的市场需求，为新增长极形成和旧增长极发展壮大保驾护航。在发展过程中，尤其是资源型城市和地区“涓滴效应”持续小于“极化效应”、政策干预和调控作用并不明显，新发展格局下“增长极”缺位等使得资源型城市和地区发展落后[120]。增长极理论也被应用到旅游资源开发保护[121]、农业产业空间布局[122]、产业园区建设与提质增效[123]、地域空间区位[124]等研究。在中国式现代化建设中，樊杰认为要营造发达地区发展新动能和培育欠发达地区发展增长极并重，更应把区域协调发展作为战略要点[125]。

三、国内外研究进展

（一）主体功能区划与国土空间

主体功能区划，就是以服务国家自上而下的国土空间保护与利用的政府管制为宗旨，运用并创新陆地表层地理格局变化的理论，采用地理学综合区划的方法，通过确定每个地域单元在全国和省区等不同空间尺度中开发和保护的核心功能定位，对未来国土空间合理开发利用和保护格局的总体蓝图的设计和规划[126–128]。我国国土空间划分为不同的主体功能区，目的是促进经济、人口、资源和生态的空间均衡配置和协调发展[129]。国土空间规划既是空间开发和治理的重要政策工具，也是国土空间资源配置、产业布局、结构优化、生态改善等的指导方法[130]。主体功能区对国土空间开发和区域发展协同具有约束力，推动国土空间有效、有序开发，形成国土空间高质量发展新格局具有重要意义[131]。樊杰认为实施主体功能区战略、形成主体功能区布局是优化国土空间格局的战略重点，提出了国家和省区尺度的空间管制地域功能区域类型，即城市化区域、粮食安全区域、生态安全区域、文化和自然遗产区域等四类，在此基础上转化为以县级行政区划为单元的优化开发、重点开发、限制开发和禁止开发四类主体功能区[132]。“多规合一”改革后，党中央对完善和落实主体功能区战略制度提出新要求，国土空间治理面临新形势、新问题[133]。

王亚飞等以城市化地区、农业发展地区和生态安全地区三者人口或经济的比例关系为基本参数，测度主体功能区核心—边缘结构、点—轴结构的演变特征，揭示核心区域、边缘区域、距离轴线的国土空间结构演变过程[134]。不同学者从不同视角对不同地区的主体功能区做了解析。林锦耀、黎夏利用遗传算法改进传统聚类方法，在划分过程中使用空间自相关方法对东莞市主体功能区进行了划分[135]；罗伟玲等基于多源数据，利用信息熵分析了广州市功能用地混合程度，以辅助判别主体功能区，最终得到广州市主体功能区划分结果[136]。许多学者将主体功能区划思想引入国土空间划分、开发和利用中，提出了不同区域国土空间功能区划优化方案。马利邦等基于全国和甘肃省主体功能区划，以乡镇为单元，将天水市国土空间划分为河谷川道城镇和工业园区、渭河南北黄土丘陵农业生产区和西秦岭与关山山地重点生态保育区，提出了三类分区的功能定位和发展方向[137]。黄淑琳采用多指标综合评判法，对荆州市不同功能分区发展的政策导向进行分析，综合考虑应用市域单元、乡镇单元两种尺度，对荆州市国土空间划分进行了研究[138]。毛蒋兴等对南宁市主体功能区战略的传导路径进行了研究，提出以区域中重点生态功能区、农产品主产区和城市化发展区三类空间比例的高低为依据构建主体功能区分类体系[139]。李志刚等认为应在规划地位上强化土地功能区规划的引领作用[140]。李娜等以宁夏国家级主体功能区划中不同功能区（重点开发区、限制开发区、禁止开发区）的典型区域作为研究单元，系统分析了宁夏典型区域生态文明建设的发展趋势[141]。许顺才等基于主体功能区战略要求与国土综合整治功能定位之耦合关系，提出了空间主体功能导向下新时代国土综合整治的目标导向、重点内容以及推进机制[142]。新时代国土空间规划、开发、治理体系以主体功能区划为国土空间开发保护的基础制度，以“三区三线”为核心管控和实操手段合理、有序布局农业、城镇和生态功能，实现国土空间资源合理配置和区域差异化协同高质量发展[143]。生态文明建设的首要任务是优化国土空间开发格局，实施主体功能区战略、形成主体功能区布局是优化空间格局的战略重点[144]。

（二）“双评价”与国土空间

资源环境承载能力及国土空间开发适宜性评价，简称“双评价”，是编制各级、各类国土空间规划的基础。“双评价”在主体功能区研究中首次提出并得到应用，是学者面对新时期国家发展需求，对人地关系地域系统理论开展的创新性研究与应用[145, 146]。“双评价”是国土空间规划中的结构调整和布局优化等核心内容的主要依据[147]，是国土空间规划和开发利用资源禀赋的客观认识，也是空间范围内人类生存和资源利用方式的准确判断的基础[148]。“双评价”是通过解决国土空间规划和开发中问题和挑战，协调自然环境系统和人类社会系统的关系，促进区域可持续发展。资源环境承载力是全面考虑光、热、水、土、地自然地理要素，结合具体区域国土空间的功能需求，综合评价区域可持续发展。国土空间开发适宜性评价是在资源环境承载力的基础上，充分考虑区位条件、社会经济和政策等因素，对不同区域国土空间特定功能适宜程度进行判断[149]。资源环境承载力是用于评价一定经济社会发展阶段、科学技术水平和生产力发展水平下，资源环境要素能够支撑和满足农业生产、城镇建设、乡村发展等人类活动的最大规模[150]。国土空间适宜性评价是在综合考虑一定资源环境、要素禀赋、区位条件等基础上，对特定区域内的农业生产、城镇建设等进行适宜程度的评价[151, 152]。对“双评价”的理论发展及内涵、评价技术和方法、国土空间优化分区和特殊区域的“双评价”等进行综述。“双评价”应该按照资源环境系统—承载力理论内涵—土地适宜性评价—国土空间开发适宜性评价的理论发展脉络，提出国土空间规划对“双评价”的内在要求[153]，通过叠加“双评价”的结果与国土空间利用现状，判断是否存在空间冲突[154]。

“双评价”技术和方法：针对目前“双评价”重自然生态轻社会经济指标设置和承载力方面水环境指标弱等问题，学者提出了在“双评价”中面向城镇开发的方法与技术优化[155]。将地形位置指数加入丘陵地区城镇建设的适宜区的地形地貌评价方法中，来弥补在城镇建设适宜性“双评价”中地形地貌评价要素[156]。在国土空间开发保护格局的“双评价”中，运用高精度的FLUS-UGB模型对城镇开发边界进行划定，并模拟未来城镇发展形态[157]。也有学者结合地方资源环境实际情况，构建了“生态—农业—建设综合统筹”城镇开发边界划定技术模型[158]。基于国土空间规划整体认知视角，通过构建“通用＋特色”指标体系，优化适用不同场景，拓展凸显地域特色，尝试提出市县“双评价”技术方法，建立相关应用体系[159]。基于“双评价”国土空间优化分区：学者提出了既能尽可能满足人类社会经济发展需求和符合人们生活和生产空间变化规律，又以最小生态环境为代价的地域功能优化分区方案[160]。也有学者通过“双评价”对一个区域的“三生”空间划定[161]。“双评价”、主体功能区和国土空间规划的关系：既要发挥“双评价”在国土空间规划中的基础性作用，又要将主体功能区思想贯穿于国土空间规划中，通过对“双评价”和主体功能区开展识别研判并提出国土空间格局优化的应用建议[162]。针对在市县国土空间规划的农业空间“双评价”中，单一强调基本农田和粮食生产，忽略农林牧副渔大农业空间和特色重点农村地区的整体保护，构建优势农业空间划定理论框架和技术方法，既满足市县级“双评价”层面对地方农业生产自然本底条件的深度评价需求，又能甄别区域资源环境突出问题，明确空间发展的潜力规模及分布范围，为实现国土空间规划关键性理论与技术创新提供了新的视角[163]。针对特殊区域的“双评价”：对于生态敏感脆弱区，以国土的用途功能视角，分别从农业、建设和生态三个方面构建指标体系，将国土空间开发适宜性评价和资源环境承载力两大类指标进行重新整合，分析国土空间开发与保护新特征，对生态敏感脆弱区的社会经济可持续发展具有重要指导意义[164]。对大都市外围乡村地区国土空间进行资源环境承载能力与国土空间开发适宜性评价，在此基础上进行生态保护、农业生产和城市建设三类空间分区和国土空间综合功能分区[165]。

（三）“三生”国土空间

从改革开放至今，我国城镇化和工业化进程不断加快，城镇人口从1978年的1.7亿人上升为2023年的9.33亿人，城市问题愈加明显，环境污染、土地资源利用效率不高，同时农村空心化等农村问题也越来越突出。面对问题与挑战，党的十八大报告首次从国家战略的高度明确了“三生”空间的发展要求，包括生产空间、生活空间和生态空间，针对“三生”空间提出了构建“生产空间集约高效、生活空间宜居适度、生态空间山清水秀”的发展目标。

国土空间主导功能之间的转型与协调耦合主要指的是“三生”国土空间功能之间的耦合与协调，生态文明建设与经济社会发展加速了“三生”空间功能的转型[166]。乡村“三生”空间功能耦合助力乡村振兴和乡村可持续发展[167]，地质结构复杂，海拔、地形梯度变化，对土地利用合理布局和结构优化造成一定空间限制，破碎化的土地利用成为“三生”空间管制和优化的典型区域[168]。当前收缩型城市面临结构转型困难，“三生”功能失调现象突出，故其城市“三生”功能的耦合协调研究对城市可持续发展显得尤其重要[169]。可通过优化协调国土空间规划中的生产、生活和生态空间以实现国土空间开发保护可持续发展[170]。

目前关于“三生”空间的研究主要集中在“三生”空间的内涵与理论基础[171]、“三生”空间的分类评价[172, 173]、“三生”空间与生态系统服务价值[174]、“三生”空间的土地利用转型与生态环境效应[175, 176]、“三生”空间的国土空间开发评价[177]、“三生”空间功能演变[178, 179]等。“三生”空间的概念是从土地利用主导功能视角提出的[172]，土地利用主导功能变化指的是土地利用的生产、生活、生态三大主导功能之间的相互转化过程[180]，土地利用主导功能之间的转换可以实现有限的土地资源数量和空间再配置，更好与社会经济发展相适应[181]。关于土地利用功能变化研究主要通过构建一定的指标体系[182]，基于不同研究尺度[183, 184]，采用不同的测算模型[185, 186]，来探究土地利用“三生”功能的权衡关系[187]、土地利用“三生”功能耦合特征[188]、土地利用功能变化对社会经济的影响[189]和土地利用功能变化下微观主体的响应[190]等内容。

学者利用文献调研法、总结归纳法等定性方法，基于土地利用遥感数据，从县域、省域、国家、流域、经济带等尺度对“三生”空间时空演变特征、分类评价、土地利用转型的生态系统服务价值效应、土地利用功能演变及其生态环境等方面做了不少研究。金星星等发现闽三角城市群“三生”空间协调性较差，是自然环境本底以山地、丘陵为主和同城化、社会经济发展、城镇化进程加快等所致[191]。杨婷婷等以贵州省 88 个县域单元为研究对象，运用数理统计、ArcGIS 空间分析和地理探测器系统探究喀斯特山区“三生”功能时空演变特征与内在驱动机制[192]。朱润苗等基于“三生”功能视角，以福建省为研究对象，运用综合评价法、探索性空间数据分析、障碍度模型和比较优势指数分析等方法，开展“三生”功能评价，分析其空间分布特征和障碍因素，找出优势功能区并提出优化对策[193]。王亚楠等采用土地利用动态度指数、地学信息图谱、重心模型和双变量空间自相关分析研究了 1980—2020 年长江经济带内“三生”空间数量变化和格局演化过程[194]。郑皓等对1980年后苏南地区“三生”空间时空格局进行长序列测算，采用转移矩阵生成、景观格局指数测算等定量分析方法总结其格局总体演化特征及空间转化模式[195]。颜俊君等构建了“三生”空间分类体系并运用地学信息图谱论，揭示国土“三生”空间转型信息规律，采用FLUS模型模拟了未来土地利用转型态势[196]。李欣等认为江苏省“三生”功能生态位宽度变化各异，空间分布各具特色，“三生”功能均有随时间变化正相关类型集聚明显的特征，呈“组团”式分布[197]。陕永杰等发现长江三角洲城市群2000—2019年间生产、生活、生态功能整体上稳步提升，空间差异明显，地均农业机械总动力、地均固定资产投资、城镇常住居民人均可支配收入、草地面积、绿地覆盖率等因素对研究区“三生”功能耦合协调发展起到了巨大的推动作用[198]。综上所述，自然本底是“三生”空间分布的决定性因素，社会经济因素是动力性因素。其中，快速城镇化和工业化是导致农业生产空间和生态空间缩小的主要原因，生态保护、修复政策实施和生态修复工程建设是生态空间扩大的直接原因。“三生”空间分布表现出特色鲜明特点，演化存在一定的空间集聚性特征。

在“三生”空间转型过程中，受人为和自然因素的共同影响，“三生”空间生态环境异同性特点明显，其生态环境改善与恶化情况并存。畅田颖等研究发现2000—2020年黄河流域“三生”空间土地利用结构表现为生产用地面积减少，生态用地面积相对稳定，生活用地面积不断增加，20年间黄河流域生态环境改善趋势大于恶化趋势，城乡生活用地和工矿生产用地对农业生产用地的占用是黄河流域生态环境恶化的主要因素[199]。帕茹克·吾斯曼江等研究发现新疆尉犁县的土地利用功能转型中转入转出面积最大的是牧草生态用地，其生态环境改善趋势大于其恶化趋势[200]。土地利用功能转型对区域生态环境的影响是复杂的，存在生态环境质量改善和退化的趋势[201]。邹易等认为“三生”空间转型对生态环境的空间异质性影响更强，而气候变化的时间异质性影响更强[202]。武燕等认为在“三生”空间转型过程中，空间冲突风险与生态环境质量作为生态环境变化的特殊表征，对区域生态环境保护意义明显[203]。综上所述，区域内部“三生”空间用地的环境效益改善趋势弱于恶化趋势的话，基本上是农业、工业生产用地和城镇、农村生活用地占用生态用地所致；环境效益改善趋势强于恶化趋势的话，主要得益于农业生产用地转为水域、林地或草地生态用地，城乡生活用地转为农业生产用地。

戴文远等发现福州新区生态系统服务价值降低的主要原因是生活生产空间对生态空间和生产生态空间的侵占[204]。高扬等研究发现长三角核心区绿地系统生态服务价值随时间变化明显，不同绿地景观类型有不同的阶段性特征[205]。安斯文等认为宁夏红寺堡区生态移民区“三生”用地国土空间开发格局逐渐优化[206]。刘莹等研究发现黄河下游地区社会经济差异导致各驱动因素对生态系统服务价值的影响出现了不同程度的空间分异[207]。综上所述，快速城市化引起土地主导功能转型是生态系统服务价值降低的主要原因，要优先规划保护区域内重点生态用地，为今后发展预留好生态空间，协同推进山水林田湖草沙系统治理，不断提高生态用地质量，使“三生”空间逐渐向均衡化、协调化发展。

（四）“三区”国土空间

目前，“三区”空间失调问题突出，表现为农业空间多，生态空间少；农村建设空间多，城市建设空间少。各地在划定“三区三线”的过程中，对各类文件中划定原则和方法理解不到位，在划分三条控制线时统筹不一致，出现了一些乱象，比如：在落实规划中过于机械而导致的耕地破碎化，在生态保护红线划定以后无法调整导致难以管理等[208]。也有学者对“三生”空间和“三区三线”在国土空间规划体系中的功能定位并进行了分析[209]。林树高等以石漠化面积居中国第三位的广西壮族自治区为例，构建面向空间规划实践的城镇—农业—生态空间分类体系，分析2000—2018年广西国土空间的演变过程、分异格局与迁移路径，揭示其形成机理，系统解析岩溶地区国土空间演变的特征和规律[210]。梁健等以重庆市巴南区为例，结合“三调”、国土空间规划“三区三线”等现势数据构建评价体系，从土壤地力、恢复成本、后期管护条件及规划协调性等多维度综合评判县域范围内可用于落实“进出平衡”的耕地资源补充潜力[211]。“三线”划定与实施面临永久基本农田图斑零散，划定保护与发展存在部分冲突；生态保护红线内存在的现状已建、已批等用地，其动态衔接调整机制尚未建立；城镇开发边界划定规则未体现差异性，其管控政策不够明晰[212]。也有学者对特殊空间进行了研究，通过对山地工业园规划进行科学选址、因地制宜、灵活设计、节约道路、节约土方，保留自然生态廊道、建设环境友好的生态产业园，去解决山地城镇在“三区三线”统筹划定过程中出现的耕地保护与城镇发展之间的矛盾，来实现山地城镇空间的可持续发展[213]。方利等提出了基于“三区三线”统筹和三调成果的永久基本农田布局优化技术路线及布局优化原则，构建了永久基本农田生产—生态—景观综合评价指标体系，形成一套永久基本农田布局优化方法[214]。以武汉城市圈为例，采用Markov-FLUS耦合模型模拟“三线”约束下的土地利用变化情景，并运用InVEST模型定量研究不同情景下土地利用变化对碳储量的影响，“三线”约束下土地利用能合理统筹布局生态—农业—城镇等功能空间，减缓碳储量的损失，对区域国土空间优化具有重要意义[215]。也有学者探索了如何运用“三区三线”深化落实主体功能区战略，樊杰等运用归纳演绎法和文献资料法，探讨主体功能区战略内涵及价值，在揭示主体功能区和国土空间规划的尺度传导原理基础上，解析“三区三线”的效用及实施路径[216]。

（五）国土空间开发

党的十九大报告中提出“构建国土空间开发保护制度”，要健全国土空间用途管制制度，将开发强度作为约束性指标，控制建设用地总量，将用途管制扩大到所有自然生态空间，划定并严守生态红线，严禁任意改变用途，防止不合理开发建设活动对生态红线的破坏。党的二十大报告指出，构建优势互补、高质量发展的区域经济布局和国土空间体系。国土空间是由自然地理环境和人类社会活动两个子系统相互作用构成的人地耦合系统，是自然地理演化过程和经济社会发展过程的综合体[217]。国土空间是“山、水、林、田、湖、草、沙、海”等自然资源要素和“城、村、路、矿”等人类社会要素在空间上的集成体现，发挥着生产、生活、生态复合功能[218]。何为开发？辞海解释，开发是指人类以土地、矿产、森林、水、土壤等自然资源、资产为对象，采用工程、生物措施，扩大自然资源利用规模范围或提高自然资源利用强度和深度的活动[219]。国土空间开发主要指人类以国土空间组成要素为开发对象，综合利用各种科学技术手段，对国土空间各要素的利用和对要素空间之间的关系组织，以满足自身发展需求过程，包括工业化和城市化等过程[220]。国土空间开发阶段性特征显著，先后经历了水资源影响的流域主导阶段、产业影响的工业主导阶段、城市化影响的城镇主导阶段、产业和城市主导生态约束阶段。国土空间开发需要不同区域资源要素合理、高效、有序配置，不仅要实现区域之间的发展，还要达到区域内部社会和人的公平。单位用地增加所带来的经济产出效益与其所导致的生态环境损失和修复成本是否均衡？国土空间开发在空间上的差异与经济发展是否相适应？国土空间开发能力最大的约束条件是什么？……是国土空间开发的主要参考依据[221]。优化国土空间开发格局的原则是人口资源环境相均衡、经济社会生态效益相统一[222]，社会形态依次经历了农业社会、工业社会、工业化后期社会，国土空间开发特征依次对应“流域主导”“产业主导”“城市主导”，在此基础上形成了现在“生态约束”的条件，同时国土空间开发需要考虑要素在匹配过程中效率的高低问题和区域差异、社会福利、发展机会等的公平性[223]。在生态文明建设背景下，国土空间开发在城镇化、工业化为导向的基础上增加了生态化约束，注重生态环境的保护和建设，强调资源环境承载能力，国土空间开发底线对国土空间开发活动的引导和约束作用，强调国土空间生产、生活及生态功能的综合协调，城镇建设、农业生产及生态保护空间的统筹安排[224]。国土空间是典型的人地关系系统。国土空间是人与自然生命活动共存的空间载体，其系统内部或系统之间的相互作用维持着人地关系的动态平衡[225]。人与自然和谐共生是国土空间开发利用和格局优化的重要标志。

我国城镇化率从1978年的17.92%上升到2023年的66.2%，随着我国工业化和城镇化水平不断提高，国土空间开发面临新挑战和新问题。我国先后经历了产业主导生产力空间布局阶段、经济区域发展政策优化生产力空间布局阶段、以自然和地域环境要素分异主导国土空间利用布局阶段和国家空间现代治理的“权域+地域”空间布局阶段[226]。先后出现了“点”“点—线”和“点—线—面”不同国土空间开发模式，每种国土空间开发模式在当时的经济社会发展条件下均发挥了重要的作用。同时我国国土空间开发面临海陆空间边界不明晰、海陆经济系统不协调、海陆资源开发与生境保护不统一和海陆空间规划体系不兼容的问题与挑战[227]。国土空间开发背景下山水林田湖草沙一体化时空特征及生态保护修复策略等方面也涌现出了相关研究[228, 229]，应合理控制国土开发强度，全面提升国土空间节约集约利用水平[230]。

第三章 研究区概况

一、地理区位与研究范围

汾河是黄河第二大支流，位于黄河中游地区，流域经、纬度范围分别为 110° 30′ E~113° 32′ E、35° 20′ N~39° 00′ N，面积约占山西省国土面积的 25%（图 3-1）。流域大致呈东北—西南走向，海拔范围为 351~2799m，谷地东西两侧为山地，中部为断陷盆地。降水集中在夏季，季节分配不均，属于温带季风气候。考虑数据的完整性和收集难易程度，使用行政区划界线作为研究区范围，结合前人研究成果[231-233]和研究实际需要，研究区范围包括 41 个县级行政单元，其中，上游：宁武、静乐、岚县、娄烦和古交 5 个县级行政单元，中游：阳曲、太原（尖草坪区、杏花岭区、迎泽区、晋源区、万柏林区、小店区）、寿阳、清徐、榆次、交城、文水、太谷、祁县、汾阳、平遥、孝义、介休、交口和灵石 20 个县级行政单元，下游：霍州、汾西、尧都、洪洞、古县、浮山、乡宁、襄汾、翼城、河津、稷山、侯马、新绛、曲沃、万荣和绛县 16 个县级行政单元。2022 年汾河流域常住人口为 1524.06 万人，占全省总人口的 43.78%，流域内城镇化水平为 67.96%，高于全省城镇化水平；流域内 GDP 为 11215.52×10^4 万元，占全省 GDP 的 43.85%。

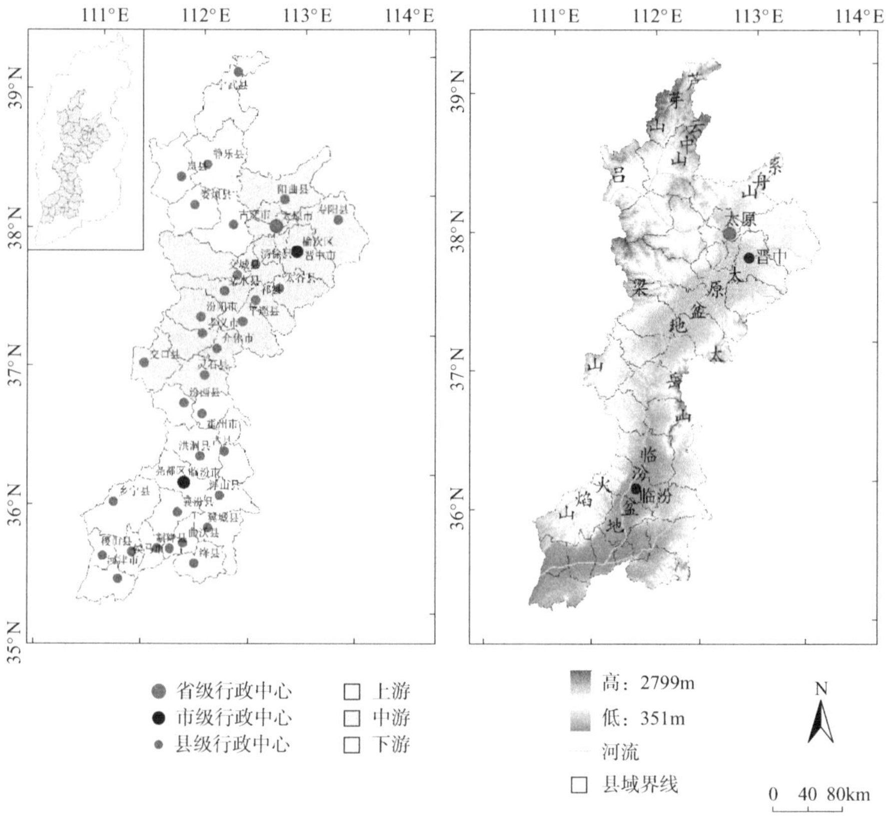

图 3-1 汾河流域行政区划与 DEM 图

（见彩插 185 页）

二、自然地理概况

（一）气候

汾河流域地处中纬度地带，受极地大陆性气团和副热带海洋气团[234]影响，为温带季风气候（图 3-2），大陆性特征明显，冬季寒冷干燥，夏季高温多雨，四季分明。年均气温整体由南向北减少，范围为 1.21~14.90℃，气温年较差和日较差大。春季气温回升快，春季降水少，蒸发旺盛，多大风天气。太原盆地、临汾盆地、运城盆地北部的平均气温高于 10℃，尤其临汾盆地和运城盆地北部的气温高于 12℃，吕梁山、云中山、芦芽山等山地局地气温低于 6℃。受地形的影响，气温的垂直分异规律明显。受东南季风影响，夏季降水占全年降水的 50%~60%，冬季降水最少，降水的季节变化大，受到东南季风北进南退时间早晚和影响时间的长短，降水年际变化大，等降水量线的走向与山脉的走向基本一致，降水整体上呈东西山地多、中部盆地少的规律，年降水量 446.57~772.94mm，71.53% 的区域降水量 447~550mm，受到地形的影响，太岳山、吕梁山和火焰山的迎风坡降水丰富，降水量高于 550mm，太岳山和火焰山的局地降水量高于 600mm，而太原盆地和临汾盆地局地降水量低于 500mm。

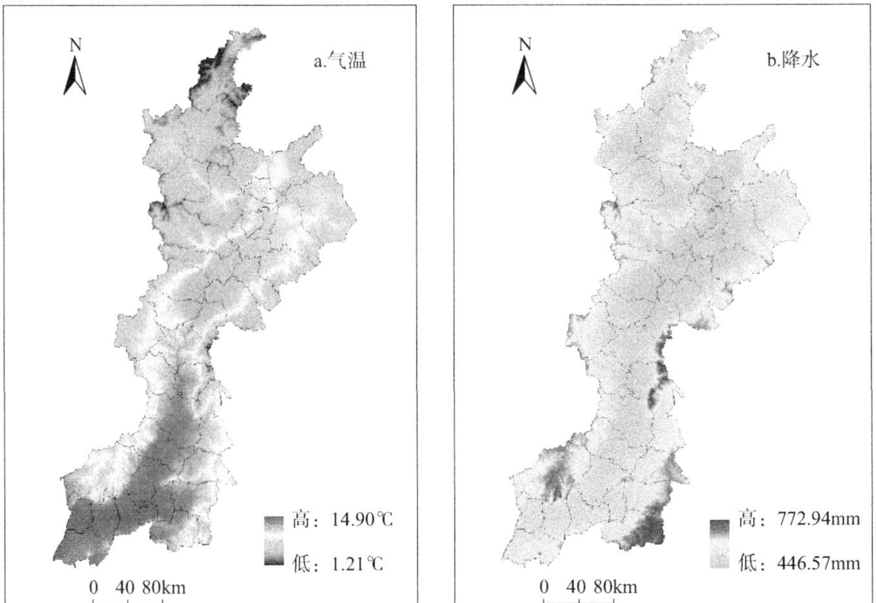

图 3–2　汾河流域气温和降水分布

（见彩插 185 页）

（二）地形和地貌

由图 3–3 可知，汾河流域大致呈东北—西南走向，海拔范围为 351~2799m。谷地东西两侧为山地。西北部为吕梁山，包括东支云中山和西支芦芽山，谷地西侧为吕梁山东坡，发育着陡峻断崖。临汾盆地的东北部为近似南北走向的太岳山。中部为断陷盆地区，海拔由北向南逐渐降低，包括太原盆地和临汾盆地，其中太原盆地，也称晋中盆地，海拔 700~800m，东西两侧为断层崖与山地相连，发育冲积扇和洪积扇，边缘被切割成了台地和丘陵地形，太原位于盆地北缘；临汾盆地，又称汾河下游盆地，海拔 400~600m，在河流侵蚀和堆积作用下，河床两侧形成多级阶地，阶地上发育冲沟；历史上临汾盆地北部发生过强震，存在临汾、洪洞一带和侯马、新绛一带的两个凹陷中心。

由图 3–4 可知，汾河流域地貌共 6 种类型，包括平原、台地、丘陵、小起伏山地、中起伏山地和大起伏山地，面积分别为 $7.72\times10^6\text{km}^2$、$8.96\times10^6\text{km}^2$、$6.85\times10^6\text{km}^2$、$9.82\times10^6\text{km}^2$、$7.49\times10^6\text{km}^2$ 和 $1.72\times10^6\text{km}^2$，分别占流域总面积的 18.13%、21.05%、16.11%、23.07%、17.60% 和 4.05%，平原主要分布在太原盆地，临汾盆地以台地为主，丘陵主要集中在临汾盆地西北侧和吕梁山局部地区，小起伏山地集中在东西两侧，大起伏山地在太岳山分布集中。

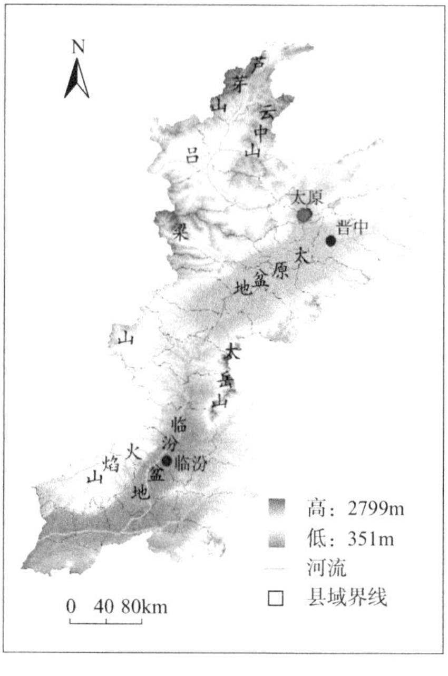

图 3–3　汾河流域地形分布

（见彩插 186 页）

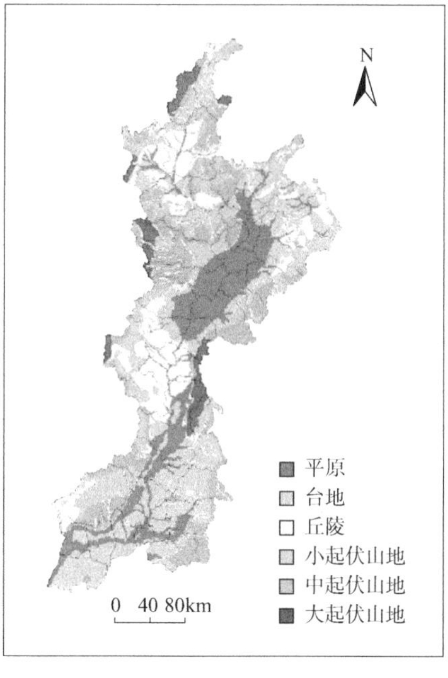

图 3–4　汾河流域地貌分布

中国 1∶100 万地貌类型空间分布数据来源于《中华人民共和国地貌图集（1∶100 万）》

（见彩插 186 页）

表 3-1 汾河流域主要土壤占比 %

土纲	初育土						半水成土	
占比	49.55						11.78	
土类	黄绵土	红黏土	新积土	风沙土	石质土	粗骨土	山地草甸土	潮土
占比	35.03	0.10	0.92	0.08	4.31	9.10	0.31	11.47
土纲	淋溶土	半淋溶土	钙层土	水成土	盐碱土	人为土	高山土	
占比	4.03	32.97	1.00	0.02	0.13	0.11	0.01	
土类	棕壤	褐土	栗褐土	沼泽土	盐土	水稻土	黑毡土	
占比	4.03	32.97	1.00	0.02	0.13	0.11	0.01	

（四）植被

汾河流域的植被（图 3-6）主要包括针叶林、阔叶林、灌丛、草原、草丛、草甸和栽培植被。植被面积所占比例分别为 8.14%、4.61%、13.64%、0.16%、11.22%、1.53%、60.64%（表 3-2），栽培植被占研究区的比例最大，包括一年一熟粮食作物及耐寒经济作物，一年一熟粮食作物及耐寒经济作物、落叶果树园，两年三熟或一年两熟旱作和落叶果树园，而其中两年三熟或一年两熟旱作和落叶果树园所占比例最大，为 46.10%。栽培作物主要分布在太原盆地和临汾盆地，农作物的熟制为两年三熟制，以小麦、玉米和谷子为主。晋祠一带种植水稻的历史悠久。温带落叶灌丛占比为 13.63%，主要包括箭叶锦鸡儿、金露梅、沙棘、荆条等灌丛。箭叶锦鸡儿灌丛分布在管涔山 2400~2772m 的阴坡，金露梅灌丛主要分布在箭叶锦鸡儿灌丛下沿地形较平缓的地段，荆条分布在低中山和低山地区。针叶林主要包括云杉、细叶云杉、华北落叶松林、油松林、华北松林、白皮松林和侧柏林。云杉和细叶云杉主要分布在管涔山等中高海拔 1700~2700m 的阴坡和半阴坡，华北落叶松林分布在芦芽山、云中山等中高山地的阴坡。阔叶林包括栎林、杨华林等。栎林主要分布在中条山、吕梁山、太岳山的阴坡、半阴坡。

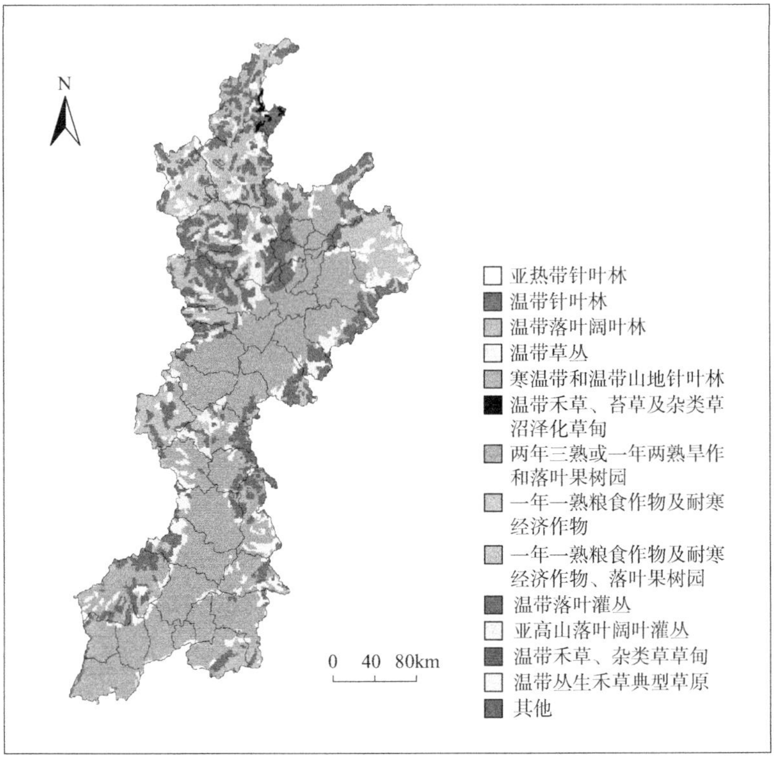

图 3-6 汾河流域植被分布

（见彩插 188 页）

表 3-2 汾河流域植被面积所占比例 %

针叶林			阔叶林	灌丛		草原
8.14			4.61	13.64		0.16
寒温带和温带山地针叶林	温带针叶林	亚热带针叶林	温带落叶阔叶林	温带落叶灌丛	亚高山落叶阔叶灌丛	温带丛生禾草典型草原
0.90	7.14	0.10	4.61	13.63	0.01	0.16
草丛	草甸		栽培植被			其他
11.22	1.53		60.64			0.05
温带草丛	温带禾草、杂类草草甸	温带禾草、苔草及杂类草沼泽化草甸	一年一熟粮食作物及耐寒经济作物	一年一熟粮食作物及耐寒经济作物、落叶果树园	两年三熟或一年两熟旱作和落叶果树园	其他
11.22	1.29	0.24	3.22	11.32	46.10	0.05

（五）水系

汾河是黄河第二大支流（图 3-7），山西最长的河流，它发源于宁武县东寨镇管涔山的雷鸣寺泉，纵贯山西省中部，流经太原、临汾两大盆地，至万荣流入黄河。汾河干流全长 716km，流域总面积约为 3.95 万 km^2，流域面积现有水资源总量占全省的 27.1%，支流有岚河、潇河、文峪河、昌源河、洪安涧河和浍河等，汾河上、中、下游的分界点是太原兰村、石滩村。20 世纪 50 年代开始，山西省在汾河干流上修建了汾河水库、汾河二库、太原市兰村一坝、清徐二坝和平遥三坝引水枢纽工程，涉及太原、晋中、吕梁的汾河灌区，以及临汾的汾西灌区、霍泉灌区，晋中的潇河灌区，吕梁的文峪河灌区，运城的西范、汾南灌区等 62 处大中型自流和泵站灌区[236]。汾河流域是山西省重要粮食主产区、生态功能区、人口密集区、城市集中区、经济发达区，在全省社会经济发展中占有十分重要的地位。

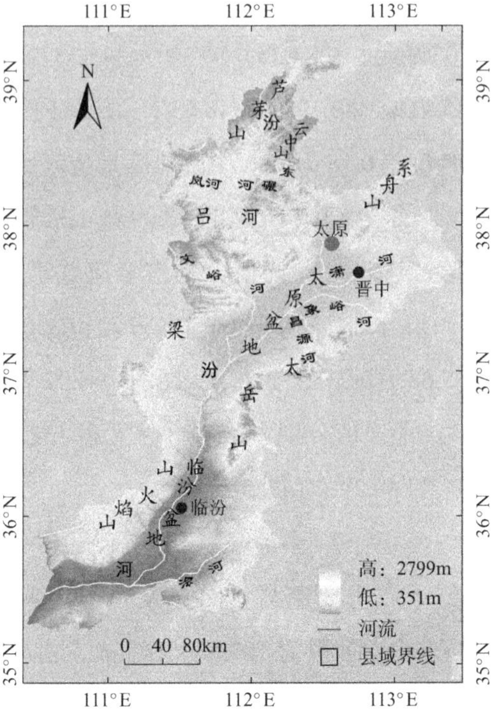

图 3-7 汾河流域水系分布

（见彩插 189 页）

三、社会经济概况

（一）人口

汾河流域人口数量多，城镇化水平高。2020 年汾河流域常住人口为 1521.17 万人，占全省总人口的 43.58%，流域内城镇人口为 1013.41 万人，占流域常住总人口的 66.62%，高于全省城镇人口占全省常住总人口的比重（62.53%）。中游地区分布着全流域 61.84% 的常住人口，为 940.73 万人，城镇人口和农村人口分别为 715.78 万人和 224.95 万人，分别占全流域常住人口的 47.05% 和 14.79%。

（二）产业

汾河流域是山西经济主战场，2020 年流域内 GDP 为 7962.27×10^4 万元，占全省 GDP 的 45.39%；第一产业产值、第二产业产值和第三产业产值分别为 340.16×10^4 万元、3284.25×10^4 万元和 4337.86×10^4 万元，分别占全省三产比重为 35.91%、42.79% 和 48.63%；流域内人均 GDP 为 4.74 万元，与全省人均 GDP 仅差 0.18 万元。中游地区是全流域经济的主体，GDP 为 5819.64×10^4 万元，占全流域 GDP 的 73.09%，占全省 GDP 的 1/3。从三产看，中游地区第二、三产业产值分别占全流域第二、三产业产值的 71.78% 和 76.19%，产值分别达 2357.40×10^4 万元和 3304.91×10^4 万元。中游地区人均 GDP 为 5.68 万元，比全省人均水平（4.92 万元）高 0.76 万元。中游和下游地区第一产业产值分别为 157.33 万元和 167.65 万元，分别占全流域第一产业 46.25% 和 49.29%（图 3–8）。

（三）农业

汾河流域是汾渭平原重要组成部分，是全国重要的粮食生产基地。2020 年汾河流域粮食播种面积为 $102.68 \times 10^4 hm^2$，占全省粮食播种面积的 32.81%，其中秋粮播种面积达 $72.09 \times 10^4 hm^2$，占全流域粮食播种面积 70.21%。上、中、下游粮食播种面积分别为 $7.66 \times 10^4 hm^2$、$34.81 \times 10^4 hm^2$、

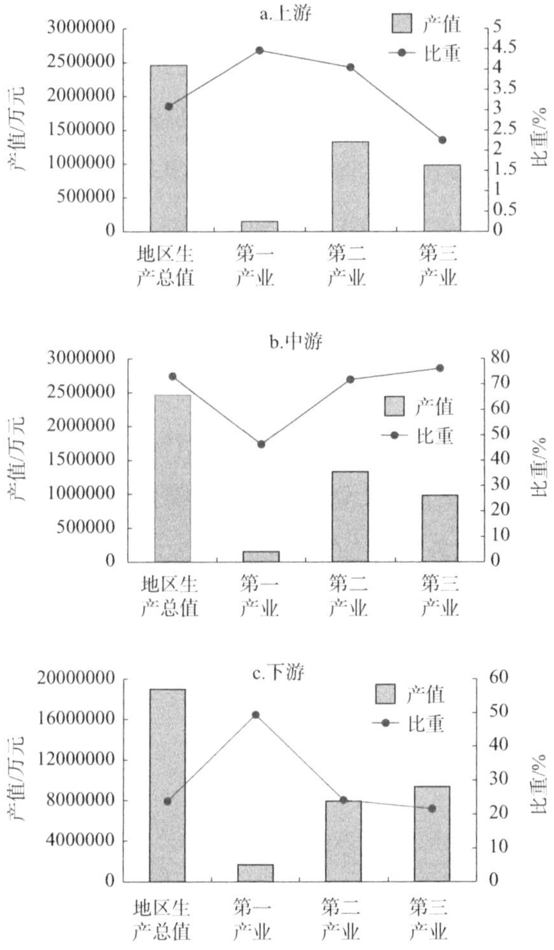

图 3-8　汾河流域不同河段 GDP 和三产产值

$60.21\times10^4hm^2$，分别占全流域粮食播种面积的 7.46%、33.90% 和 58.63%。粮食产量为 489.39 万 t，占全省粮食产量的比重为 34.36%，其中秋粮产量达 359.35 万吨，占全流域粮食产量 73.43%。上、中、下游粮食产量分别为 19.75 万 t、189.95 万 t、279.69 万 t，分别占全流域粮食播种面积的 7.46%、33.90% 和 58.63%。粮食作物包括谷类作物、豆类作物和薯类作物三类，播种面积分别为 $94.86\times10^4hm^2$、$3.51\times10^4hm^2$ 和 $4.32\times10^4hm^2$，分别占流域内粮食作物播种面积的 92.38%、3.41% 和 4.20%，分别占全省三者播种面积的 34.33%、19.07% 和 23.54%。三类粮食作物的产量分别为 467.50 万 t、6.26

万 t 和 15.62 万 t，其中谷类作物占全流域粮食作物的比重高达 95.53%。上游地区以薯类作物为主，其播种面积和产量占比分别为 55.48% 和 61.58%；中游地区谷物和豆类作物较多，播种面积和产量占比分别为 34.24%、32.47% 和 39.01%、40.01%；下游地区以谷物作物为主，其播种面积和产量分别占流域播种面积和产量的 61.75% 和 58.83%。

由图 3–9 可知，全流域谷类作物有小麦、玉米、谷子、高粱、燕麦，其中以玉米为主，面积达 $57.45\times10^4hm^2$，占谷物总面积的比重达 60.56%；玉米产量为 317.69 万 t，占谷物产量的比重达 67.95%。小麦的面积位居次位，为 $30.56\times10^4hm^2$，占谷物总面积的 32.21%；小麦产量为 129.83 万 t，占谷物产量的比重达 27.77%。豆类作物和薯类作物分别以大豆和马铃薯为主，大豆和马铃薯面积分别为 $2.09\times10^4hm^2$ 和 $3.55\times10^4hm^2$，分别占豆类作物和薯类作物面积的 59.61% 和 82.16%；大豆和马铃薯产量分别为 4.35 万 t 和 12.56 万 t，分别占豆类作物和薯类作物产量的 69.38% 和 80.43%。

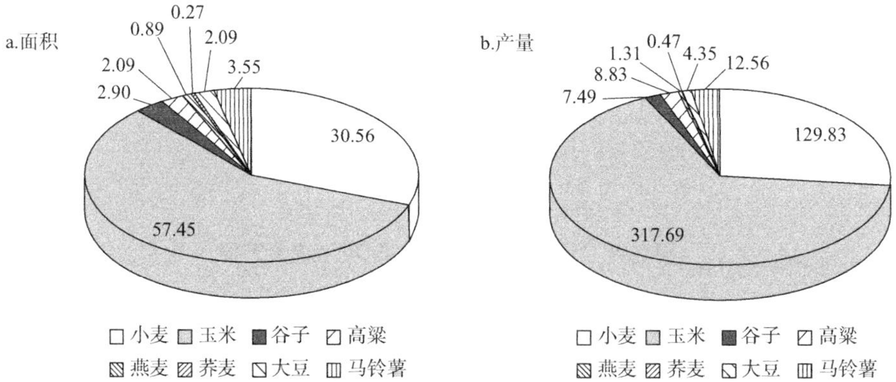

图 3–9 2020 年汾河流域不同农作物面积（10^4hm^2）和产量（万 t）

由图 3–10 可知，小麦主要分布在下游地区，面积和产量分别达 $29.70\times10^4hm^2$ 和 126.67 万 t。中游和下游地区玉米的播种面积占比均近 50%，产量占比分别为 52.97% 和 45.16%。谷子和高粱主要集中在中游地区，面积分别为 $1.73\times10^4hm^2$ 和 $1.37\times10^4hm^2$，产量分别为 4.31 万 t 和 6.14 万 t。燕麦和荞麦主要分布在上游地区，播种面积占比分别为 98.59% 和 47.06%，产量占比分别为 98.67% 和 48.22%。大豆主要分布在中游地区，其播种面积和产量分别占 44.65% 和 51.02%。马铃薯主要分布在上游地区，其播种面积和产量分别占 67.52% 和 61.58%。汾河流域作为地区性商品粮基地，粮食播种面积大，下游地区尤为明显，其播种面积和产量占比均近 60%。农作物以玉米为主，主要分布在中游和下游地区，谷子和高粱集中在中游地区，燕麦和荞麦分布在下游地区。

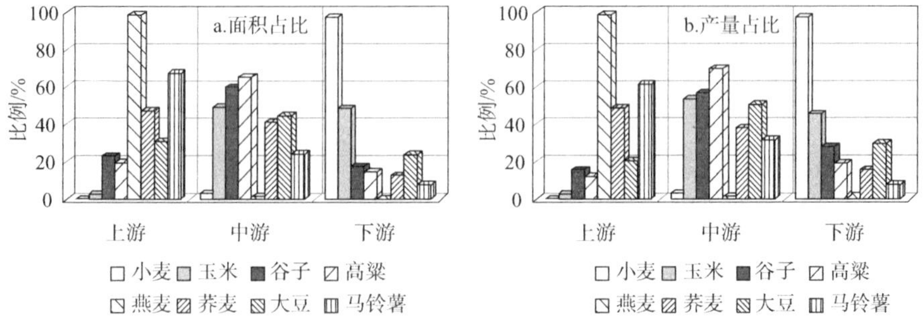

图 3–10　2020 年汾河流域不同河段各农作物播种面积、产量占流域总播种面积和总产量的比例

汾河流域棉花播种面积和产量分别为 214.7hm^2 和 322.01t，分别占全省棉花播种面积和总产量的 18.95% 和 20.64%。其中下游地区集中了全流域棉花面积的 97.90%，面积达 210.1hm^2，集中了全流域棉花产量的 98.30%，产量达 316.6t。

由图 3–11 可知，汾河流域油料作物播种面积和产量分别为 1.46×10^4hm^2 和 2.82 万 t，分别占全省油料作物播种面积和总产量的 16.52% 和 19.71%。主要分布在下游地区，其播种面积和总产量分别达 0.87×10^4hm^2 和 2.04 万 t，分别占流域总播种面积和总产量的 59.83% 和 72.26%。其中，胡麻籽和葵花籽播种面积分别为 0.33×10^4hm^2 和 0.52×10^4hm^2，分别占全省油料作物播种面积的 15.61% 和 20.50%；总产量分别为 0.38 万 t 和 1.20 万 t，分别占全省油料作物总产量的 16.88% 和 22.62%。胡麻籽 92.47% 的播种面积和 94.68% 的产量集中在上游地区，而葵花籽 86.70% 的播种面积和 88.81% 的产量集中在下游地区。

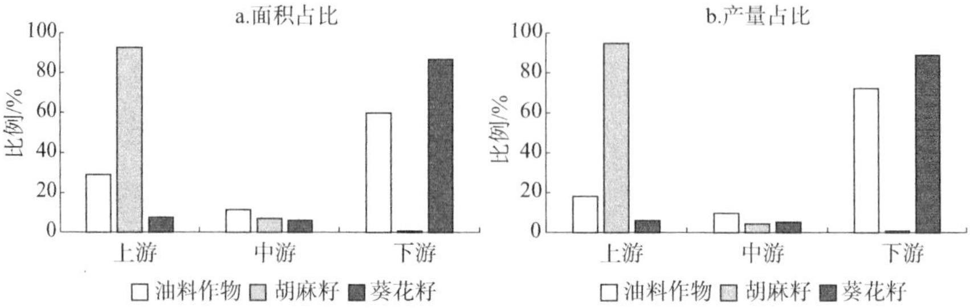

图 3-11　2020 年汾河流域油料作物播种面积、产量占流域总播种面积和总产量的比例

2020 年流域内药材类作物播种面积为 2.52×10^4hm^2，占全省蔬菜总播种面积的 32.55%；总产量为 16.80 万 t，占全省总产量 36.93%。下游地区分布着全流域药材类 77.62% 的种植面积和 87.76% 的产量。流域内蔬菜播种面积为 7.33×10^4hm^2，占全省蔬菜总播种面积的 38.78%，全省近一半产量的蔬菜分布在汾河流域，产量达 430.19 万 t。中游、下游地区蔬菜播种面积分别占全流域蔬菜播种面积的 55.62% 和 42.59%，全流域 59.65% 和 38.90% 的蔬菜产量分别集中在中游和下游地区。

全省瓜果类 21.47% 的播种面积和 23.00% 的产量分布在汾河流域。2020 年末流域内果园面积为 10.38×10^4hm^2，占全省果园面积 27.25%，其中苹果、桃、梨的面积分别为 4.80×10^4hm^2、1.33×10^4hm^2 和 1.71×10^4hm^2，分别占全省苹果、桃、梨面积的 33.28%、26.59% 和 36.61%。2020 年流域水果产量为 239.37 万 t，占全省水果产量的 27.90%，其中苹果、桃、梨的产量分别为 133.07 万 t、33.77 万 t 和 34.47 万 t，分别占全省苹果、桃、梨产量的 30.48%、21.44% 和 35.27%。流域内瓜果类 60.11% 的播种面积和 57.72% 的产量集中在下游地区，分别达 0.20×10^4hm^2 和 6.88 万 t。全流域苹果面积的 75.37% 和桃面积的 91.98% 集中在下游地区，面积分别为 3.62×10^4hm^2 和 1.23×10^4hm^2。全流域梨面积的 92.40% 分布在中游地区，面积为 1.58×10^4hm^2。下游地区的苹果和桃面积分别为 115.57×10^4hm^2 和 33.12×10^4hm^2，分别占全流域苹果和桃面积的 86.85% 和 98.06%。中游地区梨面积为 31.74×10^4hm^2，占全流域梨面积的 92.09%。

（四）城市

山西省正处于经济转型时期，经济发展由重数量向数量和质量并举转变，城镇化已进入规模质量双提升阶段，如何推进以人为核心的新型城镇化，构建新时代城镇化高质量发展的空间布局和支撑体系，实现社会经济高质量转型发展是当前城镇化发展的必由之路。汾河流域是山西省城镇化高水平分布区，2020 年城镇化率达 66.62%，高于全省城镇化率（62.53%）。城镇化率由 1980 年的 22.47% 增加为 2020 年的 66.62%，增长了 44.15 个百分点，比 1980 年增加了 1.96 倍，其中省会太原市 6 城区 2020 年的城镇化率高达 94.11%。太原市除了晋源区之外，其余 5 个区的城镇化率均 > 90%，排在前 10 位的县域城镇化率均 > 70%。汾河流域作为“一泓清水入黄河”战略的主体，城镇化发展必将为全省社会经济发展提供强有力的保障（图 3-12）。

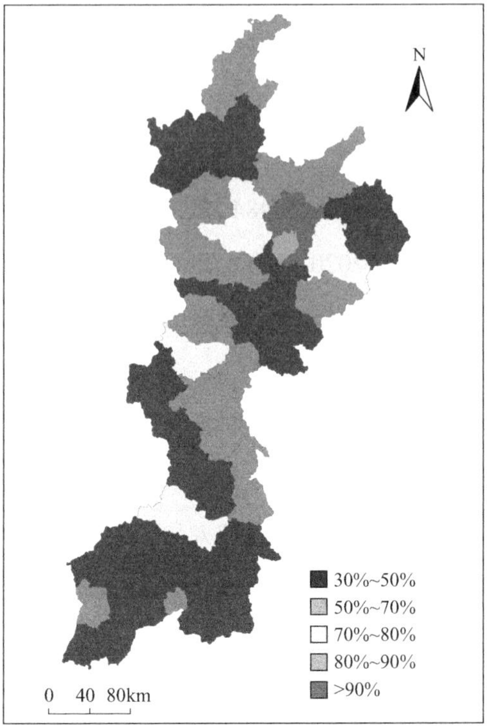

图 3-12　2020 年汾河流域县域城镇化率空间分布

第四章 汾河流域国土空间格局分异特征

一、国土空间格局水平分异特征

汾河流域“三生”空间功能一级分类格局变化显示（图 4–1、图 4–2 和表 4–1），1980—2020 年“三生”空间格局变化连续性特征显著，生产空间占“三生”空间的面积和比重呈逐渐下降趋势，面积由 1980 年的 1783257.19hm^2 降为 2020 年的 1736199.76hm^2，比重由 1980 年的 41.89% 降为 2020 年的 40.78%，呈片状分布格局，主要分布在太原盆地和临汾盆地。1980—2020 年，生活空间表现出逐渐上升趋势，面积由 1980 年的 137986.79hm^2 上升为 2020 年的 257484.30hm^2，增加了 119497.51hm^2，比重由 1980 年的 3.24% 上升为 2020 年的 6.05%，上升了 2.81 个百分点，呈现出斑块状和点状分布格局，太原城区和临汾尧都区为面积较大的斑块状，其余为点状分布。41 年间生态空间占“三生”空间的面积和比重呈逐渐下降态势，面积由 1980 年的 2336174.27hm^2 下降为 2020 年的 2263734.18hm^2，比重由 1980 年的 54.87% 下降为 2020 年的 53.17%，北部生态空间为环状分布格局，主要分布在吕梁山、云中山和太岳山之间；南部生态空间为半环状格局，主要分布在火焰山和太岳山之间。

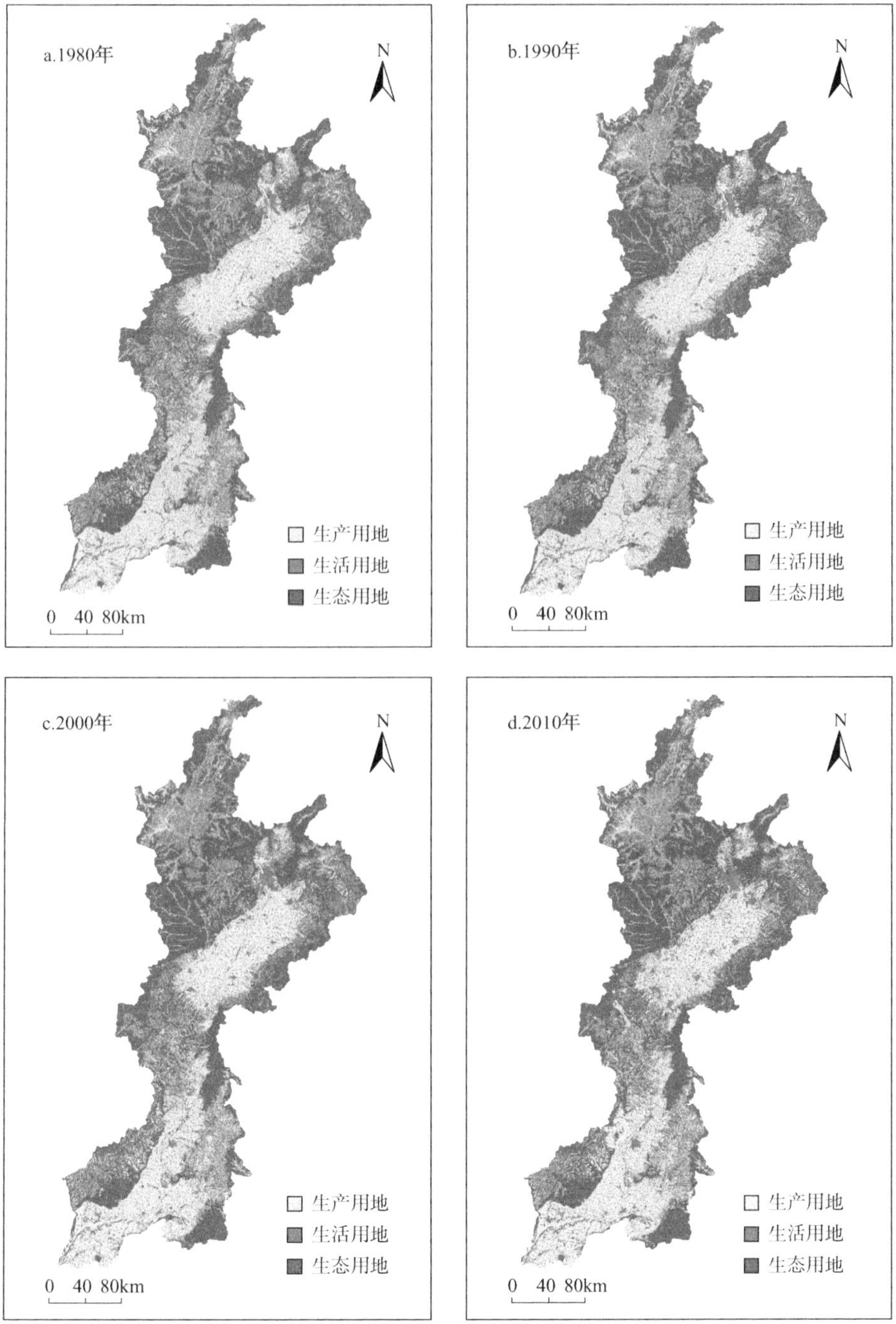

图 4–1 汾河流域“三生”空间功能一级分类格局变化

（见彩插 190 页）

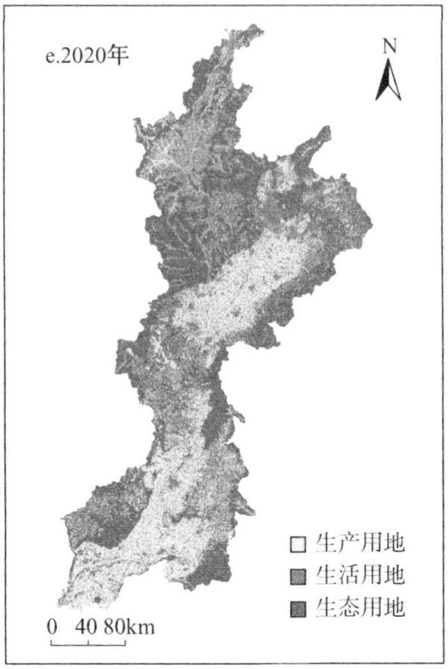

图 4-1 汾河流域“三生”空间功能一级分类格局变化（续图）

（见彩插 191 页）

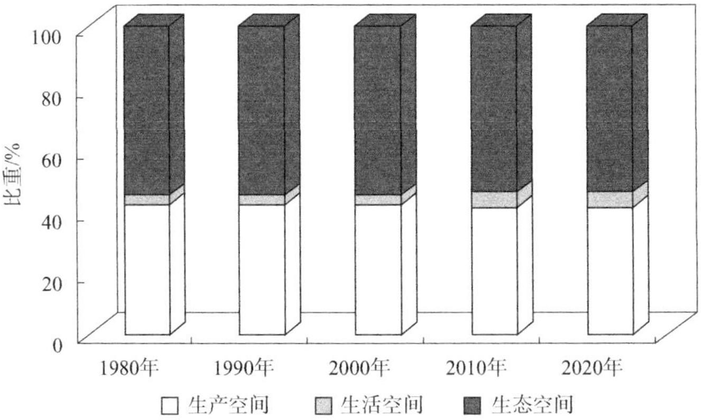

图 4-2 汾河流域“三生”空间功能一级分类占比

表 4-1 汾河流域“三生”空间功能一级分类面积 hm²

“三生”空间	1980 年	1990 年	2000 年	2010 年	2020 年
生产空间	1783257.19	1777495.78	1776972.55	1744747.9	1736199.76
生活空间	137986.79	145254.04	158700.57	235932.18	257484.30
生态空间	2336174.27	2334668.42	2321745.13	2276738.17	2263734.18

由（图 4–3、图 4–4 和表 4–2）可知，生产空间用地分为农业生产用地和工业生产用地，其中农业生产用地在“三生”空间占比最大，2020 年占比为 39.23%，表现出逐渐下降态势，由 1980 年的 1775930.00hm^2 下降为 2020 年的 1670047.04hm^2，占比由 41.71% 下降为 39.23%。2000—2010 年下降尤为明显，集中连片分布在中部太原盆地和临汾盆地。41 年间工业生产用地增加了 8.02 倍，面积由 7331.59hm^2 增加为 66152.72hm^2，比例由 0.17% 增加为 1.55%，交口、孝义和灵石工业生产用地分布集中，清徐与交城交界处分布较多，曲沃和侯马也分布较集中。生活用地分为城镇生活用地和农村生活用地，其中城镇生活用地由 1980 年的 29828.28hm^2 增加到 2020 年的 94315.42hm^2，增加了 2.16 倍，占“三生”空间的比重由 1980 年的 0.70% 增到 2020 年的 2.21%，主要分布在太原市六城区和临汾的尧都区以及各县城所在地。农村生活用地表现出逐渐上升趋势，由 1980 年的 108153.00hm^2 增加到 2020 年的 163168.88hm^2，增长了 55015.88hm^2，平均每年增加 1341.85hm^2，平均每年占比增加 0.03%。1980—1990 年、1990—2000 年、2000—2010 年和 2010—2020 年增加幅度分别为 1.93%、2.62%、35.61% 和 6.36%，在 2000—2010 年增加趋势尤为明显。农村生活用地分布较为分散。生态空间用地分为林地生态用地、草地生态用地、水域生态用地和其他生态用地，其中林地生态用地和草地生态用地在“三生”空间中占比居于二三位，2020 年分别占“三生”空间的 28.48% 和 23.96%。林地生态用地呈先降后升的态势，2000 年之后，受到国家退耕还林政策影响，占比逐渐上升，林地在“量”上不断增加，2020 年林地面积达 1212469.11hm^2，主要集中在吕梁山脉中段的关帝山以及太岳山等山区，行政区划包括交城、文水、交口、霍州、古县等。草地生态用地呈现逐渐降低态势，面积由 1980 年的 1103890.00hm^2 降为 2020 年的 1020234.50hm^2，平均每 10 年下降 16731.10hm^2，主要集中在农业生产用地的四周。水域生态用地整体呈下降趋势，面积由 1980 年的 38976.00hm^2 降为 2020 年的 30632.49hm^2，降低了 8343.51hm^2，平均每年下降 203.50hm^2。

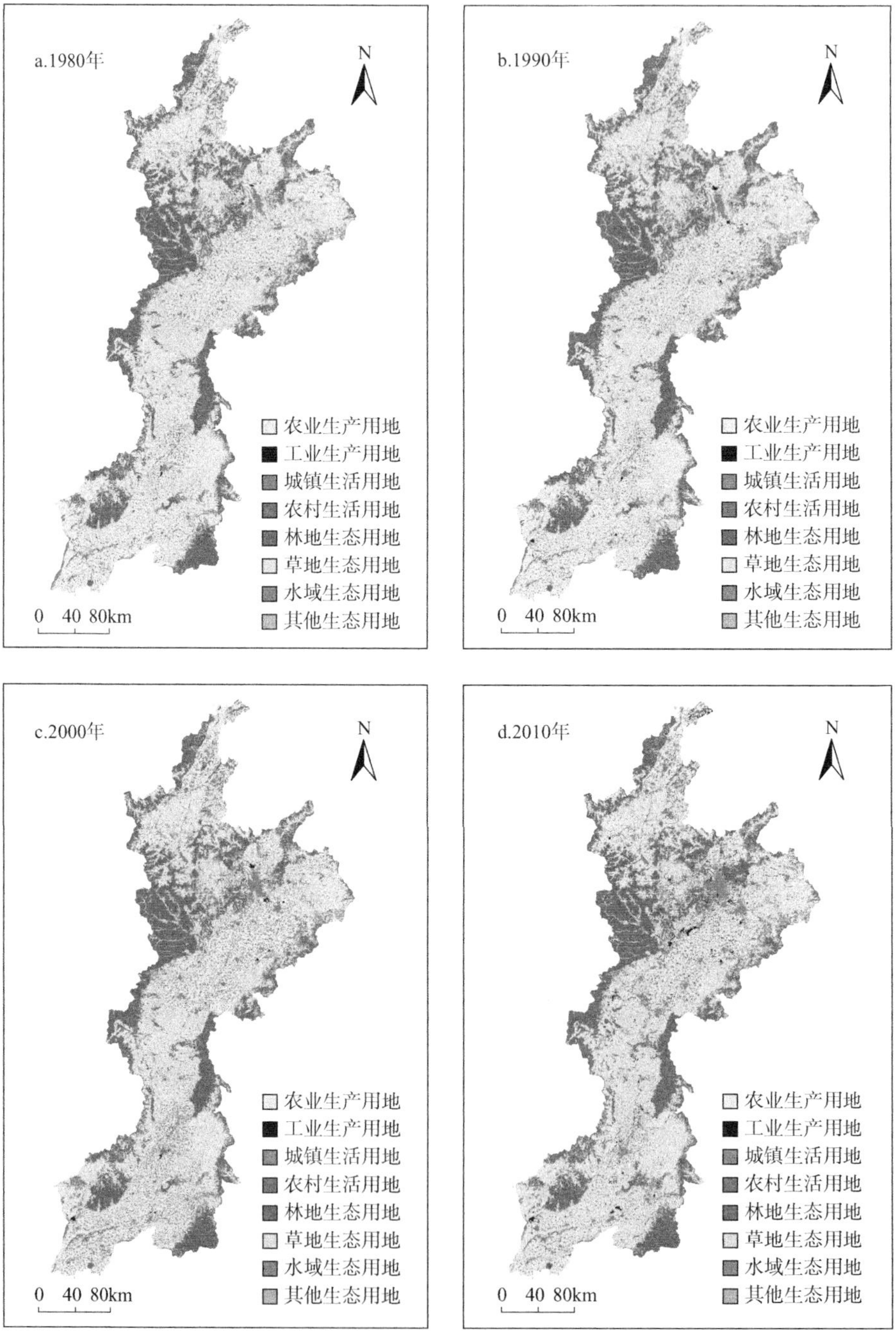

图 4–3 汾河流域“三生”空间功能二级分类格局变化

（见彩插 191、192 页）

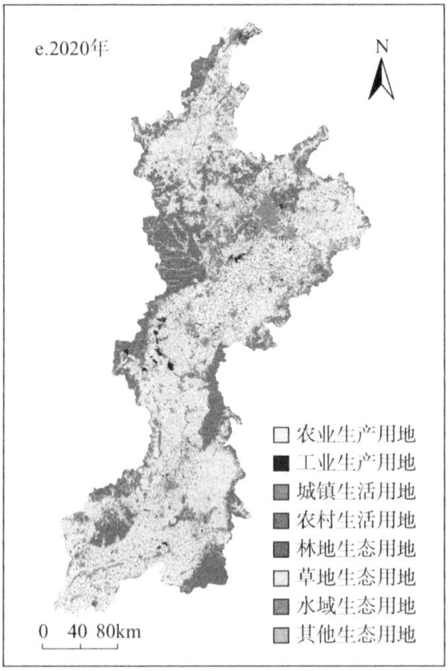

图 4-3　汾河流域“三生”空间功能二级分类格局变化（续图）

（见彩插 192 页）

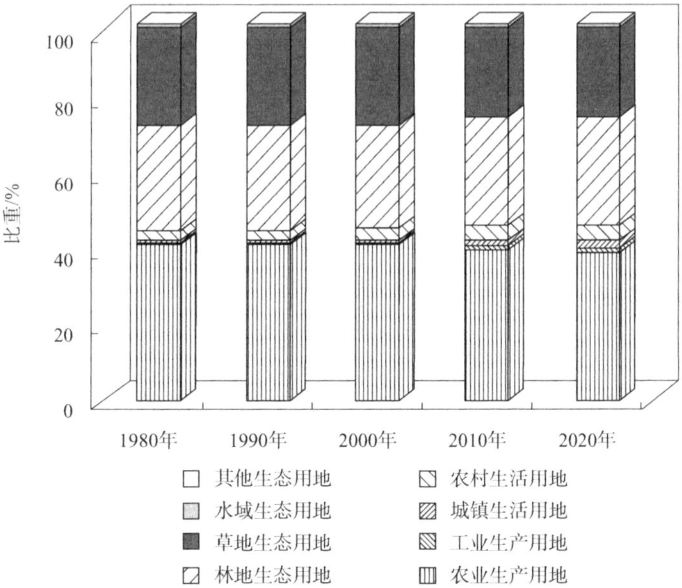

图 4-4　汾河流域“三生”空间功能二级分类占比

表 4-2 汾河流域“三生”空间功能二级分类面积 hm^2

“三生”空间	1980 年	1990 年	2000 年	2010 年	2020 年
农业生产用地	1775930.00	1767495.52	1765129.89	1692246.36	1670047.04
工业生产用地	7331.59	10000.27	11842.66	52501.54	66152.72
城镇生活用地	29828.28	35013.45	45569.03	82515.99	94315.42
农村生活用地	108153.00	110240.59	113131.54	153416.18	163168.88
林地生态用地	1192960.00	1192226.84	1187028.76	1208769.16	1212469.11
草地生态用地	1103890.00	1103548.22	1097397.07	1037125.93	1020234.50
水域生态用地	38976.00	38209.20	36494.19	30457.95	30632.49
其他生态用地	349.38	684.17	825.11	385.13	398.09

从汾河流域不同河段看（表 4-3~表 4-5），下游地区生产空间面积和占比居于首位，中游次之，上游最小。2020 年下游、中游、上游地区生产空间面积依次为 805815.13hm^2、672092.25hm^2 和 258292.38hm^2，占全流域总面积的比重分别为 18.93%、15.79% 和 6.07%，占流域全生产空间 46.41%、38.71% 和 14.88%。上游地区生产空间面积表现出上升态势，由 1980 年的 254705.41hm^2 增为 2020 年的 258292.38hm^2，增加了 3586.97hm^2，年均增长 87.49hm^2，占比增加了 0.09 个百分点，其中 2000—2010 年增长显著，增加 1920.47hm^2。中游地区生产空间呈逐渐下降趋势，41 年间面积下降了 49036.20hm^2，占比下降了 1.15 个百分点，每 10 年下降了 12259.05hm^2 和 0.29%，2000—2010 年下降明显，下降了 41354.68hm^2。下游地区生产空间面积和占比表现为波动趋势。

生活空间面积和占比由大到小依次为中游、下游和上游，2020 年面积依次为 157856.05hm^2、87108.98hm^2 和 12519.28hm^2，占全流域总面积的比重分别为 3.71%、2.05% 和 0.29%，占流域全生产空间 61.31%、33.83% 和 4.86%。上、中、下游地区的生活空间均为持续上升趋势，中游地区增长最多，41 年间共增加了 87309.54hm^2，增长了 1.24 倍，占比共增加了 2.05 个百分点，其中 2000—2010 年增长明显，增加了 61004.97hm^2。

下游地区增长次之，共增加了 24197.75hm²，占比增长了 0.57 个百分点。上游地区的生活空间面积和占比分别增加了 7990.22hm² 和 0.18 个百分点。

生态空间的面积和占比由大到小依次为中游、下游和上游，2020 年面积分别为 1063220.16hm²、641737.01hm² 和 558777.02hm²，占全流域总面积的比重分别为 24.97%、15.07% 和 13.12%，占流域全生产空间 46.97%、28.35% 和 24.68%。上、中、下游地区的生态空间均为持续下降趋势，其中，中游地区下降最为明显，下降了 38260.11hm²，占比由 1980 年的 25.87% 下降为 2020 年的 24.97%，降低了 0.90 个百分点，1980—1990 年为缓慢下降，之后下降趋势变大。下游地区的生态空间面积降低了 22602.79hm²，比重下降了 0.53 个百分点，1990—2010 年下降尤为明显。

表 4-3 汾河流域不同河段“三生”空间一级分类面积变化 hm²

河段	“三生”空间	1980 年	1990 年	2000 年	2010 年	2020 年
上游	生产空间	254705.41	254640.76	254868.52	256788.99	258292.38
	生活空间	4529.06	4867.16	4971.58	11760.44	12519.28
	生态空间	570354.20	570080.75	569748.57	561039.25	558777.02
中游	生产空间	721128.45	716476.03	715220.81	673866.13	672092.25
	生活空间	70546.51	76212.35	85025.01	146029.98	157856.05
	生态空间	1101480.27	1100465.04	1092907.59	1073256.24	1063220.16
下游	生产空间	807423.32	806379.00	806883.21	814092.79	805815.13
	生活空间	62911.23	64174.54	68703.98	78141.76	87108.98
	生态空间	664339.80	664122.63	659088.97	642442.67	641737.01

表 4-4 汾河流域不同河段“三生”空间一级分类占比变化 %

河段	“三生”空间	1980 年	1990 年	2000 年	2010 年	2020 年
上游	生产空间	5.98	5.98	5.99	6.03	6.07
	生活空间	0.11	0.11	0.12	0.28	0.29
	生态空间	13.40	13.39	13.38	13.18	13.12

续表

河段	“三生”空间	1980 年	1990 年	2000 年	2010 年	2020 年
中游	生产空间	16.94	16.83	16.80	15.83	15.79
	生活空间	1.66	1.79	2.00	3.43	3.71
	生态空间	25.87	25.85	25.67	25.21	24.97
下游	生产空间	18.97	18.94	18.95	19.12	18.93
	生活空间	1.48	1.51	1.61	1.84	2.05
	生态空间	15.60	15.60	15.48	15.09	15.07

表 4–5 不同河段“三生”空间各一级地类占流域各一级地类比重变化 %

河段	“三生”空间	1980 年	1990 年	2000 年	2010 年	2020 年
上游	生产空间	14.28	14.33	14.34	14.72	14.88
	生活空间	3.28	3.35	3.13	4.98	4.86
	生态空间	24.41	24.42	24.54	24.64	24.68
中游	生产空间	40.44	40.31	40.25	38.62	38.71
	生活空间	51.13	52.47	53.58	61.89	61.31
	生态空间	47.15	47.14	47.07	47.14	46.97
下游	生产空间	45.28	45.37	45.41	46.66	46.41
	生活空间	45.59	44.18	43.29	33.12	33.83
	生态空间	28.44	28.45	28.39	28.22	28.35

从汾河流域不同河段二级地类看（表 4–6~ 表 4–8），下游地区农业生产用地规模最大，2020 年面积为 793193.89hm^2，占全域 18.63%，占全域农业生产用地 47.50%。中游次之，面积为 629624.51hm^2，占全域 14.79%，占全域农业生产用地 37.70%。1980—2020 年上、中、下游地区农业生产用地均呈下降趋势，上游和中游地区 2000—2010 年下降显著，下降面积分别为 5931.16hm^2 和 64898.87hm^2，下游地区 2010—2020 年下降明显，下降了 7777.38hm^2。中游地区工业生产用地面积和占比最大，2020 年面积为 42467.74hm^2，占全域 1.00%，占全域工业生产用地 64.20%，2000—2010 年增长迅速。

城镇生活用地和农村生活用地的面积、占比由大到小依次为中游、下游和上游地区，农村生活用地面积大于城镇生活用地。2020 年中游地区城镇生活用地和农村生活用地面积分别达 73095.49hm^2 和 84760.56hm^2，占流域比重分别为 1.72% 和 1.99%，分别占流域城镇生活用地和农村生活用地 64.20% 和 77.50%。1980—2020 年二者面积均呈上升态势，2000—2010 年增长尤为迅速，分别增加了 27648.89hm^2 和 33356.08hm^2。

林地生态用地和草地生态用地面积由大到小依次为中游、下游和上游，2020 年中游地区二者面积分别为 567853.01hm^2 和 485897.61hm^2，占流域林地生态用地和草地生态用地的 46.83% 和 47.63%。中游地区林地生态用地呈先降后增再降态势，1980—2000 年下降缓慢，2000—2010 年迅速上升，之后快速下降。1980—2000 年下游地区林地生态用地表现为缓慢下降趋势，2000—2020 年快速上升。上游地区 1980—2000 年林地生态用地面积变化甚微，2000—2010 年迅速下降，2010—2020 年快速上升。中游和下游地区草地生态用地呈下降趋势，1980—2000 年为缓慢下降趋势，2000—2010 年下降态势迅速，之后又为缓慢下降。上游地区草地生态用地 1980—2000 年下降缓慢，2000—2020 年快速下降。全流域内水域生态用地面积由大到小依次为下游、中游和上游地区，2020 年占流域水域生态用地比重依次为 44.01%、30.08% 和 25.91%。上游和下游地区水域生态用地表现出下降趋势，中游地区 1980—2000 年水域生态用地面积缓慢上升，2000—2010 年下降较大，2010—2020 年缓慢上升。

表 4-6　汾河流域不同河段“三生”空间二级分类面积变化　　hm^2

河段	“三生”空间	1980 年	1990 年	2000 年	2010 年	2020 年
上游	农业生产用地	254404.63	254249.8273	254233.17	248302.01	247228.64
	工业生产用地	300.78	390.9325268	635.35	8486.98	11063.73
	城镇生活用地	806.94	984.6321084	1089.06	3282.05	3831.21
	农村生活用地	3722.12	3882.524523	3882.52	8478.38	8688.07
	林地生态用地	280736.40	280734.2956	280769.85	278014.16	284200.96
	草地生态用地	279770.92	279587.4005	279219.70	274891.98	266560.87
	水域生态用地	9759.34	9727.232045	9727.17	8055.87	7938.24

续表

河段	“三生”空间	1980 年	1990 年	2000 年	2010 年	2020 年
上游	其他生态用地	87.54	31.82611949	31.85	77.24	76.95
中游	农业生产用地	716279.35	709969.0098	707871.96	642973.09	629624.51
	工业生产用地	4849.11	6507.019145	7348.85	30893.04	42467.74
	城镇生活用地	21750.28	26036.72676	34406.11	62055.00	73095.49
	农村生活用地	48796.23	50175.6235	50618.90	83974.98	84760.56
	林地生态用地	566531.58	565882.0113	561629.77	573880.21	567853.01
	草地生态用地	524535.47	523803.4855	519127.53	490060.03	485897.61
	水域生态用地	10162.36	10445.99195	11816.75	9070.34	9213.56
	其他生态用地	250.86	333.5476372	333.55	245.67	255.98
下游	农业生产用地	805241.63	803276.6794	803024.76	800971.27	793193.89
	工业生产用地	2181.70	3102.316471	3858.46	13121.52	12621.24
	城镇生活用地	7276.46	7992.094829	10073.87	17178.94	17388.72
	农村生活用地	55634.76	56182.44188	58630.11	60962.82	69720.26
	林地生态用地	345693.20	345610.5283	344629.14	356874.80	360415.14
	草地生态用地	299581.31	300157.3365	299049.84	272173.92	267776.02
	水域生态用地	19054.31	18035.9712	14950.28	13331.74	13480.69
	其他生态用地	10.98	318.7913349	459.71	62.22	65.16

表 4-7　汾河流域不同河段“三生”空间二级分类占比变化　%

河段	“三生”空间	1980 年	1990 年	2000 年	2010 年	2020 年
上游	农业生产用地	5.976	5.972	5.972	5.832	5.807
	工业生产用地	0.007	0.009	0.015	0.199	0.260
	城镇生活用地	0.019	0.023	0.026	0.077	0.090
	农村生活用地	0.087	0.091	0.091	0.199	0.204
	林地生态用地	6.594	6.594	6.595	6.530	6.675
	草地生态用地	6.571	6.567	6.558	6.457	6.261
	水域生态用地	0.229	0.228	0.228	0.189	0.186
	其他生态用地	0.002	0.001	0.001	0.002	0.002
中游	农业生产用地	16.824	16.676	16.627	15.102	14.789
	工业生产用地	0.114	0.153	0.173	0.726	0.997
	城镇生活用地	0.511	0.612	0.808	1.458	1.717

续表

河段	"三生"空间	1980年	1990年	2000年	2010年	2020年
中游	农村生活用地	1.146	1.179	1.189	1.972	1.991
	林地生态用地	13.307	13.292	13.192	13.480	13.338
	草地生态用地	12.321	12.303	12.193	11.511	11.413
	水域生态用地	0.239	0.245	0.278	0.213	0.216
	其他生态用地	0.006	0.008	0.008	0.006	0.006
下游	农业生产用地	18.914	18.868	18.862	18.814	18.631
	工业生产用地	0.051	0.073	0.091	0.308	0.296
	城镇生活用地	0.171	0.188	0.237	0.404	0.408
	农村生活用地	1.307	1.320	1.377	1.432	1.638
	林地生态用地	8.120	8.118	8.095	8.382	8.466
	草地生态用地	7.037	7.050	7.024	6.393	6.290
	水域生态用地	0.448	0.424	0.351	0.313	0.317
	其他生态用地	0.000	0.007	0.011	0.001	0.002

表 4-8 不同河段"三生"空间各二级地类占流域各二级地类比重变化 %

河段	"三生"空间	1980年	1990年	2000年	2010年	2020年
上游	农业生产用地	14.33	14.38	14.40	14.67	14.80
	工业生产用地	4.10	3.91	5.36	16.17	16.72
	城镇生活用地	2.70	2.81	2.39	3.98	4.06
	农村生活用地	3.44	3.52	3.43	5.53	5.32
	林地生态用地	23.53	23.55	23.65	23.00	23.44
	草地生态用地	25.34	25.34	25.44	26.51	26.13
	水域生态用地	25.04	25.46	26.65	26.45	25.91
	其他生态用地	25.06	4.65	3.86	20.05	19.33
中游	农业生产用地	40.33	40.17	40.10	38.00	37.70
	工业生产用地	66.14	65.07	62.05	58.84	64.20
	城镇生活用地	72.91	74.36	75.50	75.20	77.50
	农村生活用地	45.12	45.51	44.74	54.74	51.95
	林地生态用地	47.49	47.46	47.31	47.48	46.83
	草地生态用地	47.52	47.47	47.31	47.25	47.63
	水域生态用地	26.07	27.34	32.38	29.78	30.08
	其他生态用地	71.80	48.75	40.42	63.79	64.30

续表

河段	"三生"空间	1980 年	1990 年	2000 年	2010 年	2020 年
下游	农业生产用地	45.34	45.45	45.49	47.33	47.50
	工业生产用地	29.76	31.02	32.58	24.99	19.08
	城镇生活用地	24.39	22.83	22.11	20.82	18.44
	农村生活用地	51.44	50.96	51.82	39.74	42.73
	林地生态用地	28.98	28.99	29.03	29.52	29.73
	草地生态用地	27.14	27.20	27.25	26.24	26.25
	水域生态用地	48.89	47.20	40.97	43.77	44.01
	其他生态用地	3.14	46.60	55.72	16.15	16.37

二、国土空间不同地形维度分异特征

由图 4–5~ 图 4–7 可知，在海拔＜ 500m、500~1000m 的范围内，农业生产用地、工业生产用地、城镇生活用地和农村生活用地均占主体地位。其中农业生产用地在海拔 500~1000m 的范围内占比最大，为 51.19%，主要集中在太原盆地和临汾盆地的边缘区；海拔在 1000~1500m 的范围内占比为 28.52%，居于第二位，集中分布在临汾盆地内部，集中连片分布，破碎度较小。89.37% 的工业生产用地集中在海拔＜ 1500m 范围内，尤其在海拔 500~1000m 范围内集中了 47.57% 的工业生产用地，交城县和清徐县交界处、灵石县分布较为集中。海拔在 500~1000m 的范围内集中了 80.89% 的城镇生活用地，太原盆地的太原六城区、晋中市榆次区和太原盆地的其他县城城镇用地比较集中，13.11% 的城镇生活用地主要集中在临汾市尧都区、侯马市的临汾盆地。21.01% 和 65.33% 的农村生活用地分别分布在海拔＜ 500m 和 500~1000m，分别集中分布在太原盆地和临汾盆地。86.99% 的林地生态用地主要集中在海拔 1000~2000m 范围内，集中分布在吕梁山、中岳山等山区。83.08% 的草地生态用地集中在海拔 500~1500m 范围内，中上游地区分布较为明显。

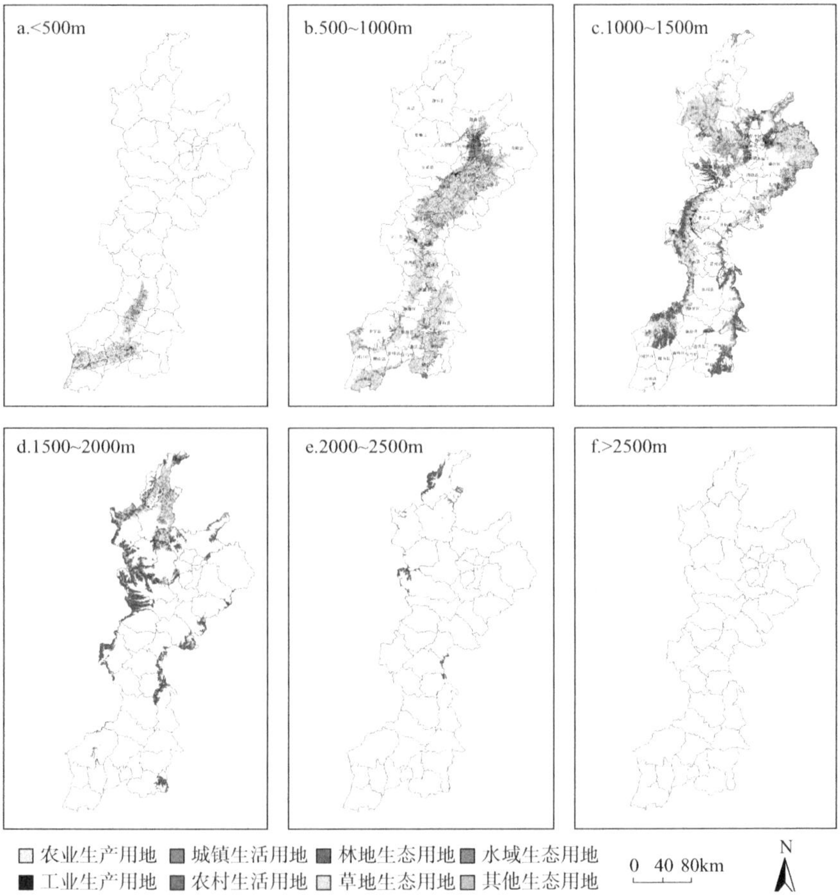

图 4-5 汾河流域不同海拔“三生”空间分布

（见彩插 193 页）

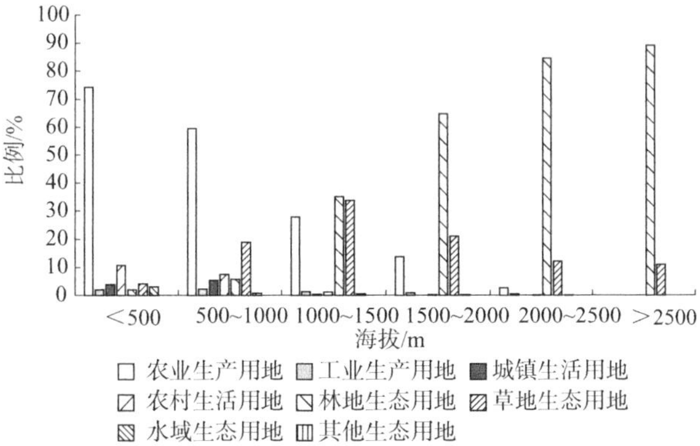

图 4-6 汾河流域不同海拔“三生”空间占比

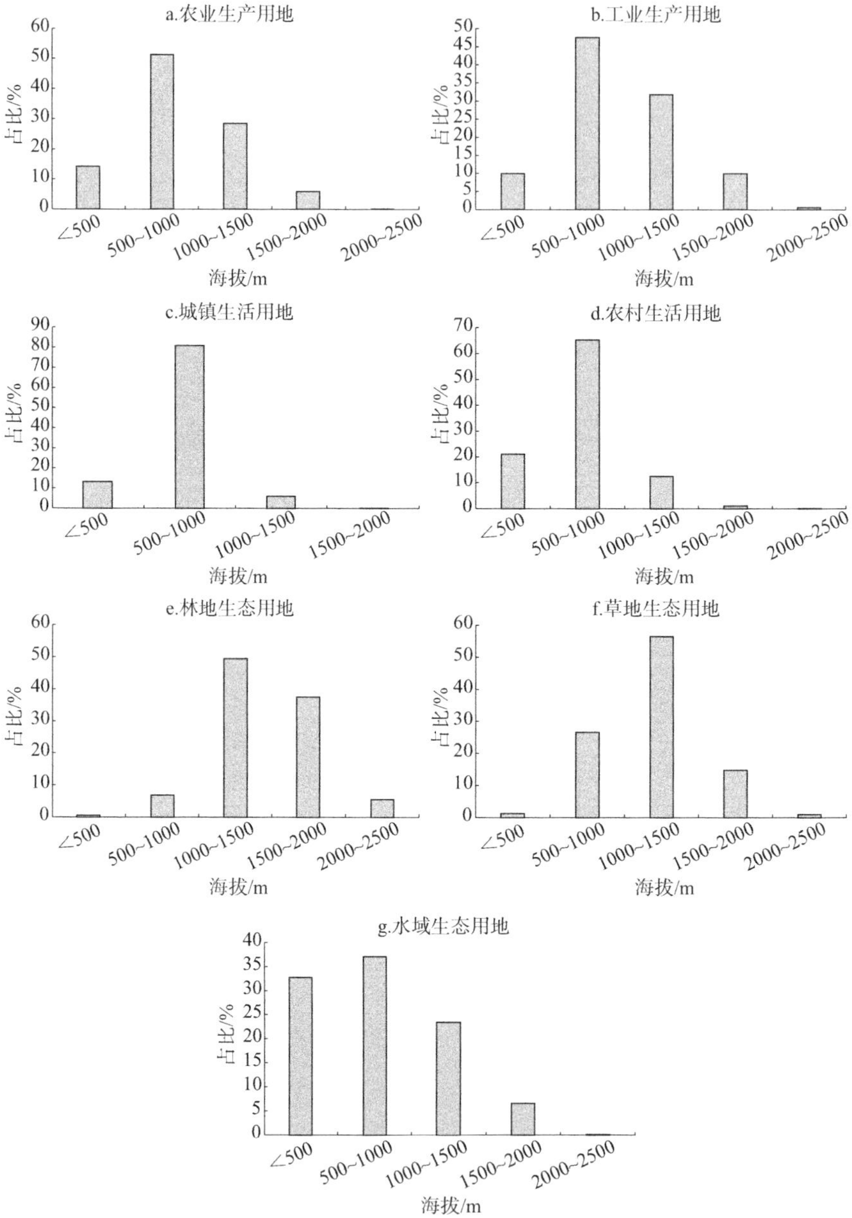

图 4–7　汾河流域“三生”空间用地随海拔变化的占比

由图 4–8~ 图 4–10 可知，农业生产用地面积占比随着坡度上升呈现下降的态势，96.38% 的农业生产用地分布在坡度＜ 25° 范围内，＞ 25° 的海拔范围不适合耕地发展，其中＜ 5° 和 5° ~10° 的范围分布比例最大，分别为

30.85% 和 31.87%。工业生产用地在< 10° 的范围内分布近 60%，以 10° 为起始点，随坡度增加工业生产用地分布比例逐渐降低。近 90% 的城镇生活用地分布在坡度< 15° 的范围内，5° ~10° 分布比例为 41.30%，说明坡度对城镇生活用地影响较大。农村生活用地面积占比随坡度上升呈现逐渐下降态势，其中坡度< 5° 范围分布了近一半。林地生态用地分布占比以 20° 为界线分别向高处和低处呈现下降趋势。草地生态用地分布占比以 15° 为界线分别向高处和低处呈现下降趋势。受河流、湖泊分布在谷地和低洼处影响，水域生态用地面积占比随坡度上升呈现逐渐下降态势，其中坡度< 5° 范围分布比例为 48.11%。

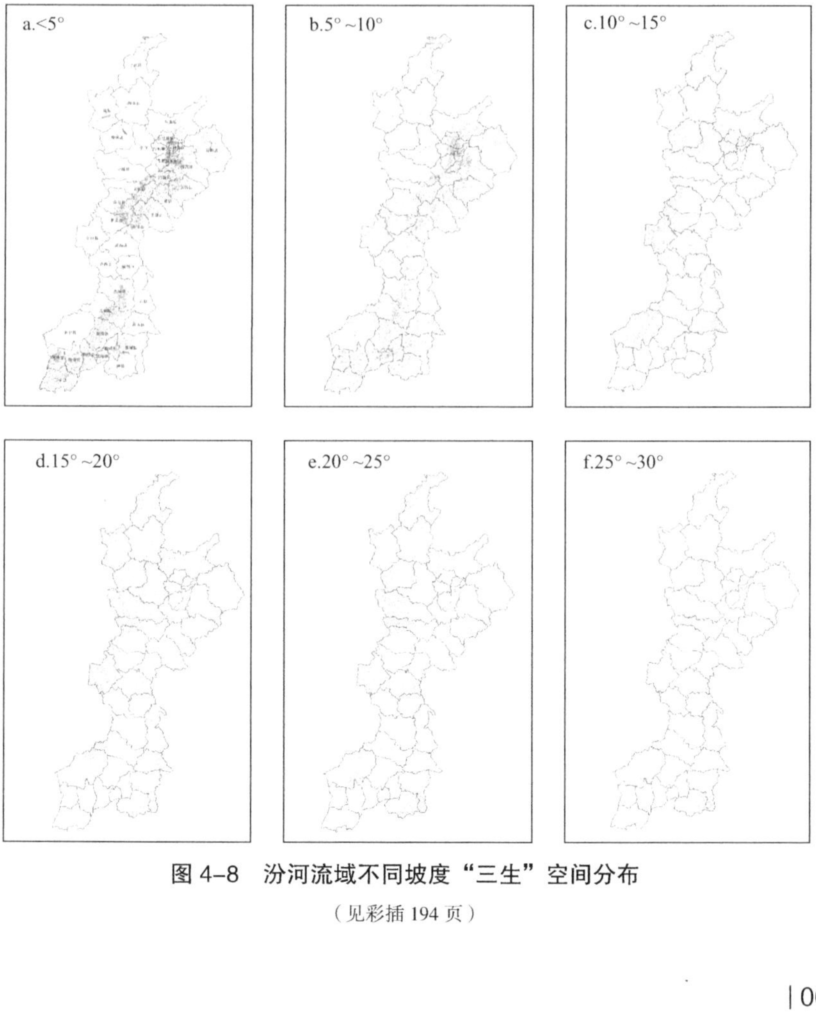

图 4–8　汾河流域不同坡度“三生”空间分布

（见彩插 194 页）

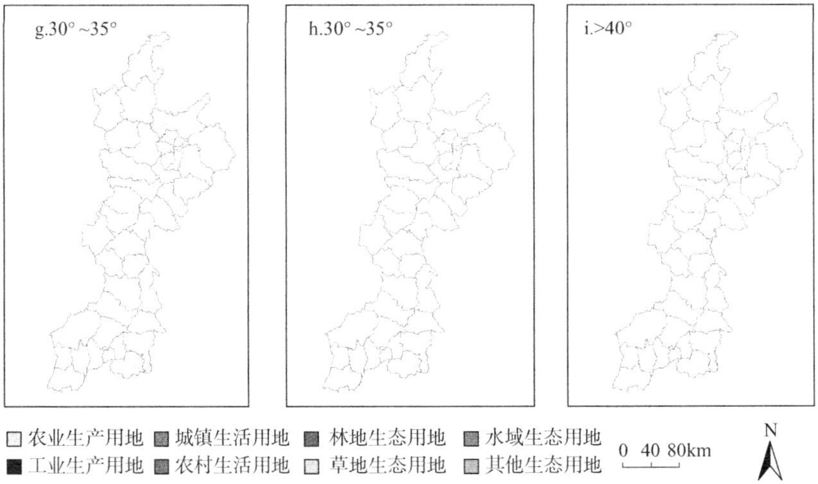

图 4-8 汾河流域不同坡度“三生”空间分布（续图）

（见彩插 194 页）

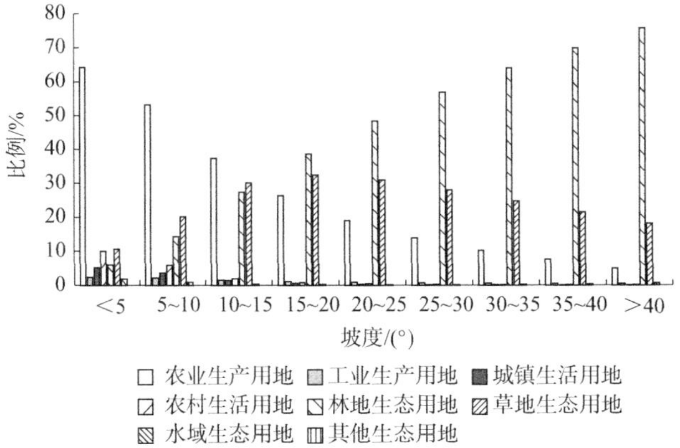

图 4-9 汾河流域不同坡度“三生”空间占比

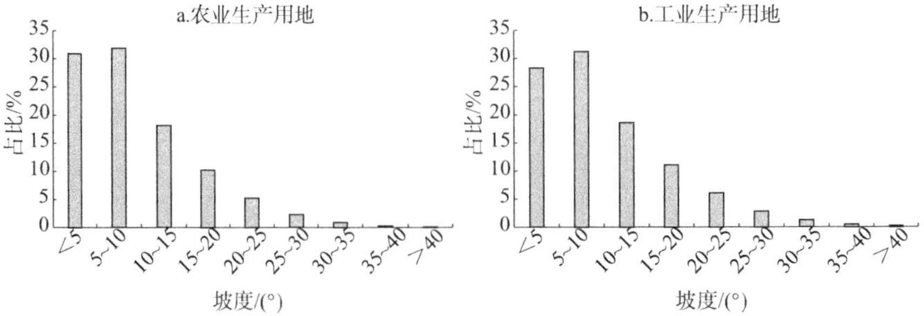

图 4-10 汾河流域“三生”空间用地随坡度变化的占比

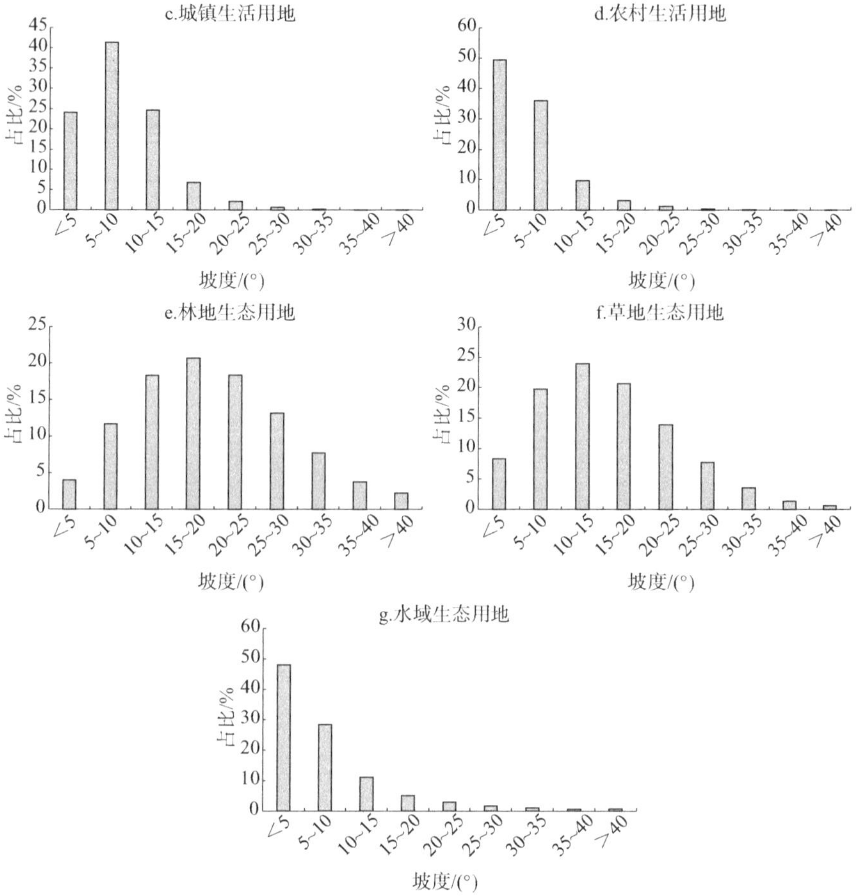

图 4–10　汾河流域“三生”空间用地随坡度变化的占比（续图）

由图 4–11~ 图 4–13 可知，农业生产用地面积占比在不同坡向上差异较小，尤其南坡分布农业生产用地面积最大，为 14.55%；西北坡分布最少，为 10.72%。工业生产用地在不同坡向上的分布较农业生产用地差异更小，最大值与最小值仅差 2.73%。南坡城镇生活用地分布最广，占比为 13.73%；偏南坡和偏北坡的城镇生活用地的占比分别为 38.71% 和 36.42%；东北坡的占比最低，为 11.79%。农村生活用地较城镇生活用地在不同坡向上分布面积占比差异小，南坡与西北坡为占比的极大值和极小值，二者差异仅为 2.96%，故坡向对城镇生活用地的影响比农村生活用地的影响大。林地生态用地在北坡分布面积占比较南坡多，北、东北、西北坡比南、东南、西南坡的占比总和高 6.05%，故汾河流域林地在阴坡分布较阳坡分布更集中。南坡、西南坡、西坡的草地生态用地面积所占比例均＞ 13%，其余坡向的草地生态用地面积所占比例均＜ 12%。坡向对水域生态用地的影响较小。

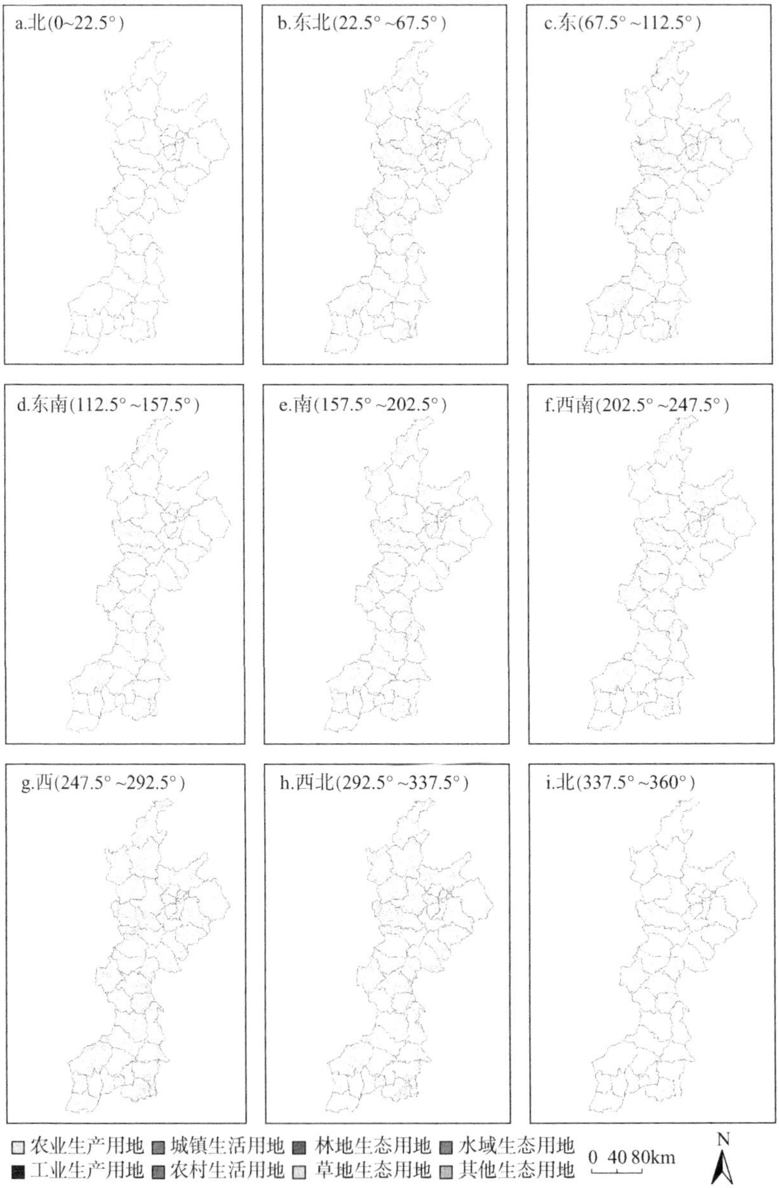

图 4–11　汾河流域不同坡向“三生”空间分布

（见彩插 195 页）

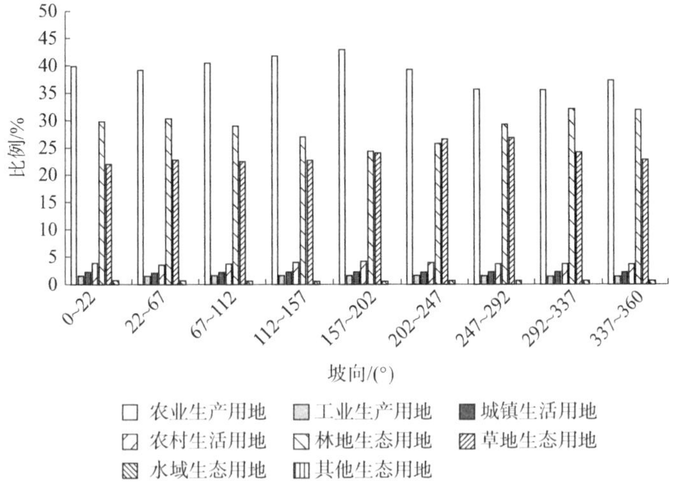

图 4-12　汾河流域不同坡向“三生”空间占比

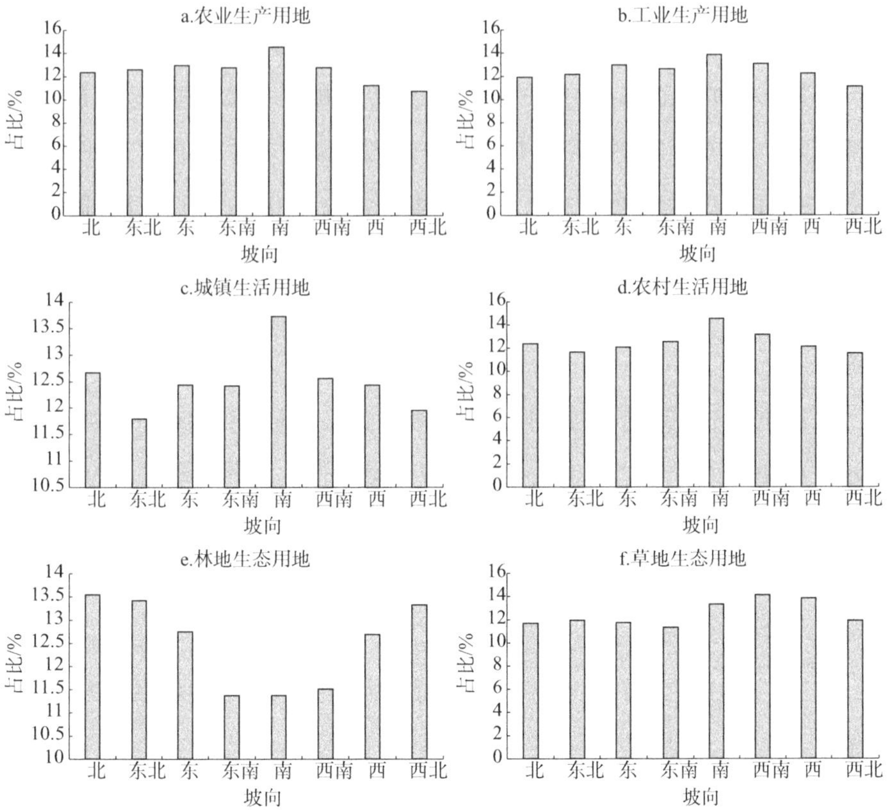

图 4-13　汾河流域“三生”空间用地随坡向变化的占比

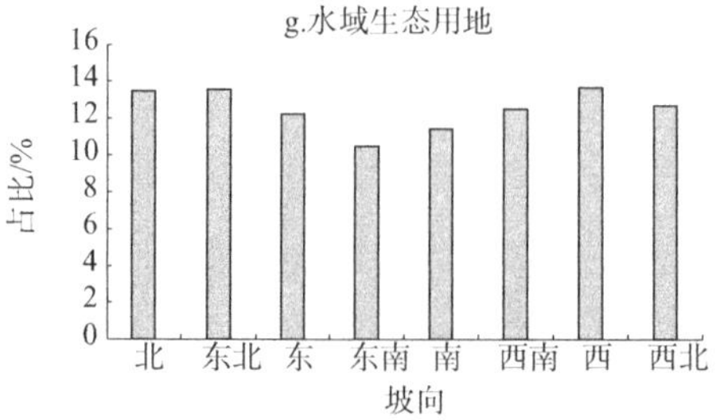

图 4–13　汾河流域“三生”空间用地随坡向变化的占比（续图）

三、国土空间土地利用动态度变化

不同时期“三生”空间一级分类单一土地利用动态度如图 4–14 所示。生活空间单一土地利用动态度为正值，为扩张态势，以 2010 年为界线，呈现出先升后降的态势，其中 1980—2000 年生活空间单一土地利用动态度为上升趋势，呈扩张趋势，2000—2010 年生活空间单一土地利用动态度最大，为 4.87%，该 10 年间生活空间扩张趋势最为明显，之后 10 年扩张趋势有所缓和，41 年间生活空间单一土地利用动态度为 2.10%。生产空间和生态空间单一土地利用动态度为负值，为缩减态势，其中 2000—2010 年生产空间和生态空间单一土地利用动态度分别为 –0.18% 和 –0.19%，缩减趋势最为显著。

汾河流域不同时期“三生”空间一级分类综合土地利用动态度如图 4–15 所示，1980—2020 年“三生”空间一级分类综合土地利用动态度为 0.32%，表现出低水平缓慢上升态势，“三生”空间之间转化较为均匀，带来的综合影响也较小；2000—2010 年为陡峻快速上升态势，此时期“三生”空间之间转化较为频繁，人地关系不稳定，矛盾剧烈；2010—2020 年下降较快，“三生”空间之间转化频次有所降低，人地关系稳定性增强，人地矛盾缓解。

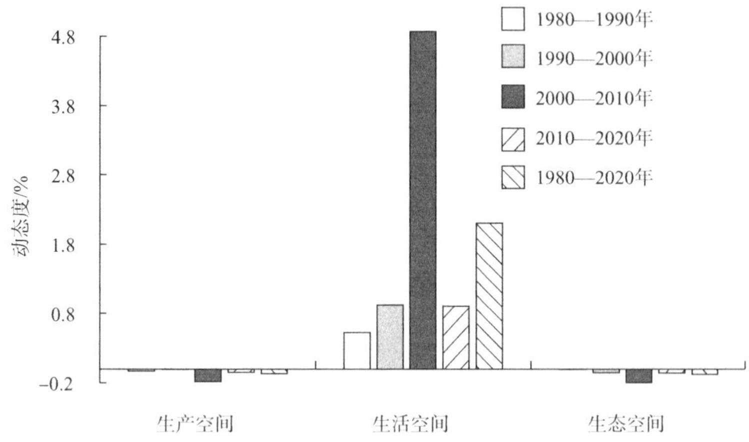

图 4-14 汾河流域“三生”空间一级分类单一土地利用动态度

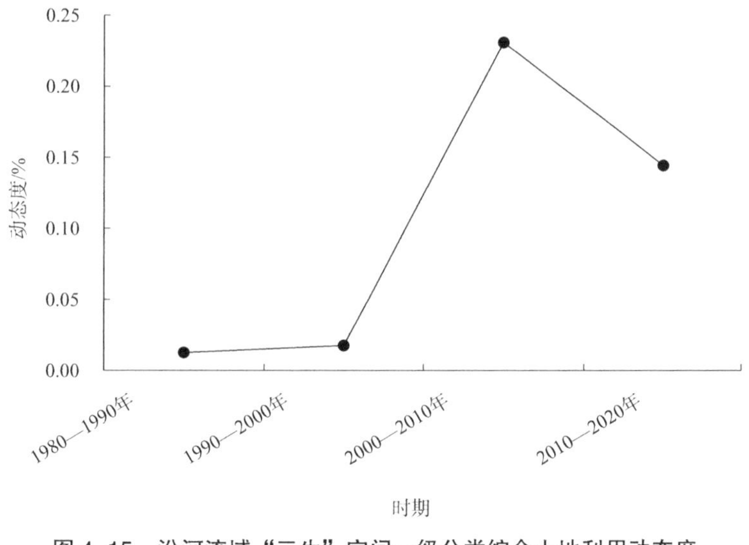

图 4-15 汾河流域“三生”空间一级分类综合土地利用动态度

从单一土地利用动态度（表 4-9）分析可得，1980—2020 年工业生产用地和城镇生活用地单一土地利用动态度位居第一、二位，分别为 80.22% 和 21.09%，可见流域内工业化和城镇化发展速度快。1980—2010 年城镇生活用地单一土地利用动态度由 1.74% 上升到 8.11%，城镇化进程不断加快，城镇建设用地规模不断扩大，但 2010 年之后急剧下降到 1.42%，主要和国家政策有关。2012 年国土资源部颁布了《土地利用总体规划实施管理的通知》，要求各地严格遵守土地利用总体规划，严守城乡建设用地规模边界，防止城镇建设无序蔓延扩张。2000—2010 年工业生产用地单一土地利用动态度达到顶峰，为 34.33%，2004 年国家提出了中部崛起战略，工业用地规模不断扩大，占用了大量其他生态用地、草地生态用地等；城镇生活用地和农村生活用地单一土地利用动态度也达到了峰值，分别为 8.11% 和 3.56%，此时期农业生产用地缩减最大，城镇建设和农村建设用地规模扩大，占用了耕地；林地生态用地单一土地利用动态度为正值（0.18%），与 2000 年国家实施的退耕还林政策有关。

表 4–9　汾河流域“三生”空间二级分类单一土地利用动态度　　%

地类代码	1980—1990 年	1990—2000 年	2000—2010 年	2010—2020 年	1980—2020 年
1A	−0.05	−0.01	−0.41	−0.13	−0.59
1B	3.64	1.84	34.33	2.60	80.22
2A	1.74	3.01	8.11	1.42	21.09
2B	0.19	0.26	3.56	0.64	5.09
3A	−0.01	−0.04	0.18	0.03	0.16
3B	0.00	−0.06	−0.55	−0.16	−0.76
3C	−0.20	−0.45	−1.65	0.05	−2.15
3D	9.58	2.06	−5.33	0.33	1.39

汾河流域不同时期“三生”空间二级分类综合土地利用动态度如表 4–10 所示，1980—2020 年“三生”空间二级分类综合土地利用动态度为 2.35%，不同地类之间总体变化剧烈，转换频繁，不同土地利用类型之间差异巨大。1980—2000 年表现出先缓慢下降，再迅速上升，最后剧烈下降；1990—2000 年地类之间转化缓慢，人地关系平稳，带来的影响较小；2000—2010 年变化剧烈，人地矛盾变得激烈，土地利用空间格局变得不稳定；2010—2020 年动态度降低为低水平变动，各种地类之间转化均匀，人地矛盾趋缓。

表 4-10　汾河流域“三生”空间二级分类综合土地利用动态度　　%

1980—1990 年	1990—2000 年	2000—2010 年	2010—2020 年	1980—2020 年
0.38	0.18	2.01	0.69	2.35

四、国土空间土地利用转移矩阵变化

汾河流域“三生”空间一级分类转移情况如图 4-16、图 4-17 和表 4-11~表 4-15 所示，不同时期生产空间和生态空间的变化幅度为负值，而生活空间的变化幅度为正值，1980—2020 年生产空间和生态空间分别减少了 46717.69hm^2 和 72821.52hm^2，生活空间增加了 119539.21hm^2。不同时期生产空间转为生活空间的面积均大于生活空间转为生产空间的面积，而生产空间转为生态空间的面积均小于生态空间转为生产空间的面积。不同时期生产空间和生态空间转为生活空间的面积均大于生活空间转为生产空间和生态空间的面积。以 2010 年为分界线，1980—2020 年生活空间面积增加幅度呈先增后降趋势；2000—2010 年生活空间增加的面积最大，为 77231.61hm^2；1980—1990 年生活空间增加的面积最小，为 7267.25hm^2。生产用地不同时期生态空间转为生产空间和生活空间的面积均大于生活空间和生产空间转为生态空间的面积。以 2010 年为分界线，1980—2020 年生态空间面积下降幅度呈先增后降趋势；2000—2010 年生态空间下降的面积最大，为 45006.97hm^2；1980—1990 年生态空间下降的面积最小，为 1505.85hm^2。1980—2020 年生态用地转生产用地集中分布在临汾市尧都区、交口、灵石、孝义和万荣。生产用地转生活用地主要集中在太原城区和晋中榆次区，太原盆地和临汾盆地的各县区城区也较为集中。

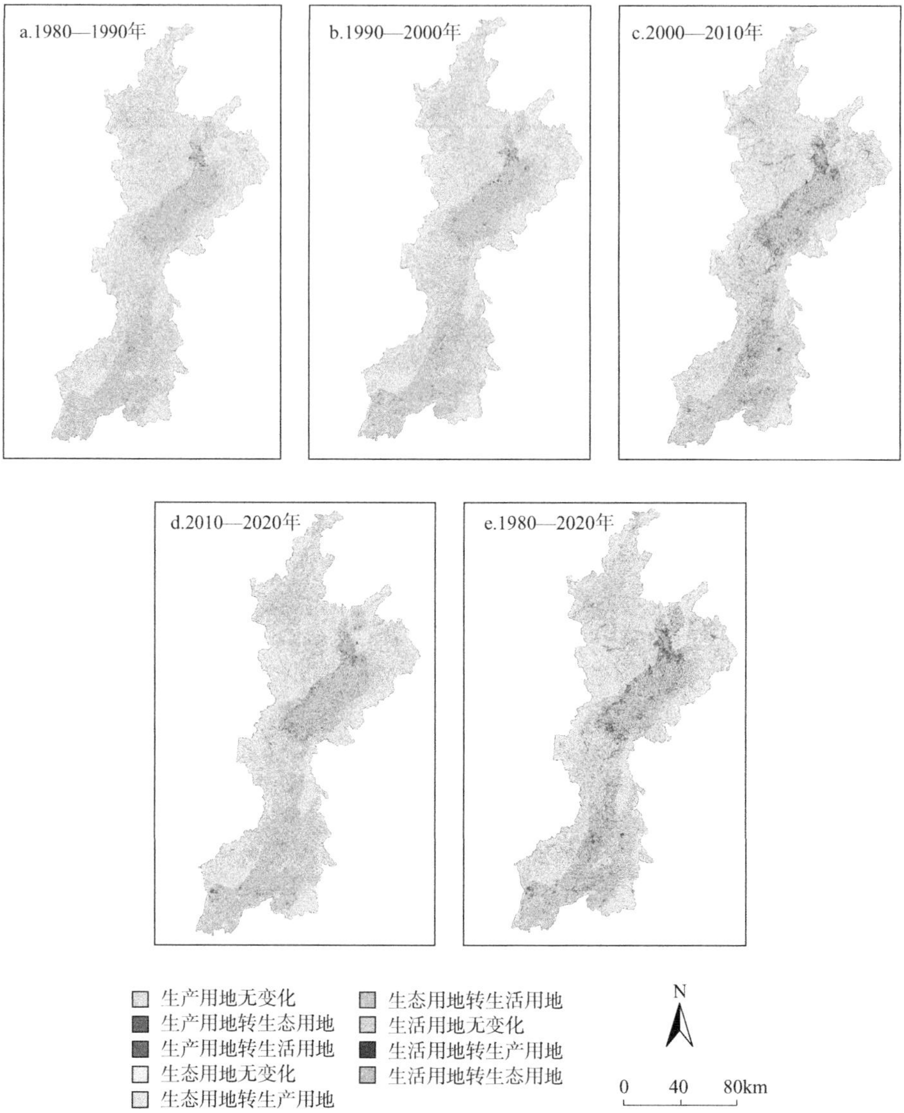

图 4-16　1980—2020 年汾河流域“三生”空间一级分类空间变化

（见彩插 196、197 页）

表 4-11　1980—1990 年汾河流域“三生”空间一级分类转移矩阵　hm²

“三生”空间	生产空间	生活空间	生态空间	总计（1980 年）
生产空间	1773718.15	7646.81	1892.67	1783257.63
生活空间	759.31	137198.24	25.95	137983.50

续表

“三生”空间	生产空间	生活空间	生态空间	总计（1980 年）
生态空间	3018.32	409.02	2332749.78	2336177.12
总计（1990 年）	1777495.78	145254.06	2334668.40	4257418.25

表 4-12　1990—2000 年汾河流域“三生”空间一级分类转移矩阵　　hm^2

“三生”空间	生产空间	生活空间	生态空间	总计（1990 年）
生产空间	1760048.28	12982.28	4465.23	1777495.78
生活空间	29.12	145224.92	0.00	145254.04
生态空间	16895.14	493.37	2317279.91	2334668.42
总计（2000 年）	1776972.55	158700.57	2321745.13	4257418.25

表 4-13　2000—2010 年汾河流域“三生”空间一级分类转移矩阵　　hm^2

“三生”空间	生产空间	生活空间	生态空间	总计（2000 年）
生产空间	1650283.44	82214.88	44474.23	1776972.55
生活空间	17935.73	139585.31	1179.52	158700.57
生态空间	76528.29	14133.05	2231083.79	2321745.13
总计（2010 年）	1744747.47	235933.24	2276737.53	4257418.25

表 4-14　2010—2020 年汾河流域“三生”空间一级分类转移矩阵　　hm^2

“三生”空间	生产空间	生活空间	生态空间	总计（2010 年）
生产空间	1660348.51	33024.89	51281.90	1744655.30
生活空间	13310.71	220951.60	2416.64	236678.95
生态空间	62798.99	4292.62	2208992.38	2276083.99
总计（2020 年）	1736458.21	258269.11	2262690.92	4257418.25

表 4-15　1980—2020 年汾河流域“三生”空间一级分类转移矩阵　　hm^2

“三生”空间	生产空间	生活空间	生态空间	总计（1980 年）
生产空间	1575547.82	122081.01	85546.86	1783175.69
生活空间	17931.67	119400.14	1398.67	138730.48
生态空间	142978.51	16788.54	2175745.03	2335512.08
总计（2020 年）	1736458.00	258269.69	2262690.56	4257418.25

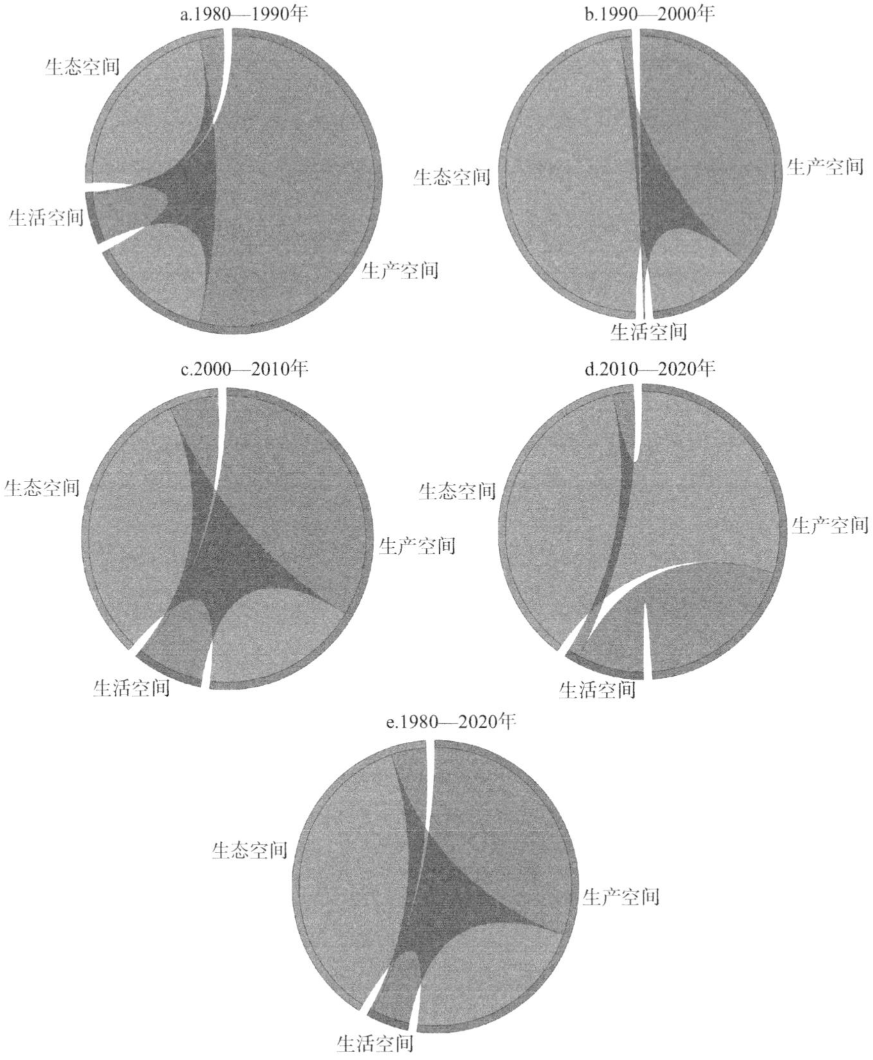

图 4–17　汾河流域“三生”空间一级分类转移弦图

汾河流域“三生”空间二级分类转移情况如图 4–18、图 4–19 和表 4–16~表 4–20 所示，不同时期农业生产用地和草地生态用地的变化幅度为负值，而城镇生活用地和农村生活用地的变化幅度为正值，1980—2020 年农业生产用地和草地生态用地分别减少了 105540.53hm^2 和 83957.74hm^2，城镇生活用地和农村生活用地分别增加了 64478.19hm^2 和 55061.02hm^2。各时期城镇生活用地和农村生活用地转入面积远大于其转出面积，而且多数为农业生活用地占转入用地面积的比重。1980—2020 年城镇生活用地和农村生活用地转入面积（65598.77hm^2、80810.57hm^2）分别是转出面积（1120.58hm^2、25749.55hm^2）的 58.54 倍和 3.14 倍，农业生活用地分别占城镇生活用地和农村生活用地转入面积的 76.81% 和 84.11%，分别为 50385.51hm^2 和 67973.54hm^2。1980—1990 年、1990—2000 年、2000—2010 年、2010—2020 年和 1980—2020 年农业生产用地转入工业生产用地面积分别为 2514.77hm^2、1507.14hm^2、28393.20hm^2、12087.94hm^2 和 35523.28hm^2，而工业生产用地转入农业生产用地面积分别仅为 225.78hm^2、0hm^2、1465.12hm^2、2436.27hm^2 和 741.92hm^2。1980—2020 年草地生态用地转入面积为 1020151.77hm^2，转出面积为 164427.05hm^2，草地生态用地面积共减少了 83597.74hm^2，转为农业生产用地面积最多，占草地生态用地总转出面积的 53.44%，为 87875.15hm^2，其次转为林地生态用地，占草地生态用地总转出面积的 26.91%，为 44250.47hm^2，农业生产用地为转入草地生态用地的主体，占草地生态用地总转入面积的 71.85%，为 58074.96hm^2。草地生态用地转为工业生产用地、城镇生活用地的面积分别是工业生产用地、城镇生活用地转为草地生态用地面积的 98.10 倍和 109.43 倍，2000—2010 年它们之间转移幅度最大。

“三生”空间土地利用转出变化最大的是农业生产用地，转出面积为 239164.78hm^2，占转出总面积的 47.9%，其中，转为城镇和农村生活用地占比近一半。1980—1990 年和 1990—2000 年，农业生产用地转为城镇生活用地面积分别是转为农村生活用地面积的 2.5 倍和 2.0 倍，而 2000—2010 年和 2010—2020 年，此转移轨迹的比例降为 1/2 和 4/9。1990—2000 年，几乎全部农业生产用地增量均来源于生态用地，其中，73.6% 被草地占用，而农业生产用地向林地和草地转化量远不抵其被侵占量，表明此时段毁林开荒现象严重。2000—2010 年，农业生产用地转为林地的面积是林地转为农业生产用地的 1.8 倍，而 1990—2000 年仅为 0.4 倍，农业生产用地转为草地和水域的面积之和（30056.51hm^2）是二者转为农业生产用地面积（51793.63hm^2）的 58.0%，而 1990—2000 年仅为 25.3%。2010—2020 年，农业生产用地转为草地和水域的面积与二者转化为农业生产用地面积已经接近，生态逐渐趋于平衡。2000—2010 年，工业生产用地转入面积最大的地类是农业生产用地，达 28393.20hm^2，占工业生产用地转入面积的 61.3%，其中，榆次区和交城县的转移面积居前两位，分别为 2320.28hm^2、2073.37hm^2。1980—1990 年、1990—2000 年、2000—2010 年、2010—2020 年，城镇生活用地分别增加 5183.09hm^2、10555.58hm^2、36948.03hm^2、11791.49hm^2，其中 88.2%、81.8%、66.9%、50.3% 来源于农业生产用地，增加的区域主要集中在太原盆地各市县城区的周边地区，榆次区、小店区和孝义市增加尤为明显。太原市农业生产用地转为城镇生活用地的面积呈逐渐向南扩散的趋势，1980—1990 年，杏花岭区和尖草坪区交界处的转移面积较为集中；1990—2000 年，杏花岭区南部、万柏林区西部和小店区北部的转移面积分布广；2000—2010 年，转移趋势主要向南扩散到小店区的中部和晋中市榆次区的西部；2010—2020 年，转移趋缓。1980—2010 年，农村生活用地转入城镇生活用地的面积呈逐渐上升态势，2010—2020 年有所缓和。2010—2020 年，农村生活用地转为农业生产用地的比重占农村生活用地总转出面积的 59.6%。1980—2020 年，水域转为农业生产用地的面积是农业生产用地转为水域的 1.9 倍，其中，2000—2010 年尤为严重。

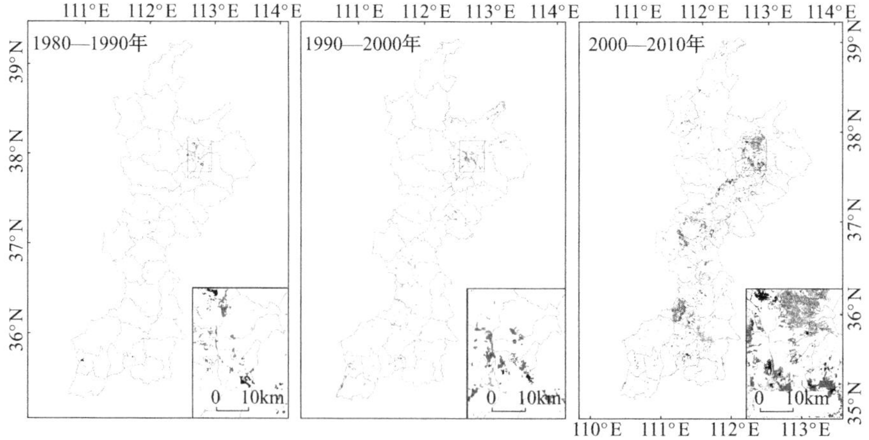

图 4-18　1980—2020 年汾河流域“三生”空间二级分类空间变化

（见彩插 197 页）

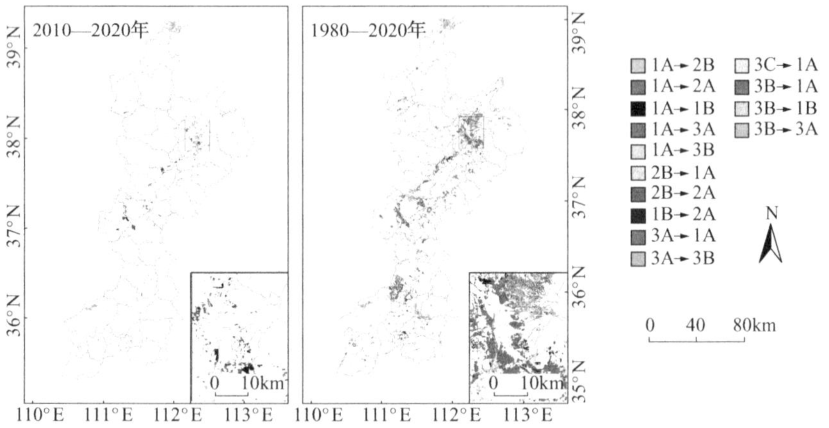

图 4-18 1980—2020 年汾河流域“三生”空间二级分类空间变化（续图）

（见彩插 197 页）

表 4-16 1980—1990 年汾河流域“三生”空间二级分类转移矩阵 hm²

地类代码	1A	1B	2A	2B	3A	3B	3C	3D	总计（1980 年）
1A	1764608.27	2514.77	5238.35	2070.11	213.71	224.46	1055.92	0.00	1775925.60
1B	225.78	6369.32	338.34	0.00	0.00	78.77	15.34	304.47	7332.03
2A	584.43	32.03	29071.76	119.97	0.00	22.19	0.00	0.00	29830.38
2B	142.84		67.17	107939.34	0.01	3.75	0.00		108153.11
3A	388.62	591.40	119.60	15.03	1191645.63	193.59	9.12	0.00	1192962.97
3B	1144.83	487.74	136.01	96.14	282.78	1101390.73	263.46	86.03	1103887.71
3C	347.30	5.01	42.24	0.00	84.70	1634.72	36863.08	0.00	38977.06
3D	53.43		0.00		0.00	0.01	2.27	293.66	349.38
总计（1990 年）	1767495.51	10000.27	35013.47	110240.59	1192226.84	1103548.21	38209.19	684.17	4257418.25

表 4-17 1990—2000 年汾河流域“三生”空间二级分类转移矩阵 hm²

地类代码	1A	1B	2A	2B	3A	3B	3C	3D	总计（1990 年）
1A	1748659.56	1507.14	8629.53	4256.89	423.46	1149.69	2744.59	124.66	1767495.52
1B	0.00	9881.58	95.86		0.00	22.83			10000.27
2A	0.09	0.00	35013.36						35013.45

续表

地类代码	1A	1B	2A	2B	3A	3B	3C	3D	总计（1990年）
2B	0.24	28.78	1384.12	108827.45		0.00			110240.59
3A	1053.65	161.20	46.27	14.42	1185037.20	5905.10	9.00		1192226.84
3B	12116.82	263.96	357.41	32.78	1417.07	1089033.02	327.15	0.01	1103548.22
3C	3299.52		42.49		151.03	1286.43	33413.47	16.27	38209.19
3D						0.00		684.17	684.17
总计（2000年）	1765129.89	11842.66	45569.03	113131.54	1187028.76	1097397.07	36494.19	825.11	4257418.25

表 4-18　2000—2010 年汾河流域“三生”空间二级分类转移矩阵　hm^2

地类代码	1A	1B	2A	2B	3A	3B	3C	3D	总计（2000年）
1A	1614250.20	28393.20	26375.97	51896.89	14090.96	27136.34	2920.17	66.15	1765129.88
1B	1465.12	6174.92	2979.81	962.21	105.23	108.11	39.01	8.26	11842.66
2A	1674.00	111.38	43095.93	318.52	192.90	70.07	106.22		45569.03
2B	15168.93	981.42	5364.64	90806.22	171.29	531.46	107.58	0.00	113131.54
3A	7704.36	4097.36	799.84	1418.11	1168957.99	3560.83	434.36	55.92	1187028.76
3B	46312.29	10236.09	2746.44	7021.88	25104.41	1005120.38	767.96	87.63	1097397.07
3C	5481.35	2421.28	800.46	982.03	137.38	595.28	26065.07	11.34	36494.19
3D	189.68	85.90	353.97	10.31	9.01	3.20	17.20	155.83	825.11
总计（2010年）	1692245.93	52501.54	82517.06	153416.18	1208769.16	1037125.69	30457.56	385.13	4257418.25

表 4-19　2010—2020 年汾河流域“三生”空间二级分类转移矩阵　hm^2

地类代码	1A	1B	2A	2B	3A	3B	3C	3D	总计（2010年）
1A	1603884.79	12087.94	7994.22	18175.79	11260.95	37108.43	1639.61	5.66	1692157.40
1B	2436.27	41939.51	2594.53	4260.35	467.43	684.41	113.59	1.81	52497.91
2A	1933.62	612.79	79149.69	982.34	162.55	358.00	63.84	1.00	83263.82
2B	9719.00	1045.30	3716.95	137102.61	346.50	1371.90	112.86		153415.13
3A	13100.93	4522.54	821.61	677.92	1176968.89	11937.74	219.03	26.91	1208275.57
3B	37925.50	5874.80	493.74	1817.66	22126.51	968276.98	450.50	19.40	1036985.10

续表

地类代码	1A	1B	2A	2B	3A	3B	3C	3D	总计（2010 年）
3C	1296.38	60.51	283.12	197.12	219.36	399.83	27981.88		30438.20
3D	6.27	12.07	1.46		7.51	14.59		343.23	385.13
总计（2020 年）	1670302.76	66155.45	95055.32	163213.79	1211559.69	1020151.90	30581.33	398.01	4257418.25

表 4-20　1980—2020 年汾河流域“三生”空间二级分类转移矩阵　hm²

地类代码	1A	1B	2A	2B	3A	3B	3C	3D	总计（1980 年）
1A	1536678.29	35523.28	50385.51	67973.54	21674.02	58074.96	5470.20	63.26	1775843.07
1B	741.92	2604.32	2677.48	1044.48	50.41	191.06	14.40	8.55	7332.62
2A	396.34	23.07	29457.12	567.06	79.63	32.00	22.49		30577.71
2B	16417.86	1094.41	6972.74	82403.22	232.26	915.26	117.02	0.01	108152.77
3A	17636.38	6982.22	1195.12	1617.24	1144917.54	19499.87	541.61	76.95	1192466.92
3B	87875.15	18743.00	3501.75	8596.98	44250.47	939322.45	1325.49	134.22	1103749.50
3C	10494.23	1179.39	720.61	1005.71	343.56	2110.46	23081.25	11.07	38946.28
3D	62.37	5.76	145.57	5.57	11.80	5.71	8.64	103.95	349.38
总计（2020 年）	1670302.54	66155.45	95055.90	163213.79	1211559.69	1020151.77	30581.09	398.01	4257418.25

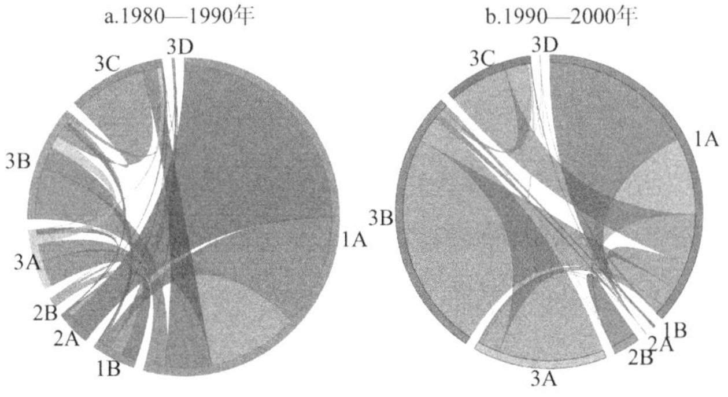

图 4-19　汾河流域“三生”空间二级分类转移弦图

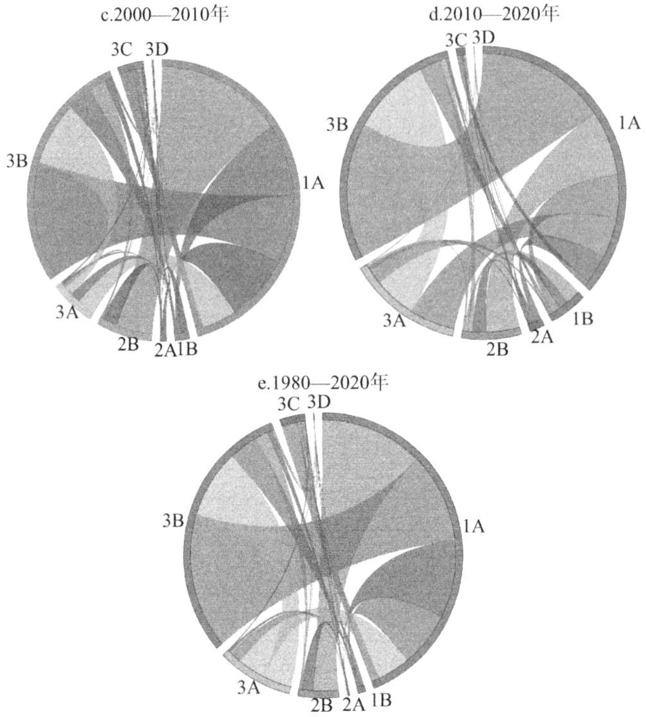

图 4-19　汾河流域“三生”空间二级分类转移弦图（续图）

五、国土空间“三生”空间功能重心迁移

由图 4-20 可以看出，城镇生活用地和工业生产用地的重心迁移最明显，其次为农业生产用地和水域，农村生活用地重心迁移缓慢。受自然资源位置相对固定和自然环境因素影响，林地和草地重心变化较小。2000—2010 年，上中游工业生产用地增加面积是下游的 3.4 倍，工业生产用地重心向北迁移 37km。上游 5 个县（市）工业生产用地增加面积达 7851.63hm^2，而下游 16 个县（市、区）工业生产用地面积仅增加 9263.07hm^2，其中，宁武、交城、榆次、清徐和阳曲增加面积均在 2000hm^2 以上。2010—2020 年，工业生产用地重心仅向西北方向移动 2.75km，此时期中上游工业生产用地扩张趋势得到大幅缓和。1980—1990 年和 2000—2010 年，农业生产用地重心分别向北移动 23.24km 和 12.81km。城镇生活用地重心迁移变化明显，以

2000 年为界，1980—2000 年重心向南移动 44.33km，2000—2020 年向北迁移 38.48km。1980—1990 年，下游城镇生活用地面积扩张明显，是上游的 4.0 倍，其重心向南移动 42.25km。

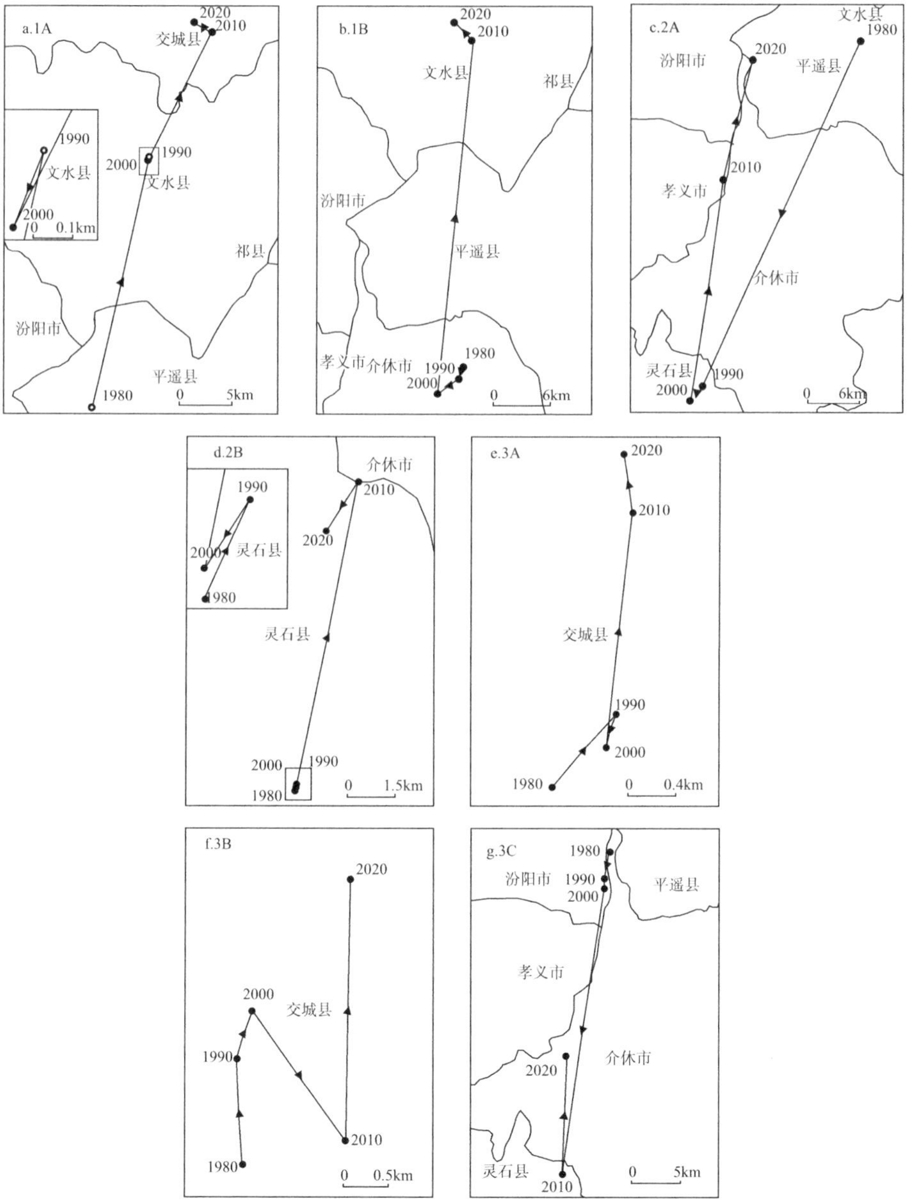

图 4-20　汾河流域“三生”空间功能重心迁移方向

第五章 汾河流域气候时空特征变化规律

一、气温变化特征

（一）气温时间变化特征规律

1. 多年平均气温变化

汾河流域多年平均气温是 10.93℃，年均气温的最高值和最低值分别出现在 1999 年和 1984 年，分别为 11.94℃和 9.51℃，二者相差 2.43℃，气温以 0.39℃·（10a）$^{-1}$ 的速率增加，并且通过了 $p < 0.01$ 的显著性检验。此结论与刘宇峰等研究结论[237]［0.32℃·（10a）$^{-1}$］基本一致。通过年代平均气温来看，20 世纪 80 年代和 90 年代、21 世纪 00 年代和 10 年代的气温为逐渐上升态势，分别为 10.22℃、10.90℃、11.18℃和 11.39℃，20 世纪 80 年代和 90 年代的平均气温均低于多年平均气温，而 21 世纪 00 年代和 10 年代的平均气温均高于多年平均气温。通过多项式趋势线拟合来看，20 世纪 80 年代气温缓慢下降，80 年代末至 21 世纪初气温上升较快，21 世纪 00 年代气温下降缓慢，00 年代末至 10 年代中后期气温又开始上升，之后下降，气温整体呈现出"缓慢波动爬坡型"增长态势（图 5–1）。

2. 最高气温和最低气温变化

年均最高气温和最低气温整体上呈波动上升趋势（图 5–2），升温率分别为 0.40℃·（10a）$^{-1}$ 和 0.47℃·（10a）$^{-1}$，均通过了 $p < 0.01$ 的显著性检验，其中最低气温的升温率高于最高气温。由 5 年滑动平均曲线变化趋势

可以得出，最高气温在 20 世纪 80 年代中期至 21 世纪初表现出明显上升趋势，21 世纪初达到顶峰后开始急剧下降，10 年代初期之后又剧烈上升。最低气温表现出“台阶式”上升态势，依次经历 4 个周期，20 世纪 80 年代中期至 90 年代初期、90 年代初期至 90 年代末期、90 年代末期至 21 世纪 00 年代末期和 00 年代末期至 10 年代中末期，虽有小的波动，但没出现较大的上升或下降趋势，故年均气温的变化受最低气温的影响比受最高气温的影响大。

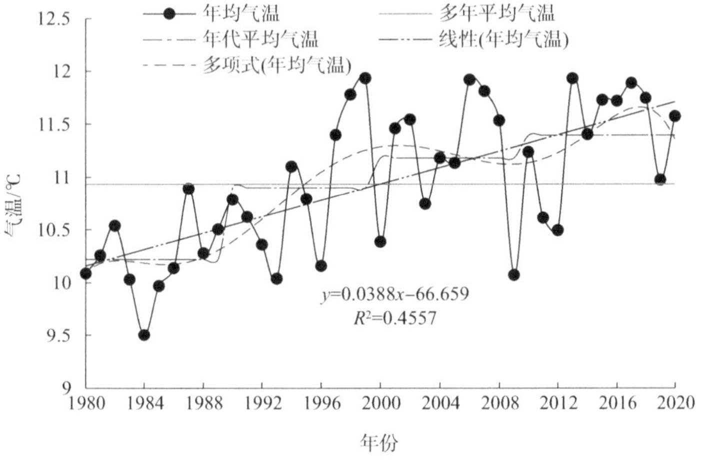

图 5-1　1980—2020 年汾河流域年平均气温变化趋势

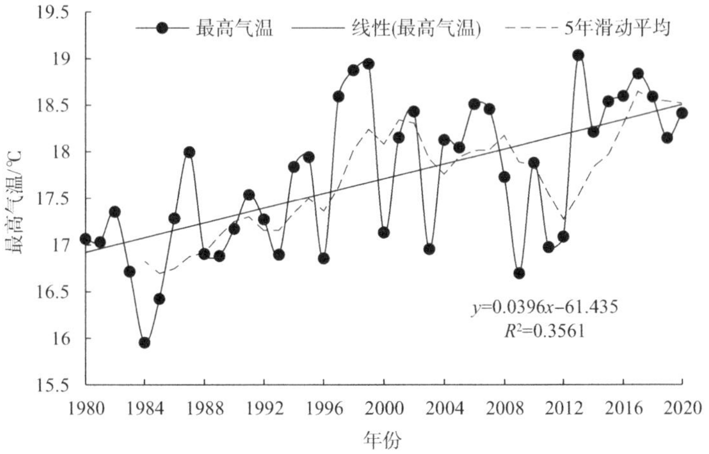

图 5-2　1980—2020 年汾河流域最高气温和最低气温变化趋势

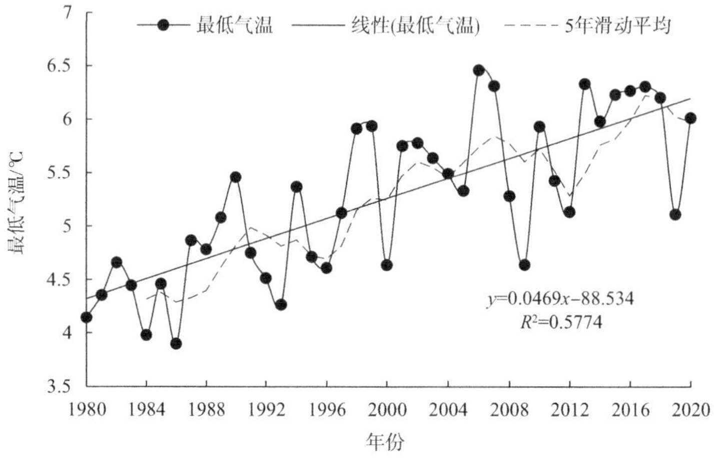

图 5-2　1980—2020 年汾河流域最高气温和最低气温变化趋势（续图）

3. 气温变化 M-K 突变检验

（1）年平均气温

通过 UF 统计量分析（图 5-3）发现，汾河流域年平均气温除了 1984—1986 年为负值，其余年份均为正值，年平均气温增加趋势明显，年平均气温在 1987 年上升趋势加快。从 1996 年 UF 序列值超过了临界线（+1.96），表明汾河流域增暖趋势从 1996 年开始愈加明显，1996—2020 年为年平均气温突变时间区域，UF 折线和 UB 折线的交点出现在 1993 年，且在临界线（±1.96）之间，故汾河流域年平均气温从 1993 年开始出现突变现象。此结论与中国年平均气温 UF 和 UB 的交汇点所处时间相似[238]。也有学者研究验证黄河流域在进入 20 世纪 90 年代和 21 世纪初增温最为明显[239]。

（2）最高气温和最低气温

通过 UF 统计量分析（图 5-4a）发现，汾河流域年平均最高气温除了 20 世纪 80 年代出现负值，其余年份均为正值，从 1990 年开始年平均最高气温为上升趋势，UF 序列值从 1998 年超过了临界线（+1.96），其上升趋势加快，确定 1998—2020 年为年平均最高气温的突变时间区域，UF 折线和 UB 折线只有一个交点，出现在 1994 年，且在临界线（±1.96）之间，故汾河流域年平均最高气温的突变点时间为 1994 年。UF 统计量（图 5-4b）表明，汾河流域年平均最低气温除了 1986 年为负值，其余年份均为正值，说明年平均最低气温从 20 世纪 80 年代开始升温趋势就较为明显。从 1997 年 UF 序列值超过了临界线（+1.96），最低气温上升趋势更加显著，故 1997—2020 年为年平均最低气温的突变时间区域，UF 折线和 UB 折线只有一个交点，且在临界线（±1.96）之间，故确定汾河流域年平均最低气温的突变点时间为 1996 年。

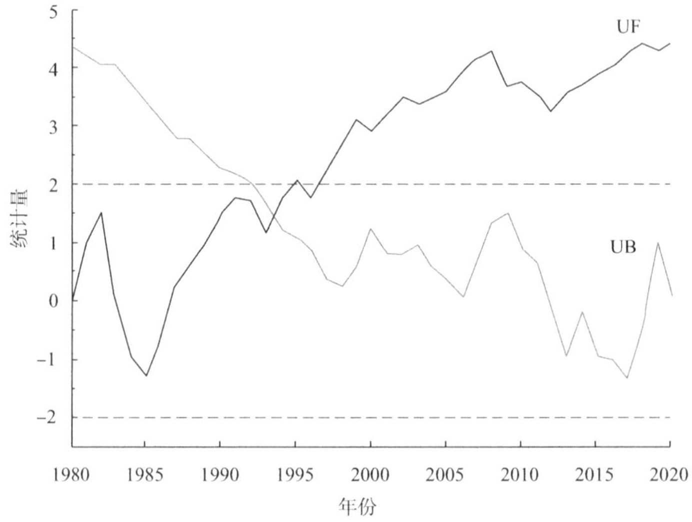

图 5-3　汾河流域多年平均气温突变检验变化

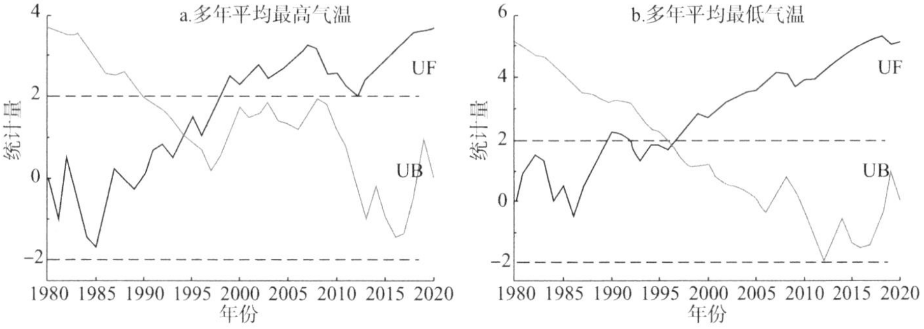

图 5-4　汾河流域多年平均最高气温和最低气温突变检验变化

4. 气温的季节变化

由季节平均气温的线性回归图（图 5-5a、图 5-5d、图 5-5g、图 5-5j）

得出，春季（3—5 月）、夏季（6—8 月）、秋季（9—11 月）、冬季（12 月至次年 2 月）的平均气温升温率分别为：0.64℃·（10a）$^{-1}$、0.31℃·（10a）$^{-1}$、0.19℃·（10a）$^{-1}$、0.41℃·（10a）$^{-1}$，均通过了 $p < 0.01$ 的显著性检验，故季节平均气温均为上升趋势，上升的速率由大到小依次为春、冬、夏、秋，春季均温上升速率最大。由季节平均最高气温的线性回归图（图 5-5b、图 5-5e、图 5-5h、图 5-5k）得出，春季、夏季、秋季、冬季的气温升温率分别为：0.74℃·（10a）$^{-1}$、0.35℃·（10a）$^{-1}$、0.10℃·（10a）$^{-1}$、0.40℃·（10a）$^{-1}$，均通过了 $p < 0.01$ 的显著性检验，故最高气温均为上升趋势，其中，春季上升的速率最大。由季节平均最低气温的线性回归图（图 5-5c、图 5-5f、图 5-5i、图 5-5l）得出，春季、夏季、秋季、冬季的气温升温率分别为：0.62℃·（10a）$^{-1}$、0.42℃·（10a）$^{-1}$、0.31℃·（10a）$^{-1}$、0.52℃·（10a）$^{-1}$，均通过了 $p < 0.01$ 的显著性检验，故最低气温均为上升趋势，其中，春季上升的速率也是最大。而刘宇峰等[237]对 1960—2007 年汾河流域季节气温的研究发现，冬季的升温率高于其他季节，主要原因是研究时段不同。

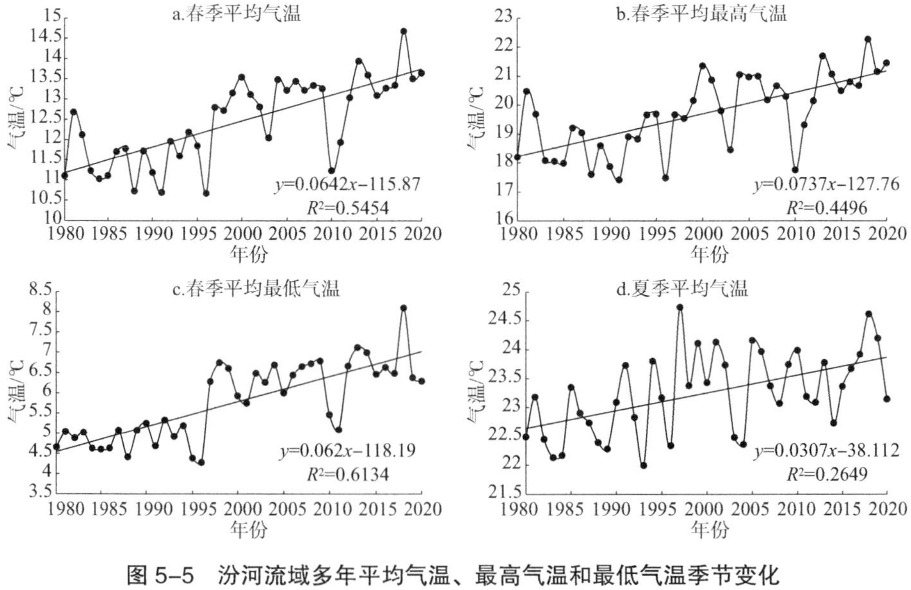

图 5-5　汾河流域多年平均气温、最高气温和最低气温季节变化

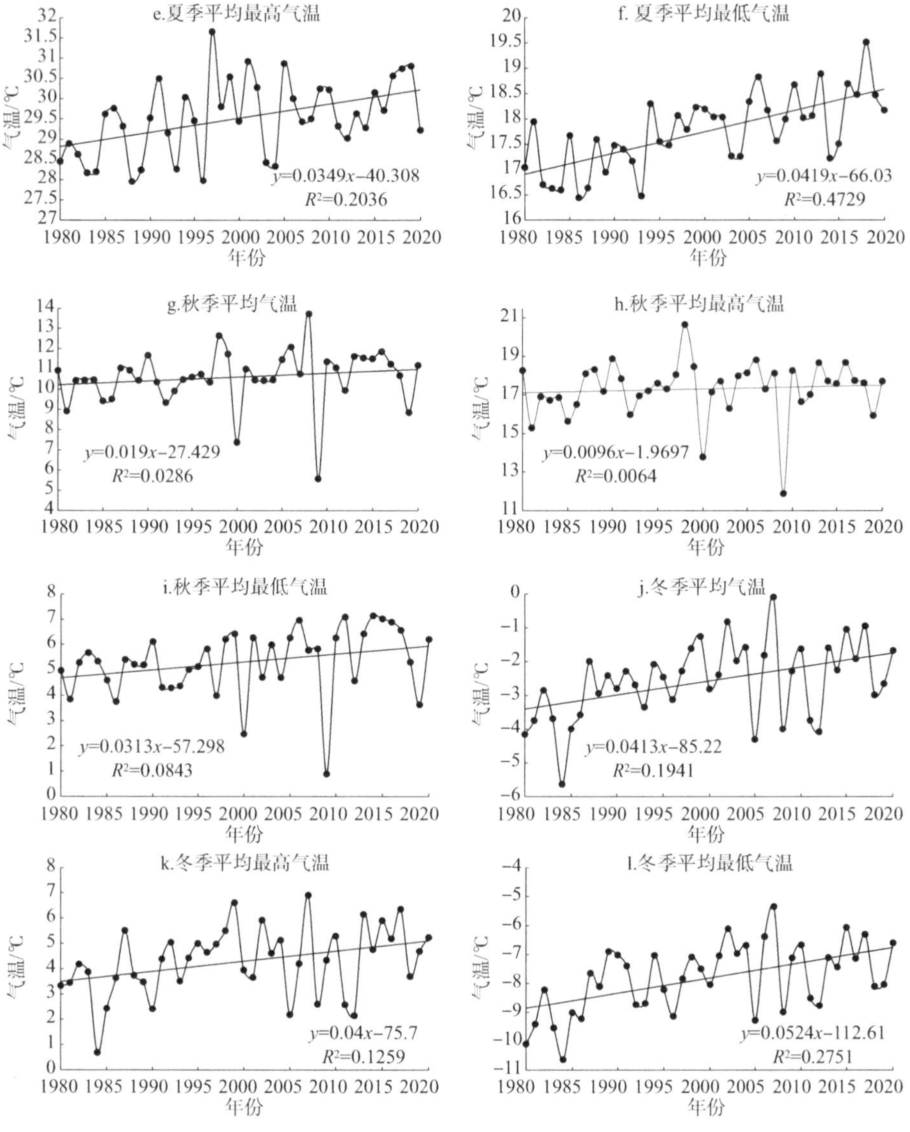

图 5-5 汾河流域多年平均气温、最高气温和最低气温季节变化（续图）

5. 气温的年代际变化

从表 5-1 和图 5-6 可以看出：①平均气温：20 世纪 80 年代和 90 年代、21 世纪 00 年代和 10 年代气温均值分别为 10.22℃、10.90℃、11.18℃和 11.39℃，表现为增加趋势，80 年代至 90 年代增加最多，达 0.68℃，不同年代均表现出上升态势，依次为 0.39℃ ·（10a）$^{-1}$、1.44℃ ·（10a）$^{-1}$、

0.15℃·(10a)$^{-1}$ 和 0.65℃·(10a)$^{-1}$，80 年代至 90 年代升温率上升迅速，而 90 年代至 00 年代又急剧下降，00 年代至 10 年代缓慢上升。②平均最高气温：20 世纪 80 年代和 90 年代、21 世纪 00 年代和 10 年代最高气温均值分别为 16.96℃、17.79℃、17.83℃和 18.21℃，表现为增加趋势，80 年代至 90 年代增加最多，达 0.83℃，90 年代至 00 年代较小，除了 2000—2009 年为下降趋势 [–0.13℃·(10a)$^{-1}$]，其余年代均表现为上升的趋势，90 年代至 00 年代由上升趋势变为下降趋势，下降了 2.06℃·(10a)$^{-1}$。③平均最低温度：20 世纪 80 年代和 90 年代、21 世纪 00 年代和 10 年代最高气温均值分别为 4.47℃、5.07℃、5.53℃和 6.11℃，表现为增加趋势，各个年代比上一个年代约增加 0.4~0.6℃，除了 2010—2020 年为下降趋势 [–0.38℃·(10a)$^{-1}$]，其余年代均表现为上升趋势，依次为 0.68℃·(10a)$^{-1}$、0.97℃·(10a)$^{-1}$、0.10℃·(10a)$^{-1}$，90 年代至 00 年代上升趋势减缓，下降了 0.86℃·(10a)$^{-1}$，00 年代至 10 年代由上升趋势减缓变为下降趋势，下降了 0.48℃·(10a)$^{-1}$。这并不能说明最近十多年全球变暖停滞，可能是太阳活动和火山活动等自然因素造成的[240]。

表 5–1　汾河流域多年平均气温、最高气温和最低气温年代际均值

年份	年均气温 /℃	最高气温 /℃	最低气温 /℃
1980—1989	10.221	16.963	4.468
1990—1999	10.898	17.794	5.067
2000—2009	11.180	17.825	5.534
2010—2020	11.393	18.211	6.111

（二）气温空间变化特征规律

1. 气温的年际空间变化

通过气温插值发现多年平均气温、最高气温和最低气温均表现出由南向北递减的趋势（图 5–7），三者均值分别是 10.94℃、17.73℃、5.27℃。多年平均气温、最高气温和最低气温的极大值分别是河津（14.13℃）、稷山（20.29℃）、河津（9.41℃），极小值分别为宁武（6.89℃）、宁武（12.76℃）、

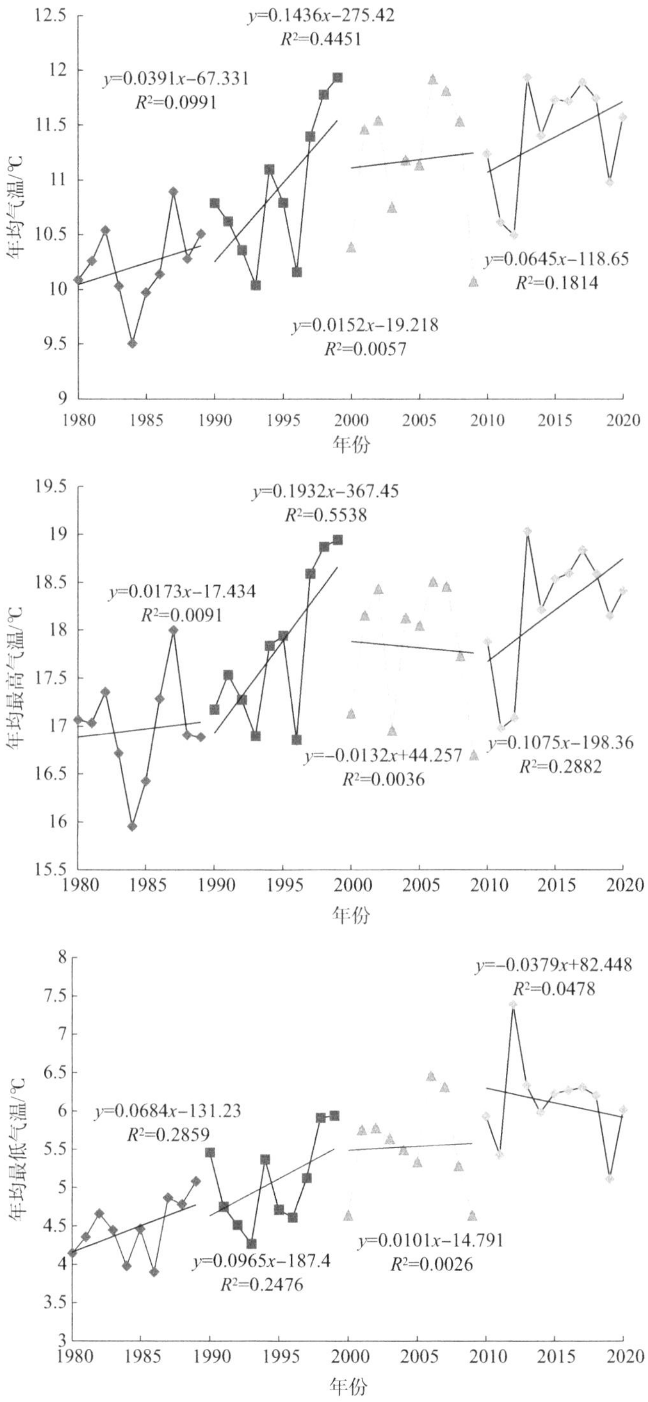

图 5-6　汾河流域多年平均气温、最高气温和最低气温年代际变化

岚县（0.08℃），极大值和极小值的差分别为7.24℃、7.53℃、9.33℃。均温>13℃的站点分别为河津（14.13℃）、稷山（13.60℃）、新绛（13.59℃）、临汾（13.32℃）、侯马（13.10℃）、翼城（14.01℃）和曲沃（13.01℃），最高气温>19℃的站点分别为稷山（20.29℃）、新绛（19.99℃）、襄汾（19.73℃）、侯马（19.73℃）、河津（19.72℃）、临汾（19.70℃）、曲沃（19.60℃）、洪洞（19.58℃）和霍州（19.39℃），最低气温>8℃的站点分别为河津（9.41℃）、新绛（8.36℃）、翼城（8.26℃）、稷山（8.20℃）和临汾（8.11℃）。以上站点均位于汾河流域南部的临汾盆地，受纬度低、地势低和盆地地形的影响，气温较流域其他区域偏高。均温<8℃的站点分别为寿阳、静乐、交口、岚县和宁武，最高气温<16℃的站点分别为娄烦、静乐、寿阳、岚县、交口和宁武，最低气温<3℃的站点分别为阳曲、交口、宁武、娄烦、寿阳、静乐和岚县。气温偏低的站点位于海拔较高的山地地形，吕梁山尤为明显。受纬度影响太原盆地的气温低于临汾盆地。

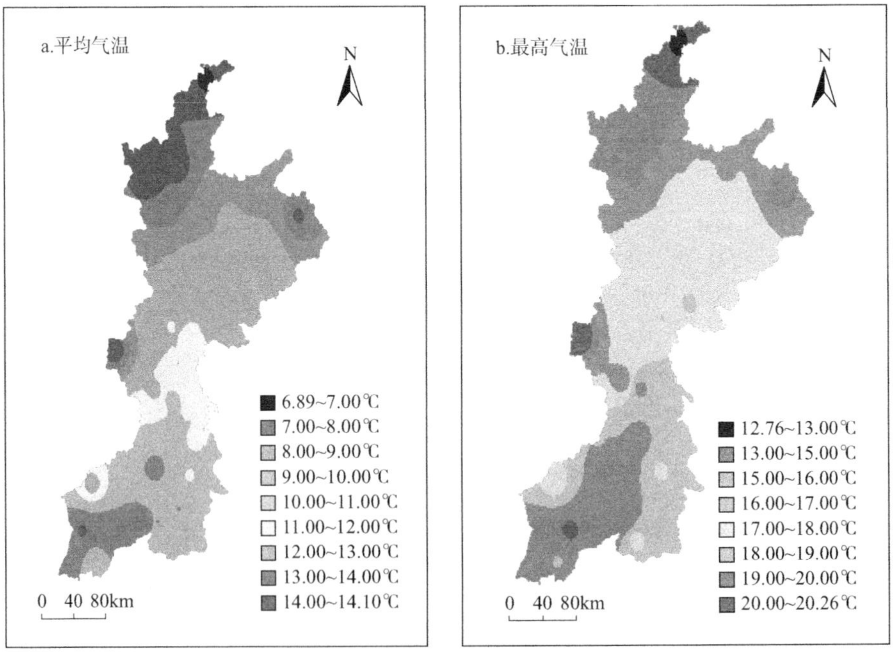

图5-7 汾河流域年际气温空间分布

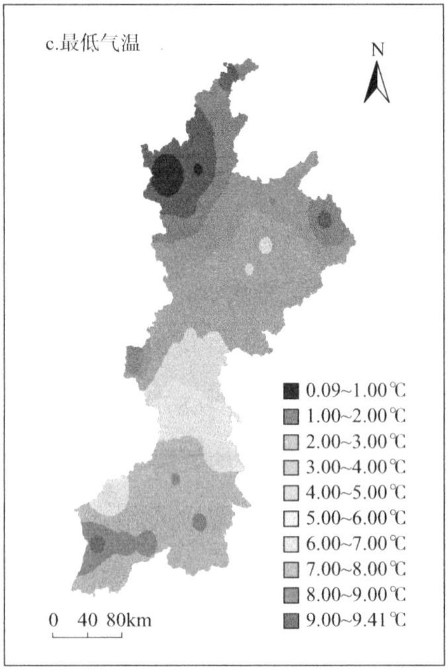

图 5-7 汾河流域年际气温空间分布（续图）

2. 气温的季节空间变化

（1）平均气温的季节空间变化

由图 5-8 可知，汾河流域四季的平均气温受纬度影响，整体上呈由北至南逐渐升高的趋势，其中纬度每降低 0.5°，春季、夏季、秋季和冬季平均气温分别约升高 1℃、0.98℃、0.98℃、1.17℃，说明冬季均温随纬度变化较大。受海拔影响，海拔每升高 100m，春季、夏季、秋季和冬季平均气温分别约下降 0.71℃、0.70℃、0.70℃、0.84℃，尤其冬季均温受海拔影响较大。①春季：从站点均温来看，河津站平均气温最高，为 15.44℃，宁武站最低，为 8.24℃，相差 7.20℃。从河段来看，汾河流域上、中、下游的均温依次增加，分别是 9.37℃、12.00℃、13.95℃。受海拔和纬度影响，宁武站、岚县站、静乐站、寿阳站和交口站春季平均气温均＜ 9.57℃，属于流域内春季均温低值区，河津站、稷山站、新绛站、临汾站、侯马站春季平均气温均＞ 14.48℃，属于流域内春季均温高值区。

②夏季：从站点均温来看，稷山站平均气温最高，为25.91℃，交口站最低，为18.83℃，相差7.08℃。从河段来看，汾河流域上、中、下游的均温依次升高，分别是20.51℃、22.68℃、24.75℃。受海拔和纬度影响，河津站、稷山站、新绛站夏季平均气温均＞25.52℃，属于流域内夏季均温高值区，宁武站和交口站夏季平均气温均＜20.21℃，属于流域内夏季均温低值区。③秋季：从站点均温来看，河津站平均气温最高，为13.84℃，岚县站最低，为6.76℃，相差7.08℃。从河段来看，汾河流域上、中、下游的均温依次增加，分别是7.61℃、9.87℃、12.30℃。受海拔和纬度影响，河津站、稷山站、新绛站秋季平均气温均＞12.79℃，属于流域内秋季均温高值区，宁武站、岚县站、静乐站、寿阳站和交口站秋季平均气温均＜7.81℃，属于流域内秋季均温低值区。④冬季：从站点均温来看，河津站平均气温最高，为1.35℃，岚县站最低，为–7.07℃，相差8.42℃。从河段来看，汾河流域上、中、下游的均温依次增加，分别是–6.12℃、–3.39℃、–0.62℃。受海拔和纬度影响，河津站、稷山站冬季平均气温均＞0.12℃，属于流域内冬季均温高值区，宁武站、岚县站、静乐站、娄烦站、寿阳站冬季平均气温均＜–5.34℃，属于流域内冬季均温低值区。总之，汾河流域平均气温四季的变化空间上差异较大，极值差异由大到小依次为冬季、春季、秋季和夏季，气温高值区主要位于纬度较低的下游盆地地区，低值区主要位于纬度较高上游高山地区和中游的高山地区。

（2）最高气温的季节空间变化

由图5–9可知，汾河流域四季的最高气温受纬度影响，整体上呈由北至南逐渐升高的趋势，其中纬度每降低0.5°，春季、夏季、秋季和冬季最高气温分别约升高1.10℃、1.01℃、0.96℃、1.11℃，说明春季和冬季的最高气温随纬度变化较大，夏季次之，秋季影响最小。受海拔影响，海拔每升高100m，春季、夏季、秋季和冬季最高气温分别约下降0.79℃、0.72℃、0.69℃、0.80℃，尤其春季和冬季的最高气温随海拔变化相似，夏季次之，秋季影响最小。①春季：从站点最高气温来看，稷山站最高气温值最大，

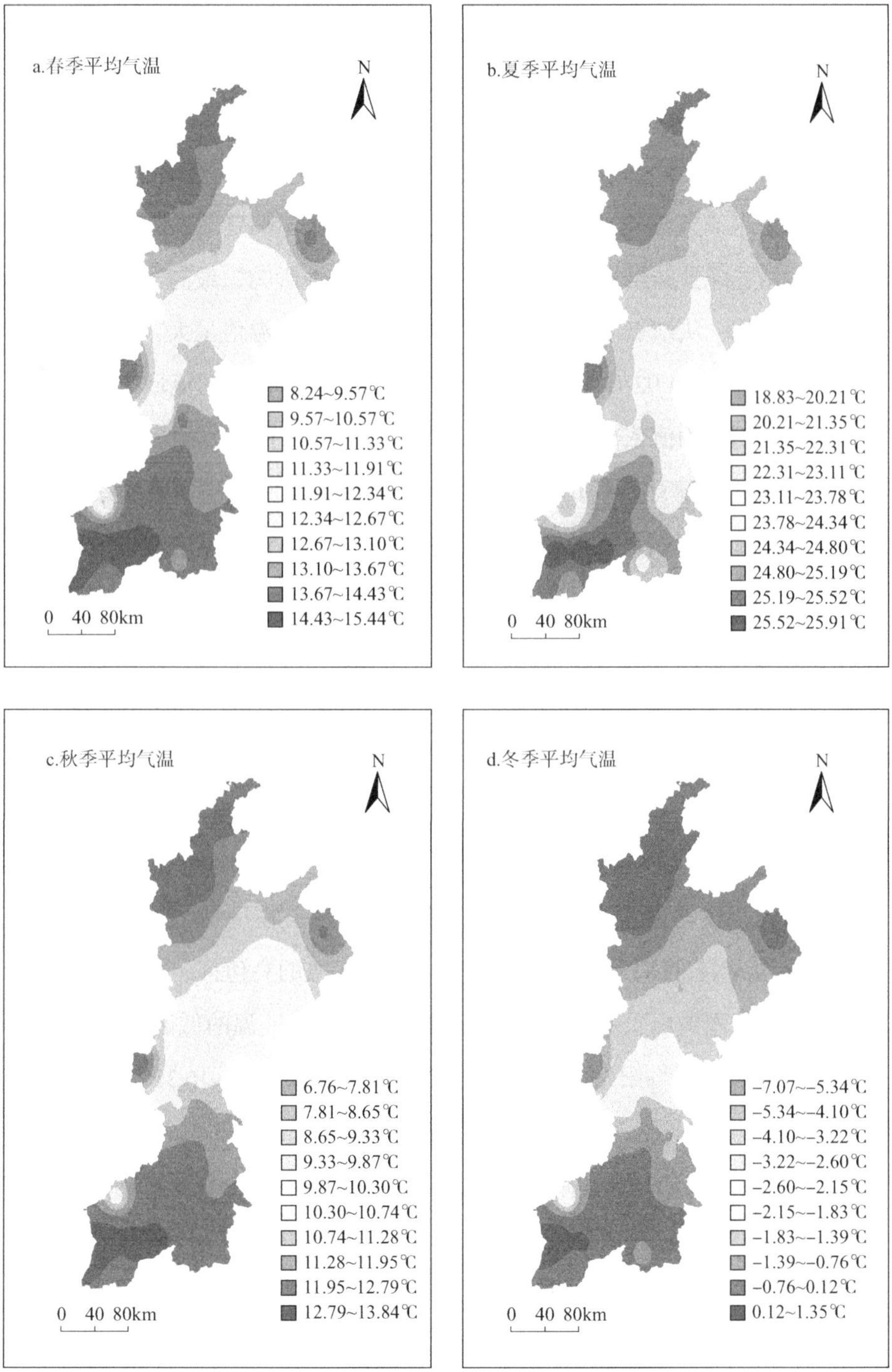

图 5-8　汾河流域季节平均气温空间分布

为 22.31℃，宁武站最高气温值最小，为 14.39℃，相差 7.92℃。从河段来看，汾河流域上、中、下游的最高气温的均值依次增加，分别是 17.17℃、19.45℃、20.78℃。受海拔和纬度影响，宁武站和交口站春季最高气温均＜ 16.22℃，属于流域内春季最高气温低值区，河津站、稷山站、新绛站、侯马站春季最高气温均＞ 21.56℃，属于流域内春季最高气温高值区。乡宁站、浮山站、绛县站虽然纬度较低，但受局部山地影响，最高气温出现较低值区。②夏季：从站点最高气温来看，稷山站最高气温值最大，为 32.18℃，交口站最低，为 24.92℃，相差 7.26℃。从河段来看，汾河流域上、中、下游最高气温的平均值依次升高，分别是 27.97℃、29.11℃、30.70℃。受海拔和纬度影响，河津站、稷山站、新绛站、侯马站、曲沃站、襄汾站、临汾站、洪洞站和霍州站夏季最高气温均＞ 30.96℃，属于流域内夏季最高气温的高值区，宁武站和交口站夏季最高气温均＜ 27.15℃，属于流域内夏季最高气温的低值区。其中浮山站、绛县站和乡宁站由于受地形影响，其最高气温的值成为下游地区的低值区。③秋季：从站点最高气温来看，稷山站最高气温值最大，为 19.71℃，宁武站最高气温值最小，为 12.77℃，相差 6.94℃。从河段来看，汾河流域上、中、下游的最高气温的平均值依次增加，分别是 15.15℃、17.00℃、18.45℃。受海拔和纬度影响，河津站、稷山站、新绛站、侯马站、万荣站、曲沃站、襄汾站、临汾站、洪洞站的秋季最高气温均＞ 18.52℃，属于流域内秋季最高气温的高值区，宁武站和交口站秋季最高气温均＜ 15.12℃，属于流域内秋季最高气温的低值区。岚县站、娄烦站、静乐站和寿阳站的最高气温较低，范围为 15.12~16.31℃。④冬季：从站点最高气温来看，稷山站最高气温值最大，为 6.98℃，宁武站最低，为 –1.03℃，相差 8.01℃。从河段来看，汾河流域上、中、下游的最高气温的平均值依次增加，分别是 1.76℃、3.73℃、5.66℃。受海拔和纬度影响，河津站、稷山站、新绛站、侯马站和襄汾站冬季最高气温均＞ 6.19℃，属于流域内冬季最高气温的高值区，宁武站的冬季最高气温的均值＜ 0.42℃，属于流域内冬季最高气温的低值区。总之，汾河流域最高气温四季的变化空间上差异较大，极值差异由大到小依次为冬季、春季、夏季和秋季，气温高值区主要位于纬度较低的下游盆地地区，低值区主要位于纬度较高的上游高山地区和中游的高山地区。

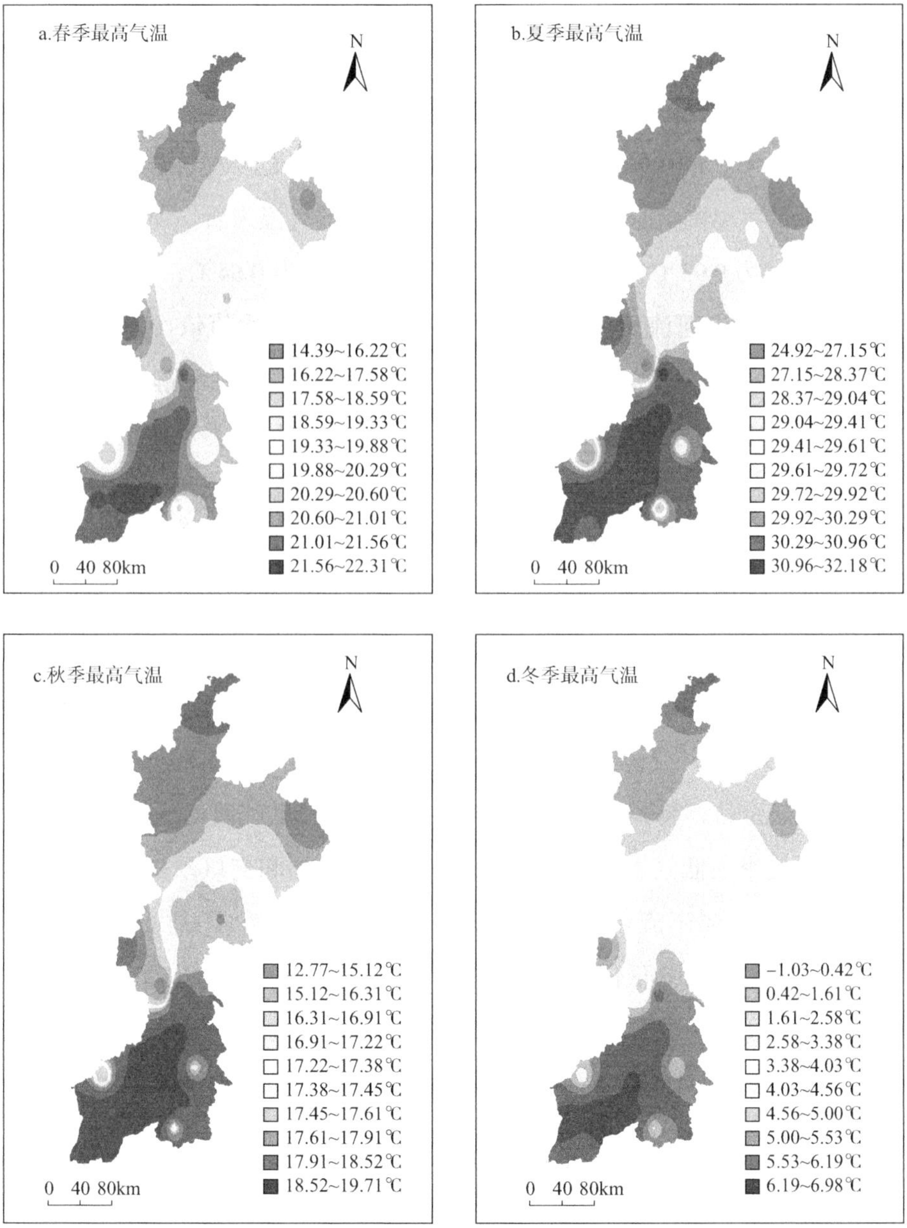

图 5-9　汾河流域季节最高气温空间分布

（3）最低气温的季节空间变化

由图 5-10 可知，汾河流域四季的最低气温受纬度影响，整体上呈由北至南逐渐升高的趋势，其中纬度每降低 0.5°，春季、夏季、秋季和冬季最低气温分别约升高 1.29℃、1.08℃、1.27℃、1.54℃，故最低气温随纬度降低升温幅度由大到小依次为冬季、春季、秋季、夏季。受海拔影响，海拔每升高 100m，春季、夏季、秋季和冬季最低气温分别约下降 0.92℃、0.77℃、091℃、1.10℃，尤其冬季的最低气温随海拔上升气温降低最显著，而夏季最低气温降低最小。①春季：从站点最低气温来看，河津站最低气温值最大，为 9.93℃，岚县站最低气温值最小，为 0.64℃，相差 9.29℃。从河段来看，汾河流域上、中、下游的最低气温的均值依次增加，分别是 2.22℃、4.93℃、7.82℃。受海拔和纬度影响，岚县站和静乐站春季最低气温均＜ 2.05℃，属于流域内春季最低气温低值区，娄烦站、寿阳站和交口站属于春季最低气温的次低值区；河津站的最低气温均＞ 8.76℃，稷山站、新绛站、侯马站、临汾站、翼城站和襄汾站春季最低气温的范围为 7.78~8.76℃，属于次高值区。②夏季：从站点最低气温来看，河津站最低气温值最大，为 21.14℃，交口站最低，为 13.37℃，相差 7.77℃。从河段来看，汾河流域上、中、下游最低气温的平均值依次升高，分别是 14.59℃、16.92℃、19.59℃。受海拔和纬度影响，河津站、稷山站、新绛站、侯马站、曲沃站、襄汾站、翼城站、临汾站、洪洞站夏季最低气温均＞ 19.84℃，属于流域内夏季最低气温的高值区；宁武站、岚县站和交口站夏季最低气温均＜ 14.66℃，属于流域内夏季最低气温的低值区。乡宁站由于受地形影响，成为下游地区的低值区。③秋季：从站点最低气温来看，河津站最低气温值最大，为 9.47℃，岚县站最低气温值最小，为 0.32℃，相差 9.15℃。从河段来看，汾河流域上、中、下游的最低气温的平均值依次增加，分别是 1.95℃、4.29℃、7.63℃。受海拔和纬度影响，河津站的最低气温均＞ 8.54℃，稷山站、新绛站、侯马站、临汾站、翼城站、曲沃站、绛县站和万荣站秋季最低气温的范围为 7.66~8.54℃，属于次高值区；岚县站的秋季最低气温均< 1.36℃，属于流域内秋季最低气温的低值区。宁武站、娄烦站、静乐站和寿阳站的最低气温较低，范围为 1.36~2.36℃。④冬季：从站点最低气温来看，河津站最低气温值最大，为 -2.90℃，岚县站最低，为 -14.00℃，相差 11.10℃。从河段来看，汾河流域上、中、下游的最低气温的平均值依次增加，分别是 -12.04℃、-8.95℃、-5.30℃。受海拔和纬度影响，河津站、稷山站、新绛站、翼城站属于流域内冬季最低气温的高值区；岚县站、静乐县和寿阳站的冬季最低气温的均值< -11.99℃，属于流域内冬季最低气温的低值区。总之，汾河流域最低气温四季的变化空间上差异较大，极值差异由大到小依次为冬季、春季、秋季和夏季，最低气温高值区主要位于纬度较低的下游盆地地区，低值区主要位于纬度较高的上游高山地区和中游的高山地区。

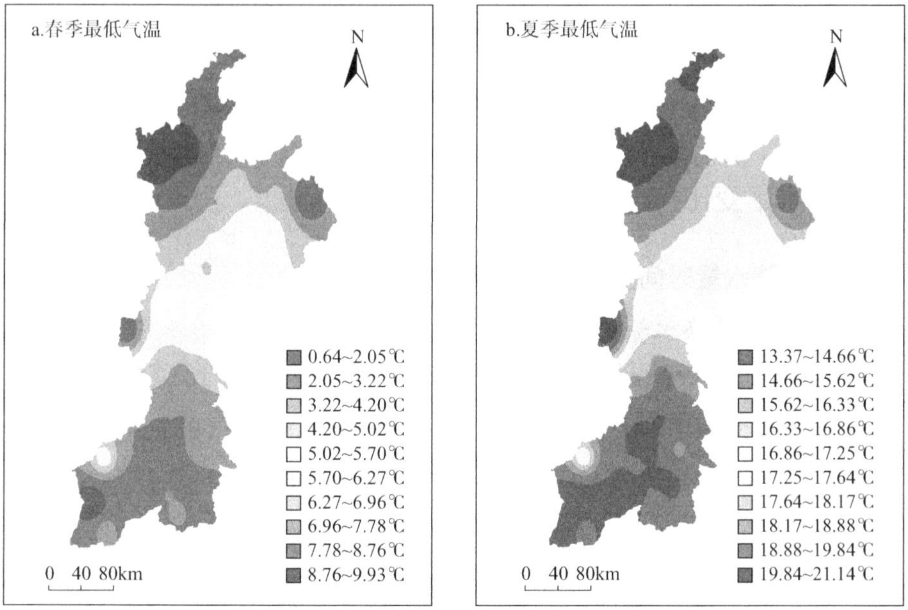

图 5-10　汾河流域季节最低气温空间分布

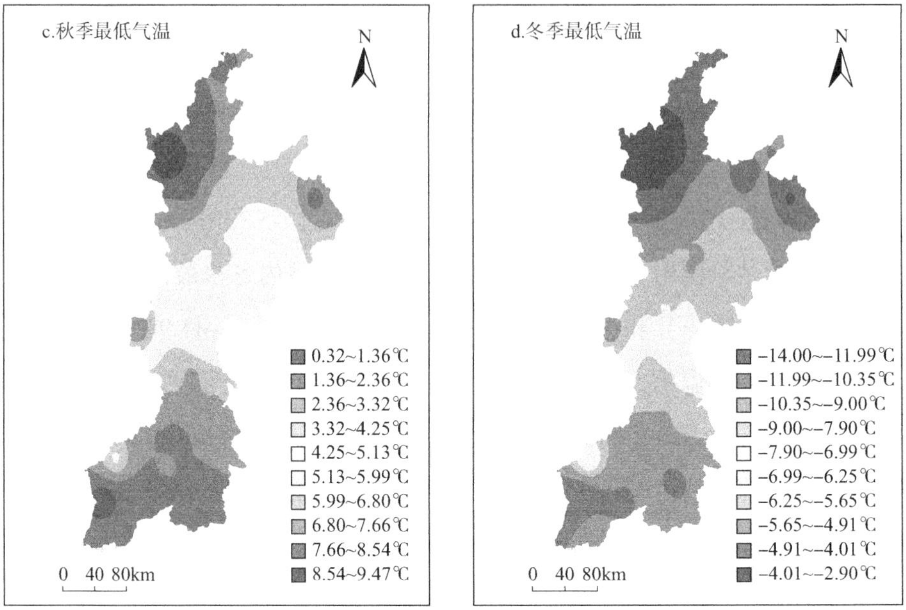

图 5-10　汾河流域季节最低气温空间分布（续图）

二、降水量变化特征

（一）降水量时间变化特征规律

1. 多年平均降水量变化

汾河流域多年平均降水量是 468.94mm，年均降水量的最高值和最低值分别出现在 2003 年和 1997 年，分别为 628.73mm 和 288.68mm，二者相差 340.05mm，年均降水量以 0.96mm · a^{-1} 的速率增加，并且通过了 $p < 0.01$ 的显著性检验。通过年代平均降水量来看，20 世纪 80 年代和 90 年代、21 世纪 00 年代和 10 年代的降水量表现出先下降后逐渐上升态势，分别为 473.53mm、441.38mm、456.98mm 和 500.68mm，20 世纪 80 年代和 21 世纪 10 年代的平均降水量均高于多年平均降水量，而 20 世纪 90 年代和 21 世纪 00 年代的平均降水量均低于多年平均降水量。通过多项式趋势线拟合来看，20 世纪 80 年代降水量缓慢上升，80 年代末至 90 年代末降水量下降，90 年

代末到 21 世纪 10 年代初降水量不断上升，10 年代之后变化较小，降水量整体呈现出“缓慢波动型”增长态势（图 5-11）。

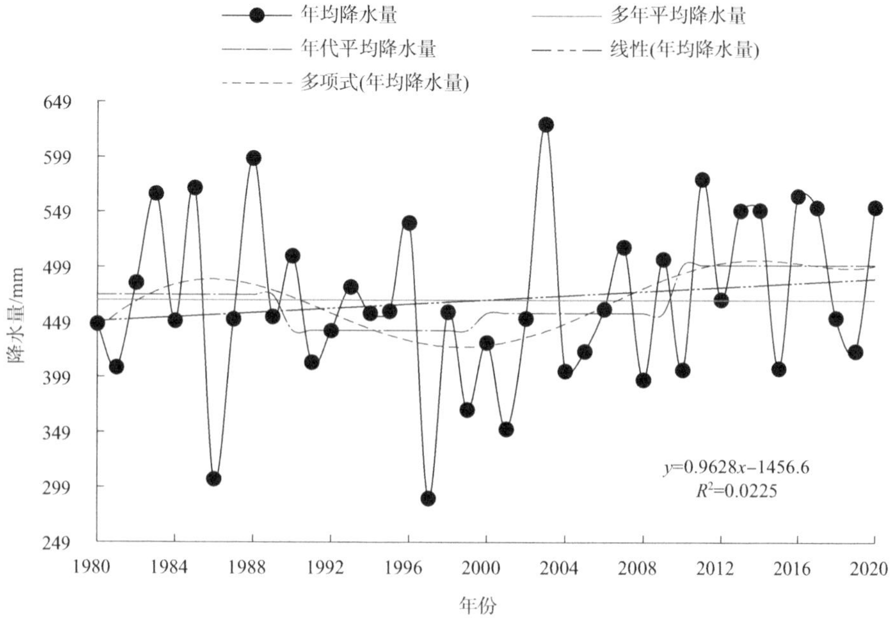

图 5-11 汾河流域多年平均降水量年际变化趋势

汾河流域夜间多年平均降水量是 228.93mm，最高值和最低值分别出现在 1988 年和 1986 年，分别为 322.39mm 和 121.52mm，二者相差 200.87mm，年均降水量以 0.66mm · a^{-1} 的速率增加，增长趋势低于全天降水量的增加趋势，并且通过了 $p < 0.01$ 的显著性检验，夜间平均降水量整体呈现出“缓慢波动上升”态势。通过夜间年代平均降水量来看，20 世纪 80 年代和 90 年代、21 世纪 00 年代和 10 年代的降水量表现出先降后升的态势，分别为 230.67mm、215.33mm、220.67mm 和 247.23mm，呈“抛物线”形变化态势。20 世纪 80 年代和 21 世纪 10 年代的平均降水量均高于多年平均降水量，而 20 世纪 90 年代和 21 世纪 00 年代的平均降水量均低于多年平均降水量。通过多项式趋势线拟合来看，20 世纪 80 年代初降水量缓慢上升，80 年代末至 90 年代末降水量又缓慢下降，90 年代末到 21 世纪 10 年代初降水量不断缓慢上升，21 世纪 10 年代之后变化较小（图 5-12）。

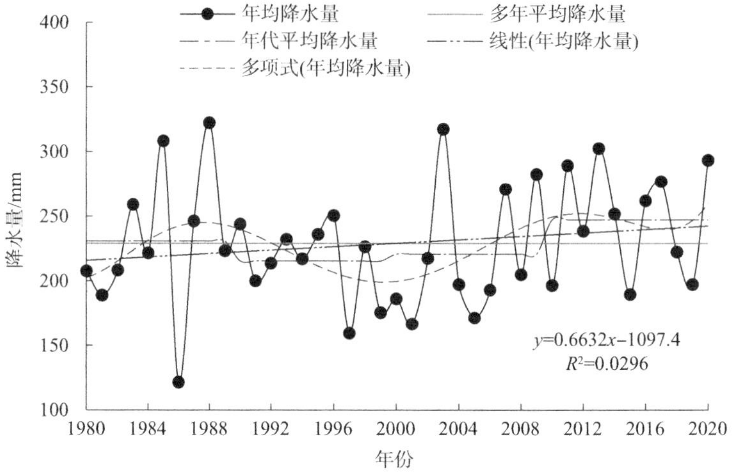

图 5-12　汾河流域夜间多年平均降水量年际变化趋势

汾河流域白天多年平均降水量是 239.89mm，最高值和最低值分别出现在 2003 年和 1997 年，分别为 311.26mm 和 129.36mm，二者相差 181.90mm，年均降水量以 $0.28\text{mm} \cdot \text{a}^{-1}$ 的速率增加，增长趋势低于全天和夜间降水量的增加趋势，并且通过了 $p < 0.01$ 的显著性检验，白昼平均降水量整体呈现出“平缓波动上升”态势。通过白昼年代平均降水量来看，20 世纪 80 年代和 90 年代、21 世纪 00 年代和 10 年代的降水量表现出先降后升的态势，分别为 242.91mm、226.05mm、236.30mm 和 252.99mm，呈“抛物线”形变化态势。20 世纪 80 年代和 21 世纪 10 年代的平均降水量均高于多年平均降水量，而 20 世纪 90 年代和 21 世纪 00 年代的平均降水量均低于多年平均降水量。通过多项式趋势线拟合来看，20 世纪 80 年代初白昼降水量缓慢上升，80 年代前期至 90 年代中期降水量平缓下降，90 年代中期到 21 世纪 10 年代中期降水量平缓上升，之后下降（图 5-13）。

2. 降水量变化 M-K 突变检验

由图 5-14~ 图 5-16 可知，汾河流域全天和夜间年平均降水量的 UF 统计量在 1981 年和 1999—2011 年之间为负值，其余年份为正值，说明全天年平均降水量从 20 世纪 90 年代末到 21 世纪 10 年代初下降趋势明显，其余时段为上升趋势。虽然 UF 折线和 UB 折线的交点出现多个且在临界线

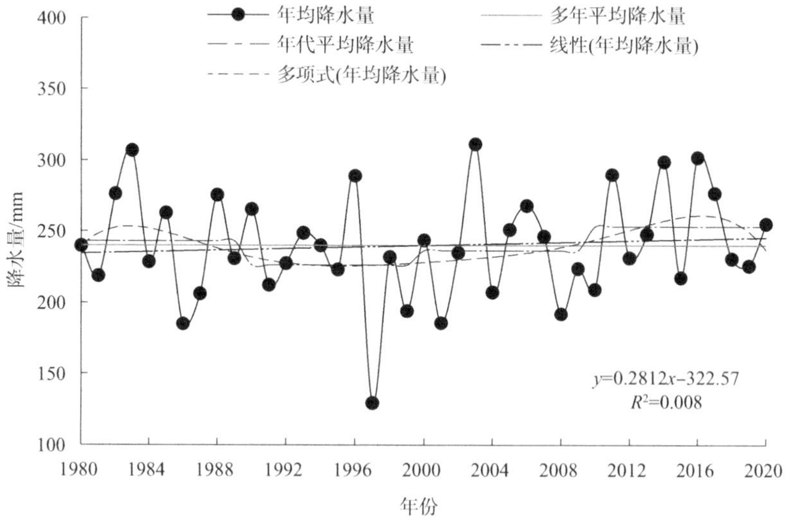

图 5-13 汾河流域白昼多年平均降水量年际变化趋势

（±1.96）之间，但是趋势线波动起伏较大，故全天和夜间年平均降水量的突变现象不太明显。汾河流域白昼年平均降水量的 UF 统计量从 20 世纪 80 年代末到 21 世纪 10 年代初以负值为主，故此时段白昼降水量以下降为主，同样白昼年平均降水量的突变现象不明显。

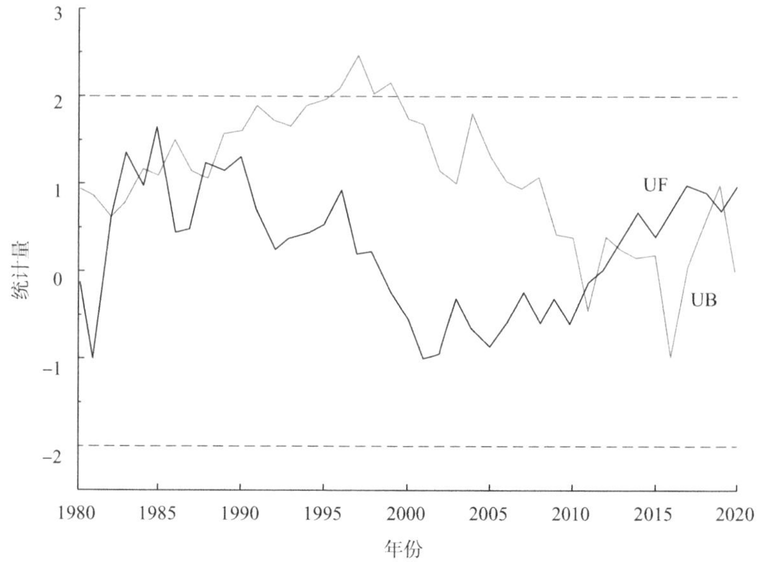

图 5-14 汾河流域多年平均降水量突变检验变化

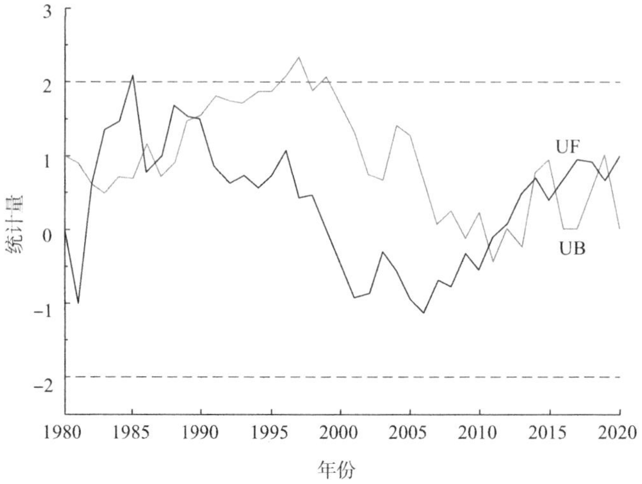

图 5–15　汾河流域夜间多年平均降水量突变检验变化

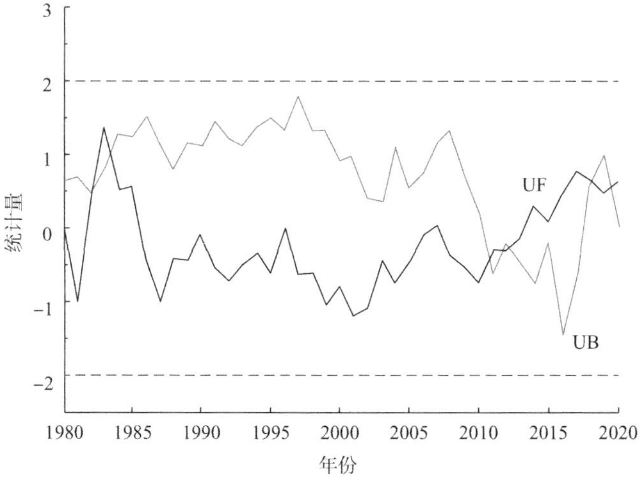

图 5–16　汾河流域白昼多年平均降水量突变检验变化

3. 降水的季节变化

由季节平均降水的线性回归图（图 5–17a、图 5–17d、图 5–17g、图 5–17j）得出，春季（3—5 月）、夏季（6—8 月）、秋季（9—11 月）、冬季（12 月至次年 2 月）的全天平均降水量变化率分别为：$-0.32\text{mm} \cdot \text{a}^{-1}$、$0.35\text{mm} \cdot \text{a}^{-1}$、$0.63\text{mm} \cdot \text{a}^{-1}$、$0.14\text{mm} \cdot \text{a}^{-1}$，均通过了 $p < 0.01$ 的显著性检验，故除了春季的平均降水量为下降趋势，其余季节平均降水量均为上升趋势，上升的

速率由大到小依次为秋、夏、冬。由季节夜间平均降水量的线性回归图（图 5-17b、图 5-17e、图 5-17h、图 5-17k）得出，春季、夏季、秋季、冬季的夜间平均降水量变化率分别为：$-0.20\mathrm{mm}\cdot\mathrm{a}^{-1}$、$0.45\mathrm{mm}\cdot\mathrm{a}^{-1}$、$0.33\mathrm{mm}\cdot\mathrm{a}^{-1}$、$0.02\mathrm{mm}\cdot\mathrm{a}^{-1}$，均通过了 $p<0.01$ 的显著性检验，故除了春季夜间的平均降水量为下降趋势，其余季节夜间平均降水量均为上升趋势，上升的速率由大到小依次为夏季、秋季、冬季。由季节白昼平均降水量的线性回归图（图 5-17c、图 5-17f、图 5-17i、图 5-17l）得出，春季、夏季、秋季、冬季白昼平均降水量变化率分别为：$-0.13\mathrm{mm}\cdot\mathrm{a}^{-1}$、$-0.10\mathrm{mm}\cdot\mathrm{a}^{-1}$、$0.29\mathrm{mm}\cdot\mathrm{a}^{-1}$、$0.12\mathrm{mm}\cdot\mathrm{a}^{-1}$，均通过了 $p<0.01$ 的显著性检验，故除了春季、夏季白昼的平均降水量为下降趋势，秋季和冬季白昼平均降水量均为上升趋势。

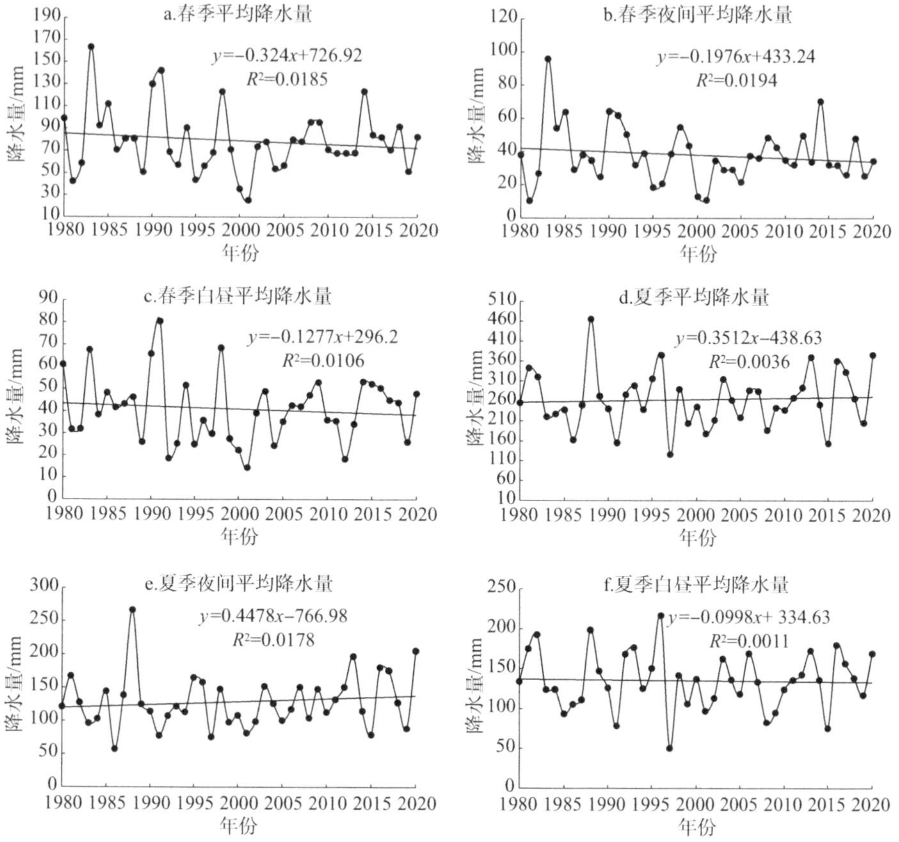

图 5-17　汾河流域降水量季节变化趋势

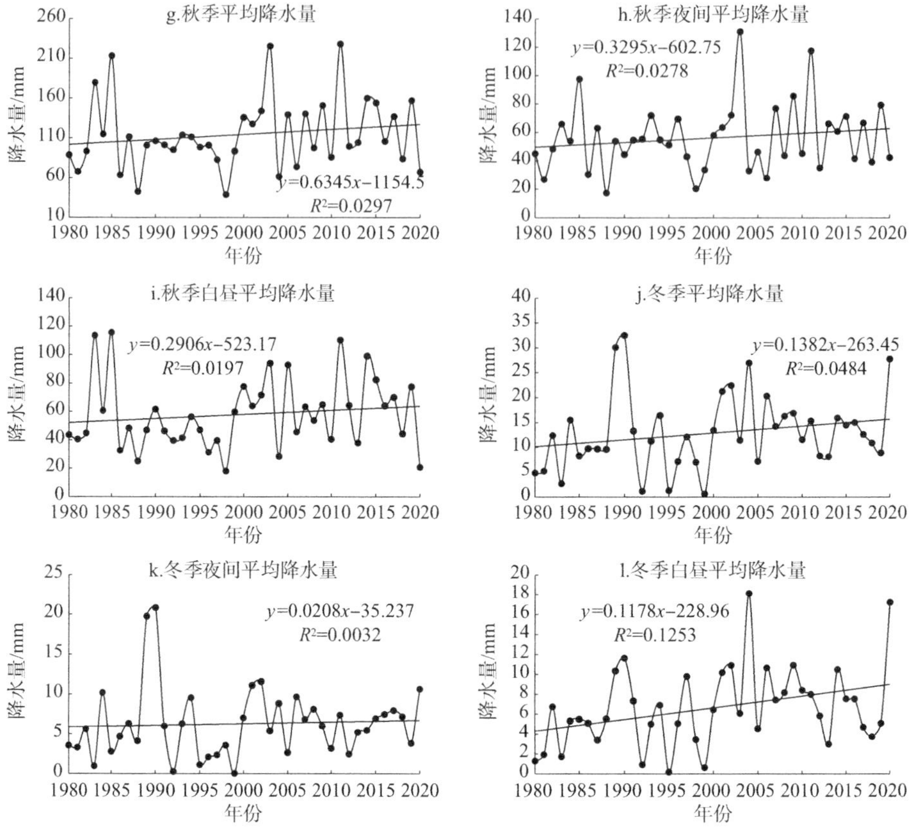

图 5–17　汾河流域降水量季节变化趋势（续图）

4. 降水的年代际变化

20 世纪 80 年代和 90 年代、21 世纪 00 年代和 10 年代全天降水量均值（图 5–18）分别为 473.53mm、441.38mm、456.98mm 和 500.68mm，20 世纪 80 年代至 90 年代下降了 32.15mm，90 年代至 21 世纪 00 年代上升了 15.60mm，00 年代至 10 年代又上升了 43.69mm。其中 20 世纪 80 年代降水量为稳步上升，90 年代急剧下降，21 世纪 00 年代上升较快，10 年代上升和缓，说明汾河流域降水量在 20 世纪 90 年代偏少，此结论与前人的研究结论相似[241]。汾河流域夜间多年平均降水量年代际变化与全天降水量年代际变化趋势相似（图 5–19），20 世纪 80 年代和 90 年代、21 世纪 00 年代和 10 年代降水量均值分别为 230.67mm、215.33mm、220.67mm 和 247.23mm，20

世纪80年代至90年代下降了15.34mm，90年代至21世纪00年代上升了5.34mm，00年代至10年代又上升了26.56mm。夜间不同时期多年平均降水量年代际变化为先升后降再升的趋势。汾河流域白昼多年平均降水量年代际变化与全天、夜间降水量年代际变化趋势有差异（图5-20），20世纪80年代降水量为下降趋势，90年代下降趋势更为剧烈，21世纪00年代下降较慢，10年代有所上升，20世纪80年代和90年代、21世纪00年代和10年代白昼降水量均值分别为242.91mm、226.05mm、236.30mm和252.99mm，故夜间年代际降水量对全天年代际降水量的影响比白昼年代际降水量对其影响大。

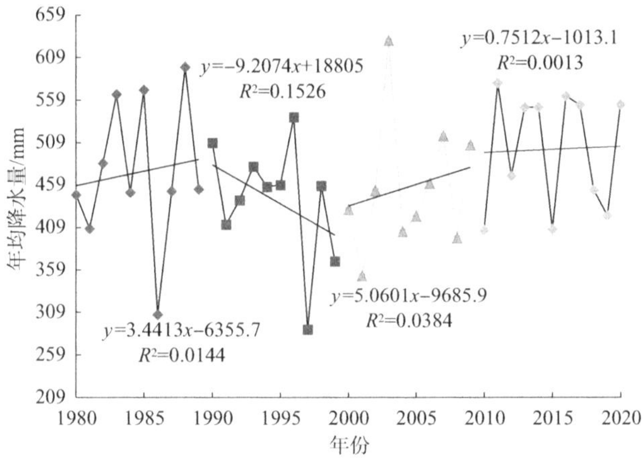

图5-18 汾河流域多年平均降水量年代际变化趋势

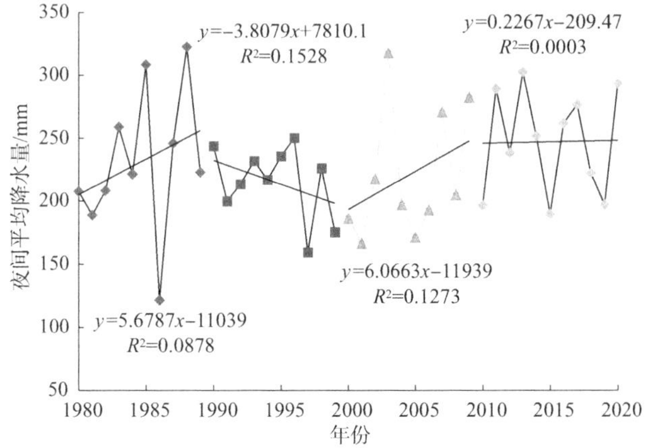

图5-19 汾河流域夜间多年平均降水量年代际变化趋势

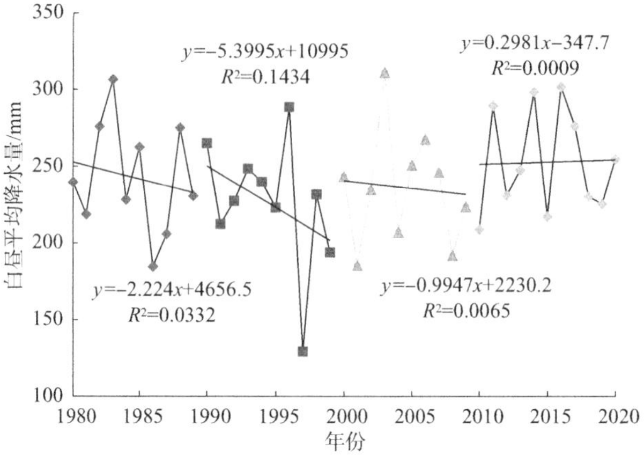

图 5-20 汾河流域白昼多年平均降水量年代际变化趋势

（二）降水量空间变化特征规律

1. 降水量的年际空间变化

汾河流域降水量整体上呈现北部少、南部多的分布格局（图 5-21）。北部地区东侧无地形阻挡，东南季风逐渐深入其中，降水量由东南向西北递减，南部地区受东西两山和中部盆地影响，东西多中部少。从不同河段看，降水量由大到小依次为下游、中游和上游。受地形和东南季风影响，东西两山的迎风坡降水多，中部断陷盆地降水少。汾河流域全天、白昼和夜晚降水量均值分别为 468.94mm、239.89mm 和 228.93mm，其中全天降水量最大的站点为交口，达 596.68mm，清徐为全天降水量最少的站点，仅为 401.87mm，二者相差 194.81mm；夜晚降水量最大值（绛县 285.12mm）与最小值（榆次区 197.38mm）相差 87.74mm，白昼降水量极大值出现在交口站，为 315.23mm，极小值出现在清徐县，为 201.42mm，相差 113.81mm。

2. 降水量的季节空间变化

汾河流域季节降水量呈现的分布格局与年际变化规律基本一致，南部多北部少。夏季受东南季风和地形影响最为明显，夏季来自太平洋的东南季风携带大量水汽向西北方向逐渐深入，在流域北部遇到吕梁山和系舟山，随着地形不断抬升，在山体的东南一侧，降水丰富，在流域南部的中部断陷盆地地处背风坡，降水少，在吕梁山和太岳山的东南一侧迎风坡降水丰富。

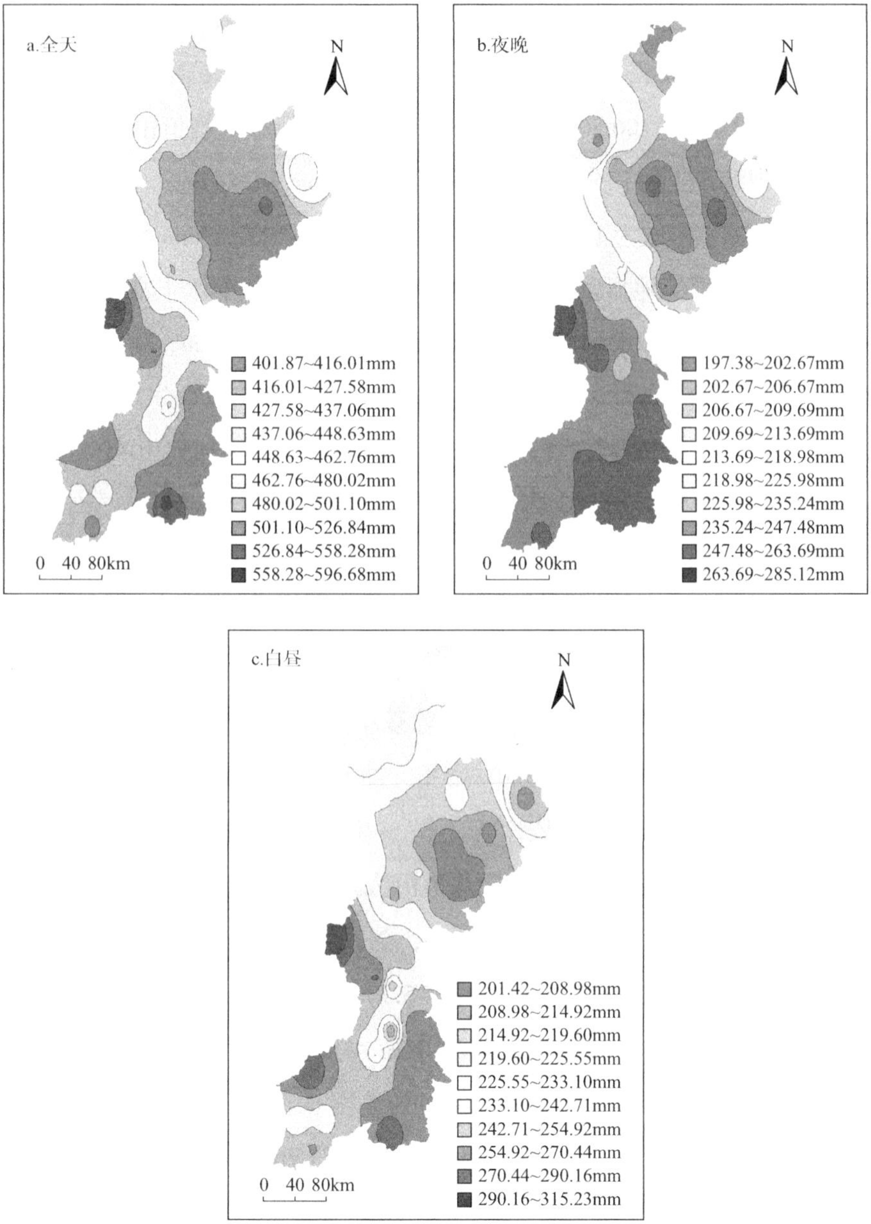

图 5-21 汾河流域年际全天、夜晚和白昼降水量空间分布

（1）全天降水量的季节空间变化

从不同河段来看，四季全天降水除夏季外，其余季节的降水量均是下游＞中游＞下游（图 5-22、图 5-23a、图 5-23d、图 5-23g、图 5-23j）。

春季降水量均值由大到小依次为下游＞中游＞上游，分别为90.91mm、70.63mm和68.84mm；秋季降水量均值由大到小依次为下游＞中游＞上游，分别为127.93mm、106.56mm和98.50mm；冬季降水量均值由大到小依次为下游＞中游＞上游，分别为16.54mm、10.84mm和8.47mm；而夏季降水量均值由大到小依次为上游＞下游＞中游，分别为272.87mm、266.90mm和258.16mm，上游受地形影响大，地形雨较为明显，故降水丰富。从具体站点来看，春季全天降水量最大的站点为绛县，达118.23mm，清徐为全天降水量最少的站点，仅为61.95mm，二者相差56.28mm。夏季全天降水量最大值（交口县344.10mm）与最小值（稷山县235.71mm）相差108.39mm。秋季白昼降水量极大值出现在绛县站，为155.44mm，极小值出现在宁武站，仅为67.11mm，相差88.33mm。冬季全天降水量最大值（绛县23.21mm）与最小值（榆次区7.38mm）相差15.83mm。

（2）夜晚降水量的季节空间变化

从不同河段来看，四季夜晚降水除夏季外，其余季节的降水量均是下游＞中游＞下游（图5-22、图5-23b、图5-23e、图5-23h、图5-23k）。春季降水量均值由大到小依次为下游＞中游＞上游，分别为44.16mm、33.73mm和33.43mm，秋季降水量均值由大到小依次为下游＞中游＞上游，分别为83.53mm、60.90mm和50.11mm，冬季降水量均值由大到小依次为下游＞中游＞上游，分别为7.54mm、5.55mm和4.76mm；而夏季降水量均值由大到小依次为下游＞上游＞中游，分别为135.07mm、125.58mm和123.65mm。从具体站点来看，其中春季夜晚降水量最大值（绛县56.51mm）与最小值（阳曲县29.93mm）相差26.58mm。夏季夜晚降水量极大值出现在交口县站，为159.70mm，极小值出现在榆次站，仅为109.83mm，相差49.87mm。秋季降水量最大的站点为绛县，为74.57mm，宁武站为夜晚降水量最少的站点，为61.95mm，二者相差12.62mm。冬季夜晚降水量最大值（绛县10.81mm）与最小值（榆次区3.84mm）相差6.97mm。

（3）白昼降水量的季节空间变化

从不同河段来看，四季白昼降水除夏季外，其余季节的降水量均是下游＞中游＞下游（图 5–22、图 5–23c、图 5–23f、图 5–23i、图 5–23l）。春季降水量均值由大到小依次为下游＞中游＞上游，分别为 46.93mm、36.74mm 和 35.40mm；秋季降水量均值由大到小依次为下游＞中游＞上游，分别为 66.84mm、52.70mm 和 48.35mm；冬季降水量均值由大到小依次为下游＞中游＞上游，分别为 9.00mm、5.29mm 和 3.74mm；而夏季降水量均值由大到小依次为上游＞中游＞下游，分别为 147.03mm、134.55mm 和 131.82mm。从具体站点来看，其中春季白昼降水量极大值出现在绛县站，为 62.10mm，极小值出现在清徐站，仅为 31.33mm，相差 30.77mm。夏季降水量最大的站点为交口县，达 183.58mm，洪洞为全天降水量最少的站点，仅为 110.53mm，二者相差 73.05mm。秋季白昼降水量最大值（绛县 80.83mm）与最小值（阳曲县 44.85mm）相差 35.98mm。冬季白昼降水量极大值出现在绛县站，为 12.40mm，极小值出现在静乐站，仅 3.15mm，相差 9.25mm。

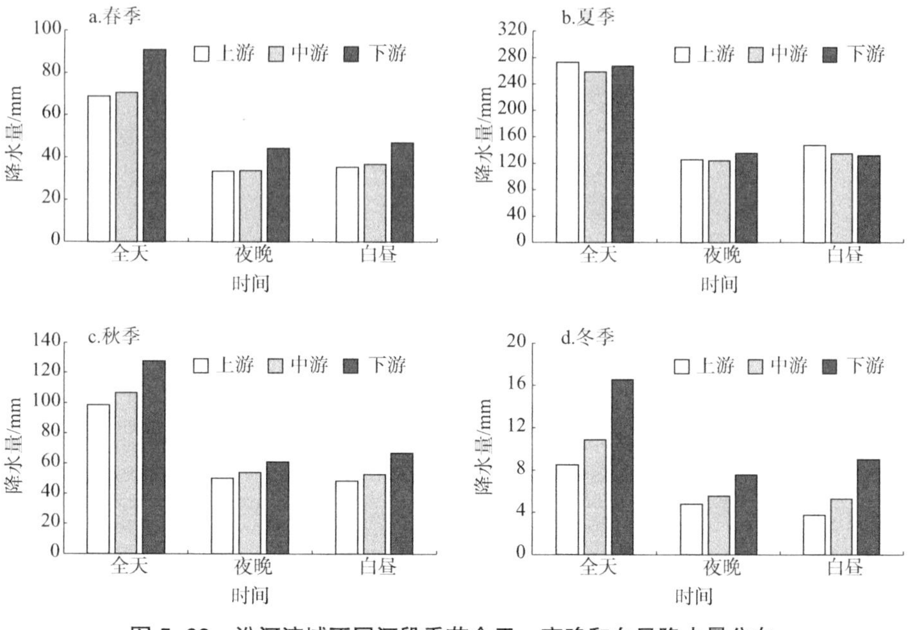

图 5–22　汾河流域不同河段季节全天、夜晚和白昼降水量分布

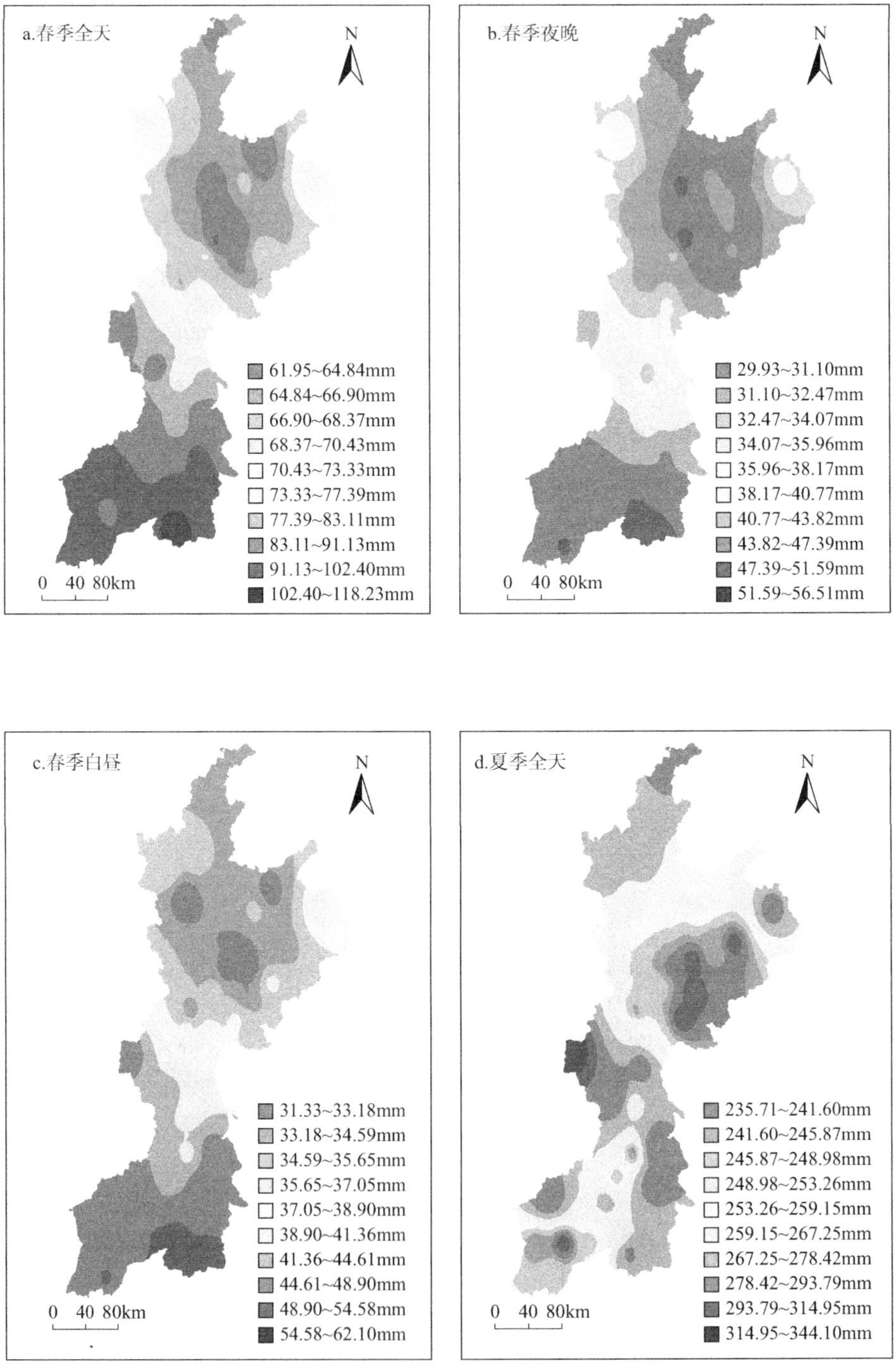

图 5-23 汾河流域季节全天、夜晚和白昼降水量空间分布

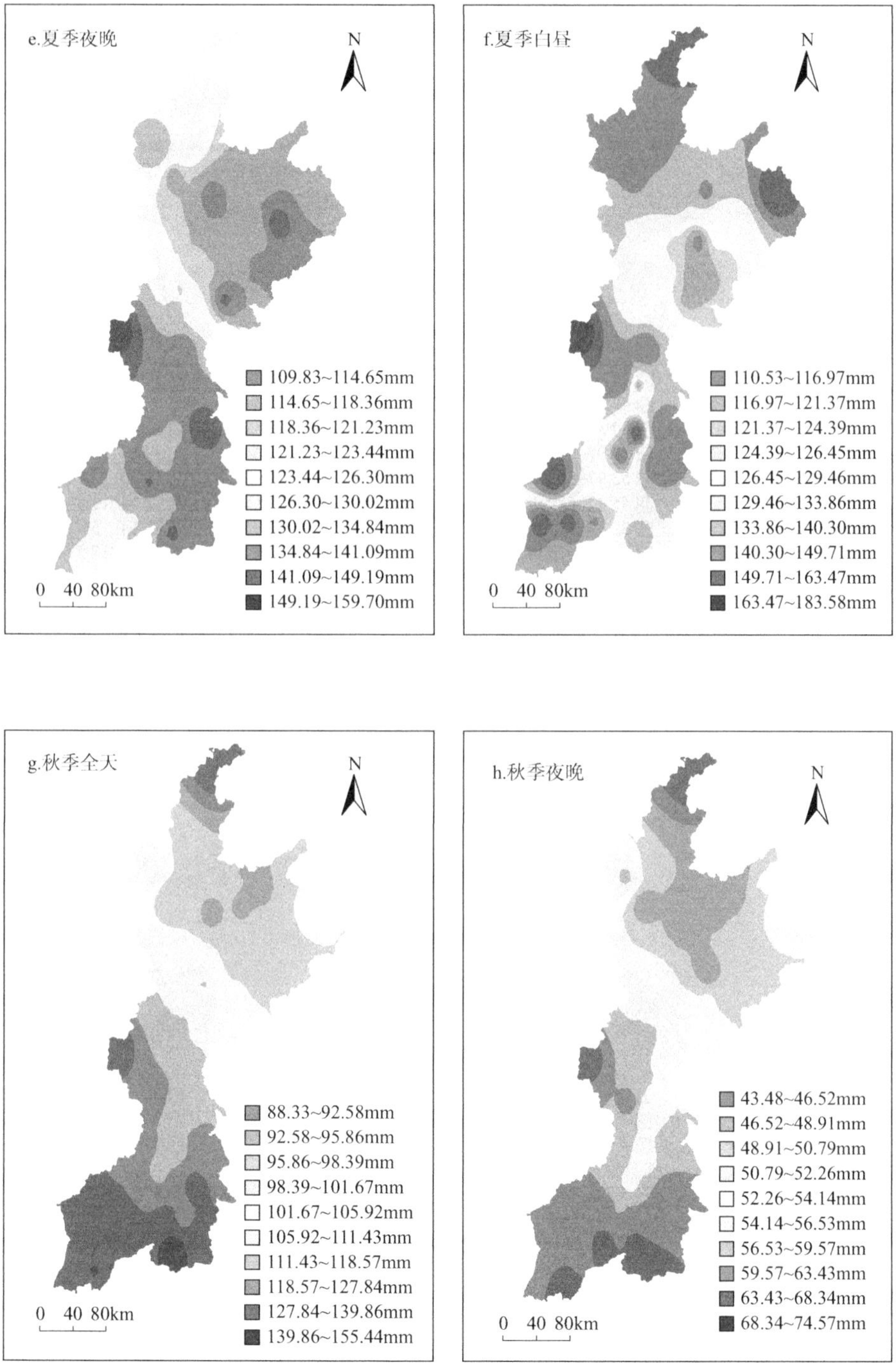

图 5-23　汾河流域季节全天、夜晚和白昼降水量空间分布（续图）

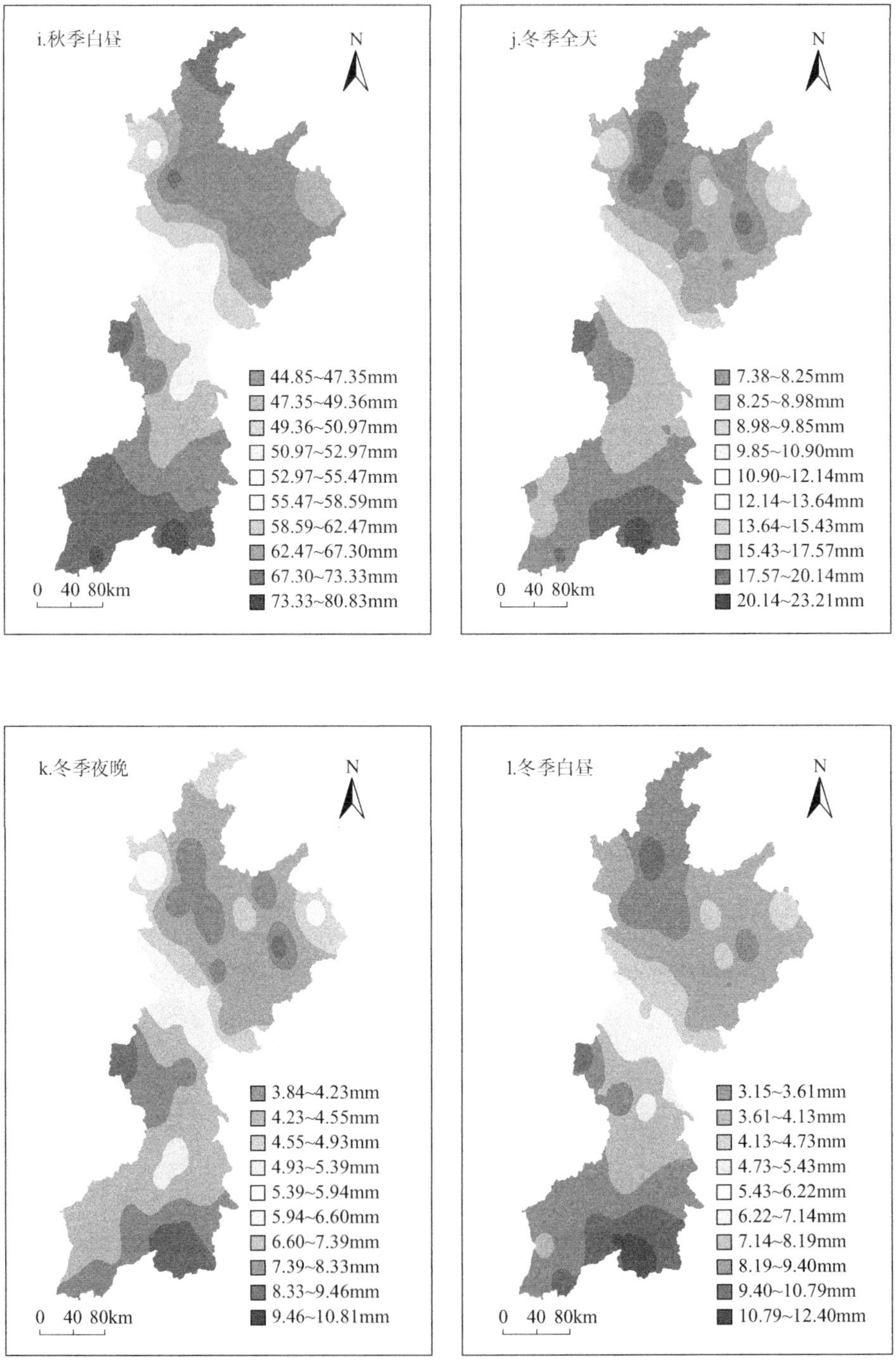

图 5-23 汾河流域季节全天、夜晚和白昼降水量空间分布（续图）

第六章 汾河流域国土空间保护开发利用驱动力

一、“三生”空间不同地类驱动力分析

（一）农业生产用地驱动力

汾河流域的农业生产用地受到长期自然因素和短期社会经济因素共同作用正在发生着深刻变化。社会经济因素对农业生产用地的影响尤为显著，包括城乡建设用地挤占、农业结构调整、乡村人口变化、农村居民收入等因素。

1. 城乡建设用地挤占

从汾河流域农业生产用地变化转出结构占比（图 6-1）可知，1980—2020 年农业生产用地转为生活用地的比例近 50%，其中转为农村生活用地的比重比转为城镇生活用地的比重多 7.35%。以 2000 年为界，1980—1990 年和 1990—2000 年农业生产用地转为生活用地的比例分别达 64.58% 和 68.41%，而 2000—2010 年和 2010—2020 年农业生产用地转为生活用地的比例分别下降到 51.88% 和 29.65%。其中不同时段转为城镇生活用地和农村生活用地的比重差异较大，以 2000 年为界，1980—1990 年和 1990—2000 年农业生产用地转为城镇生活用地比重分别比转为农村生活用地比重多 27.99% 和 23.21%，2000—2010 年和 2010—2020 年农业生产用地转为城镇生活用地比重分别比转为农村生活用地比重少 16.91% 和 11.53%。农业生产用地转为生态用地比重为 35.66%，其中转为草地生态用地比重达

24.28%。同时农业生产用地转为不同生态用地的比重也不尽相同，2000年之前，以转为水域生态用地为主，2000年之后，以转为草地生态用地为主。经济快速发展、城市化和工业化进程不断加快导致建设用地扩张，在城镇和工业地带边缘区的农业生产用地被挤占，这些区域往往又是水热条件和交通条件等较好益农用地。农业生产用地的“非农化”现象较为突出，这种现象主要集中在流域内经济发达、交通便捷和区位优势明显的区域。

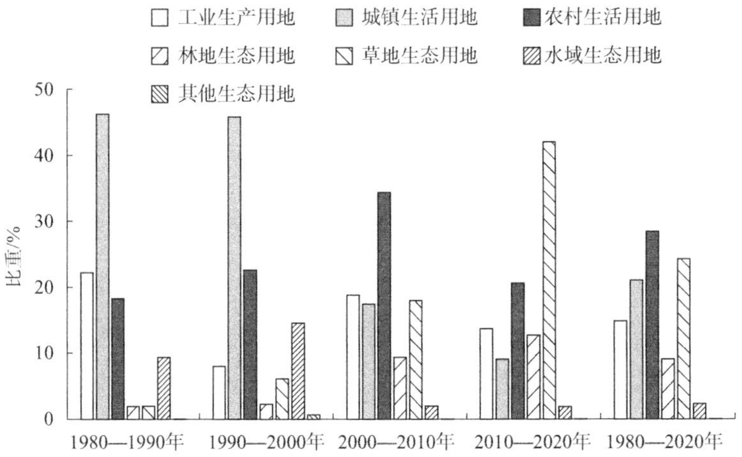

图 6-1　汾河流域农业生产用地变化转出结构占比

汾河流域和全国其他省区一样，均存在农业生产用地增加与生活用地、城镇生活用地、农村生活用地减少并存的现象，尤其在2000—2010年之间，农业生产用地的面积快速下降，而生活用地、城镇生活用地、农村生活用地的面积稳步上升（图6–2）。

随着经济发展水平的提高、产业结构的调整和居民收入的增加，居民的购买力结构发生变化，同时城乡人口流动和经济社会发展要素的不断交替与重组，城镇化进程不断加快，导致城镇建设用地刚性需求增加。随着非农产业的规模不断扩大，固定资产投资增加，产业结构不断优化升级，国家级、省级、市级等产业园区的新建对城镇建设用地的需求不断扩张。对城镇建设用地需求的影响因素主要是工业化和城镇化，用人均第二、三产业值表征工业化水平，固定资产投资促使农业生产用地转化为城镇建设用地。由图 6-3 可知，汾河流域 1980—2020 年人均第二、三产业产值呈现逐步上升趋势，2000 年之前变化较为和缓，1980—2000 年，人均第二、三产业产值仅分别上升了 0.27 万元 / 人和 0.21 万元 / 人，而 2000—2020 年上升剧烈，二者分别上升了 1.87 万元 / 人和 2.62 万元 / 人，说明汾河流域 1980—2020 年工业化水平逐步提高，1980—2000 年上升幅度较小，2000—2020 年上升迅速，在 2010—2020 年的中后期人均第三产业超过了人均第二产业。

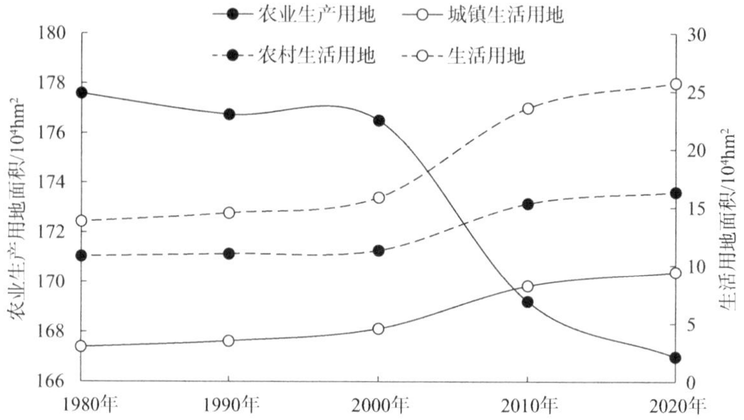

图 6-2　汾河流域农业生产用地与生活用地、城镇 / 农村生活用地面积变化趋势

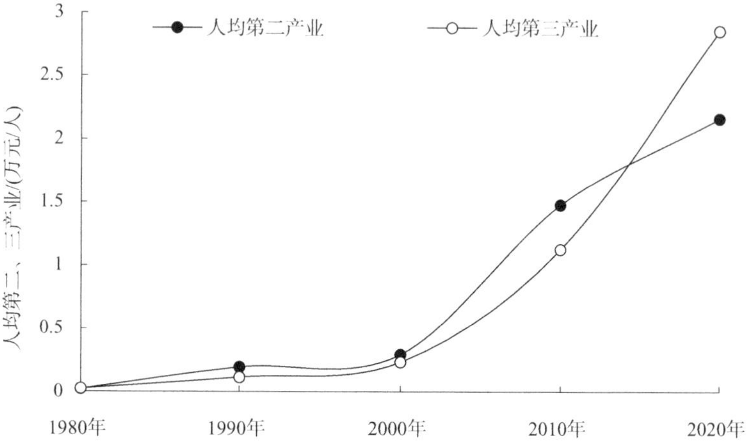

图 6-3　汾河流域人均第二、三产业产值

在一些县域此现象尤为明显，1980—2020 年农业生产用地转为城镇生活用地的面积排在前 5 位的县域分别是小店区、孝义市、榆次区、万柏林区和汾阳市（图 6–4），分别为 5264.35hm^2、4992.14hm^2、4881.98hm^2、3686.92hm^2 和 3262.66hm^2。这五个县域的第二产业和第三产业产值均位于前 15 位，其中小店区、万柏林区、孝义市、汾阳市和榆次区的第二产业产值分别居于第 1、3、4、12 和 13 位，小店区、万柏林区、榆次区、孝义市、汾阳市的第三产业产值分别居于第 3、5、6、7 和 12 位。孝义市、小店区、万柏林区的人均第二产业产值分别居于第 6、8、15 位，小店区、万柏林区、孝义市、榆次区和汾阳市的人均第三产业产值分别居于第 3、7、8、10、16 位，说明第二、三产业值和人均第二、三产业对农业生产用地转为城镇生活用地影响较大。农业生产用地转为农村生活用地的面积排在前 5 位的县域分别是汾阳市、文水县、洪洞县、河津市和榆次区（图 6–5），分别为 4078.36hm^2、4020.54hm^2、3782.69hm^2、3466.62hm^2 和 2951.06hm^2。城市建设在开发过程中由于规划不合理、开发中途资金链断裂、多种自然不可抗拒因素、政府政策等因素影响，导致耕地被闲置现象存在。

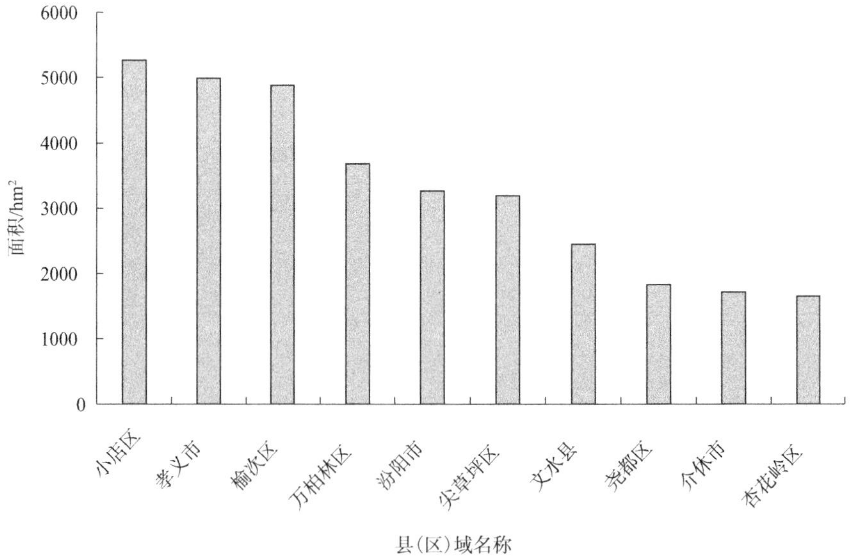

图 6–4　汾河流域农业生产用地转为城镇生活用地的面积前 10 位排序

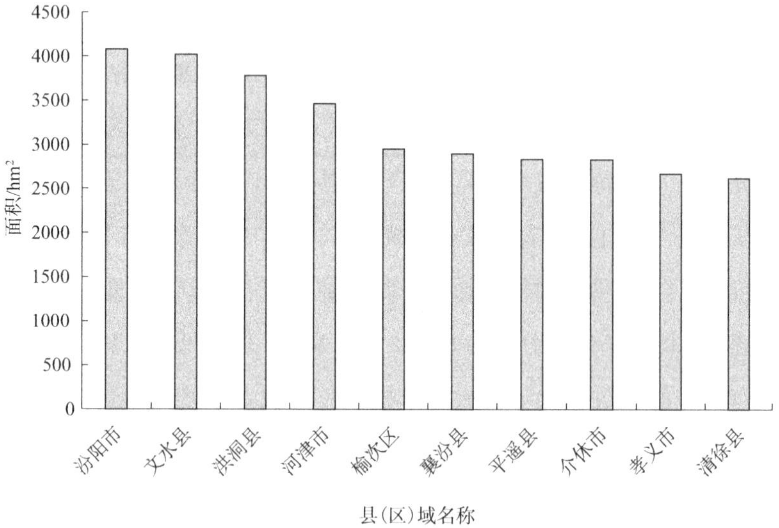

图 6-5　汾河流域农业生产用地转为农村生活用地的面积前 10 位排序

2. 农业结构调整

农业结构合理调整是促进农业现代化发展的重要途径之一，一方面农民为了增加收入，由粮食播种向经济作物种植转变；另一方面受消费者多元化需求的影响，比如由传统的谷物、薯类和豆类等粮食种类向低脂肪、低糖分、高蛋白等食物转变，食物种类和数量在发生改变。人民对美好生活和生活质量追求不断提升，对水果以及蔬菜的需求量也不断增大，在离城市较近或者交通较为便利的地方，更多的农业生产用地被用于种植蔬菜、水果等[242]。农业生产用地的“非粮化”现象明显。传统的粮食作物被经济作物取代，在城市近郊或交通较为便利等地区粮食作物播种面积占农作物总播种面积的比重呈下降趋势，2000—2020 年晋源区、小店区、古县、杏花岭区、灵石县、乡宁县、迎泽区和交口县此比重分别降低了 20.03%、16.78%、-7.93%、7.46%、4.50%、4.42%、3.64%、1.09%，呈降低趋势的县域数量占全部县域数量的 19.51%，80.49% 的县域为增加趋势。这与龙花楼对全国的粮食作物播种面积占农作物总播种面积的比重的研究结果基本相似，他认为山西和东北三省、内蒙古、北京、天津、江苏、安徽和江西的粮食作物播种面积占农作物总播种面积的比重为增加趋势[243]。

由表 6-1 和图 6-6 可知，2000—2010 年粮食作物播种面积占农作物总播种面积的比重＞ 5% 的县域数量为 22 个，而到 2010—2020 年为 11 个，比重＜ 0 的由之前的 7 个县域（小店区、杏花岭区、交口县、晋源区、静乐县、阳曲县和汾西县）增加为 16 个（晋源区、古县、小店区、灵石县、乡宁县、迎泽区、万荣县、稷山县、太谷区、交城县、绛县、河津市、介休市、浮山县、孝义市和翼城县），两个时段的粮食作物播种面积占农作物总播种面积的比重变化均值虽然均为正值，分别为 6.41% 和 1.24%，但降低了 5.17%。在市场经济和政府调控的双重影响下，农业结构调整对农业生产用地影响较为明显，但同时应该防止因农业结构调整盲目占用农业生产用地的现象。

表 6-1　汾河流域粮食播种面积占农作物总播种面积的比重县域数量统计

年份	比重范围 /%						
	＜ 0	0~5	5~10	10~15	15~20	20~25	＞ 25
2000—2010	7	12	12	3	4	3	
2010—2020	16	14	8	2	1		
2000—2020	8	4	13	7	4	4	1

3. 乡村人口变化

由（图 6-7~ 图 6-9）可知，2000—2020 年，汾河流域乡村人口呈现急剧下降的趋势，乡村人口下降了 356.42 万人，降低幅度为 41.24%，农业生产用地也呈现下降态势，降低了 $9.51 \times 10^4 hm^2$，降低幅度为 5.39%，二者存在正相关关系。其中 2010—2020 年乡村人口下降幅度比 2000—2010 年乡村人口下降幅度提高了 4.70%，而 2010—2020 年农村生产用地下降幅度比 2000—2010 年农村生产用地下降幅度降低了 2.82%。随着城市化进程不断推进，农村劳动力为了提高收入、让子女获得更好的教育条件、体验更好的居住环境等而向城市转移。耕地流转的可能性增加，导致新的种植者更倾向于林果业、蔬菜大棚等非传统的经济作物种植，耕地“非农化”“非粮化”等现象出现[244]。20 年间，中游的榆次区、清徐县、孝义市和汾阳市等县（市）人口下降明显，而榆次区和清徐县等县域的农业生产用地面积

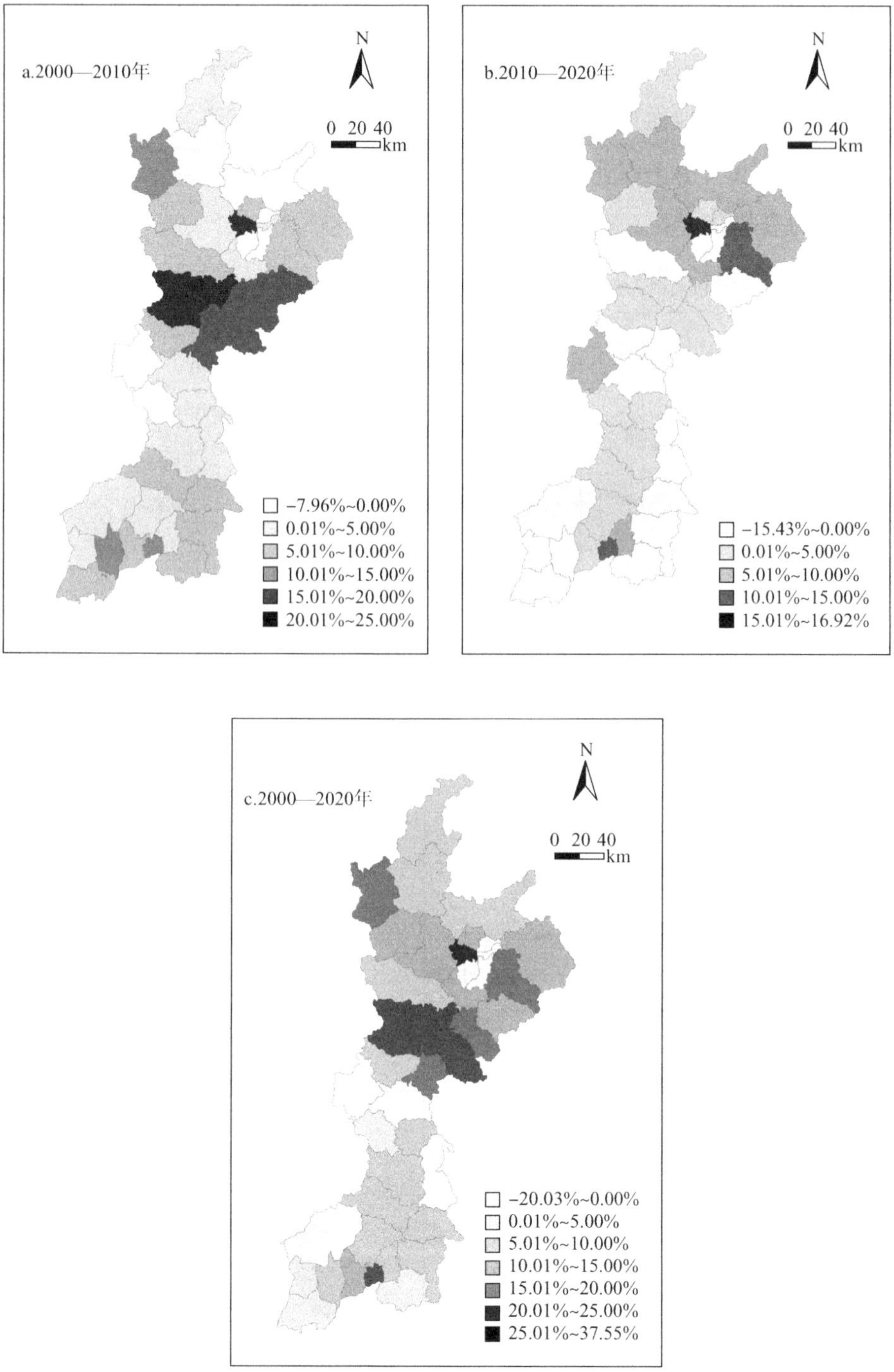

图 6–6　汾河流域粮食播种面积占农作物总播种面积比重空间变化

下降显著。万荣县、冀城县、河津市、稷山县和新绛县等县（市）人口下降明显，侯马市、灵石县和介休市等县（市）耕地面积呈下降趋势，而尧都区农业生产用地面积呈缓慢增加趋势。交口县、孝义市、宁武县、岚县和静乐县等县（市）农业生产用地面积无显著变化，娄烦县、古交市、古县和交口县等县（市）乡村人口数量无显著变化。

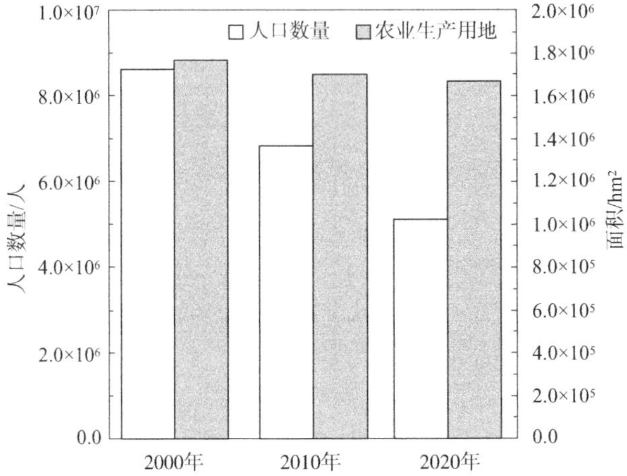

图 6-7　2000—2020 年汾河流域乡村人口数量与农业生产用地面积变化趋势

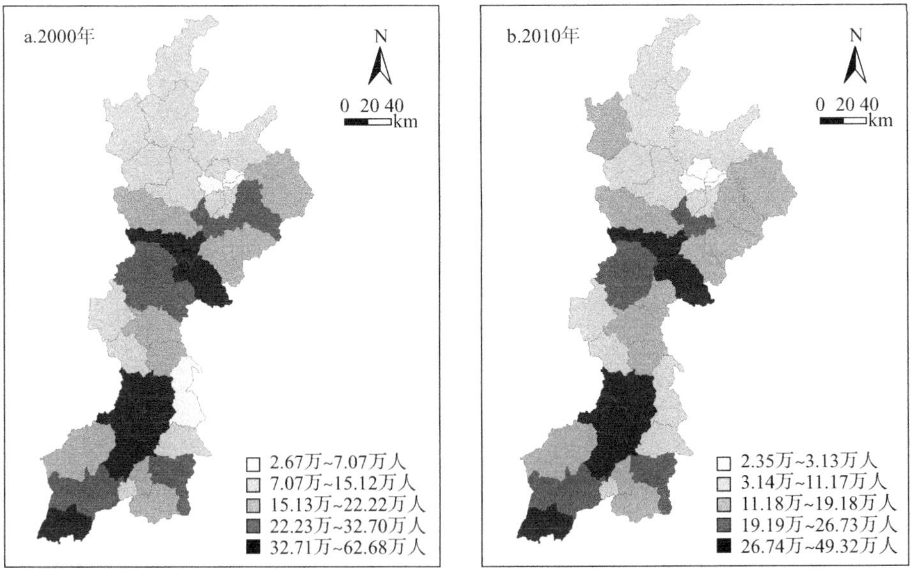

图 6-8　2000—2020 年汾河流域乡村人口数量空间变化图

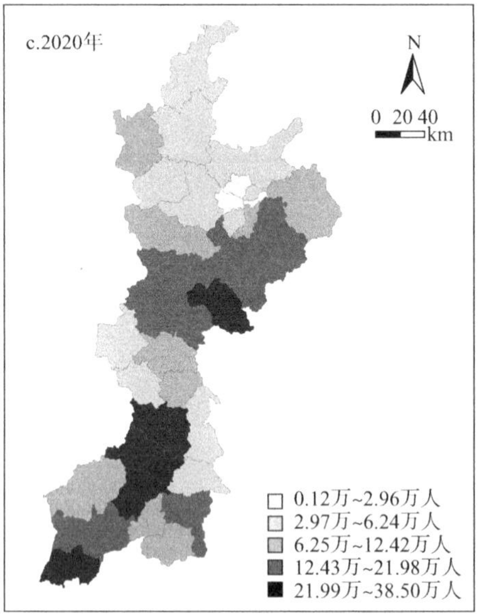

图 6-8　2000—2020 年汾河流域乡村人口数量空间变化图（续图）

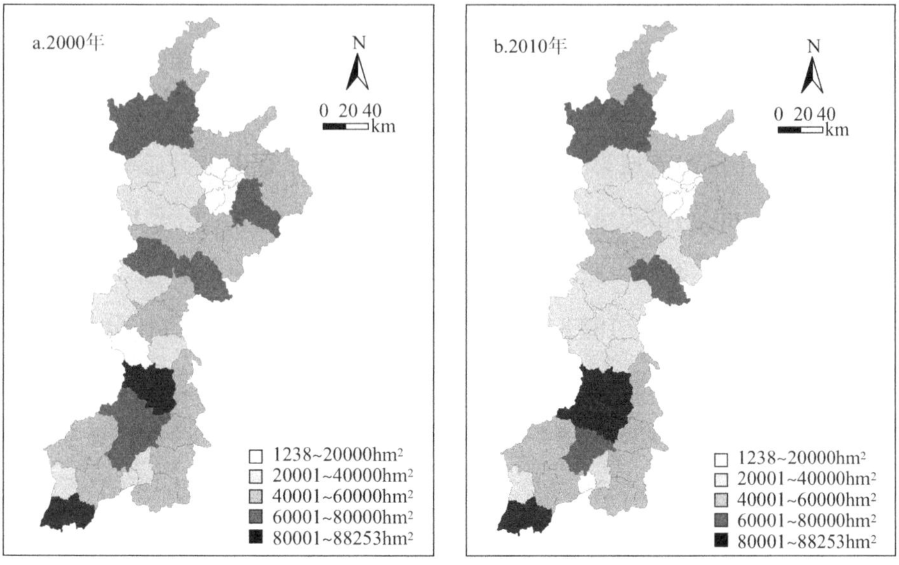

图 6-9　2000—2020 年汾河流域农业生产用地面积空间变化

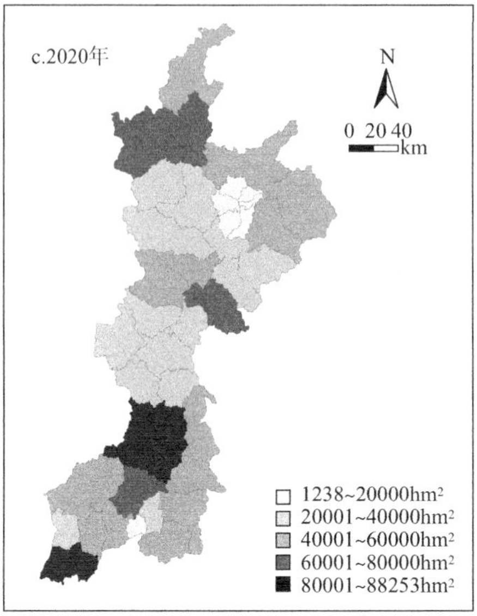

图 6-9　2000—2020 年汾河流域农业生产用地面积空间变化（续图）

（二）工业生产用地驱动力

1. 经济发展水平

由（图 6-10~ 图 6-12）可知，1980—2020 年汾河流域地区生产总值由 1980 年的 106.41×10^4 万元增加为 2020 年 7962.27×10^4 万元，增加了 7855.85×10^4 万元，增加了 73.82 倍，人均地区生产总值由 1980 年的 0.12 万元增加到了 2020 年 5.23 万元，增加了 5.11 万元，增加了 44.34 倍。1980—2020 年汾河流域第一、二、三产业产值均呈逐渐上升态势，分别由 1980 年的 61.30×10^4 万元、21.52×10^4 万元、23.60×10^4 万元上升至 2020 年的 340.16×10^4 万元、3284.25×10^4 万元、4337.86×10^4 万元，分别增加了 4.55 倍、151.64 倍、182.84 倍。但是通过三次产业结构占比分析发现，1980 年、1990 年、2000 年、2010 年和 2020 年第一产业比重在持续下降，分别为 57.61%、15.67%、9.54%、5.38% 和 4.27%，而第三产业比重在持续上升，分别为 22.17%、31.31%、40.09%、40.92% 和 54.48%，第二产业为波动上升趋势。汾河流域第一产业逐渐让位于第二、三产业，第二、三产业占比分别增加了 1.04 倍和 1.46 倍，导致流域内旱地呈缩减态势，工矿建设用地和城镇建设用地为扩张趋势。

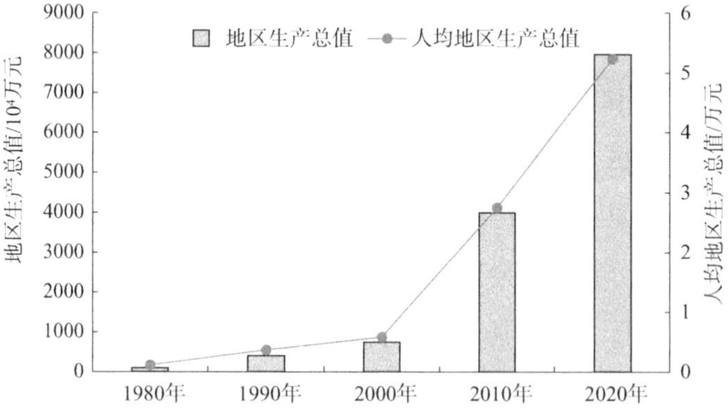

图 6-10 汾河流域地区生产总值和人均地区生产总值

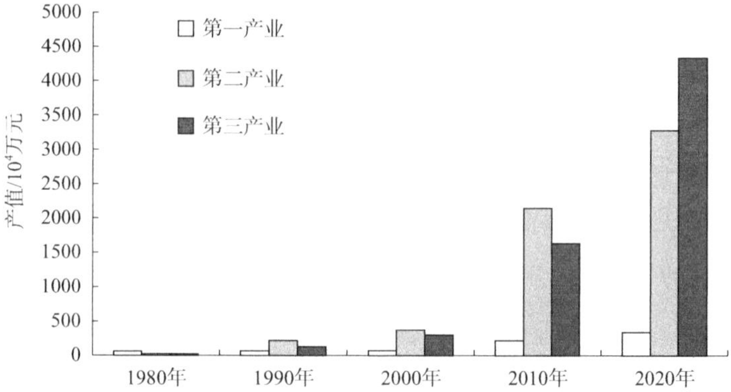

图 6-11 汾河流域第一、二、三产业产值

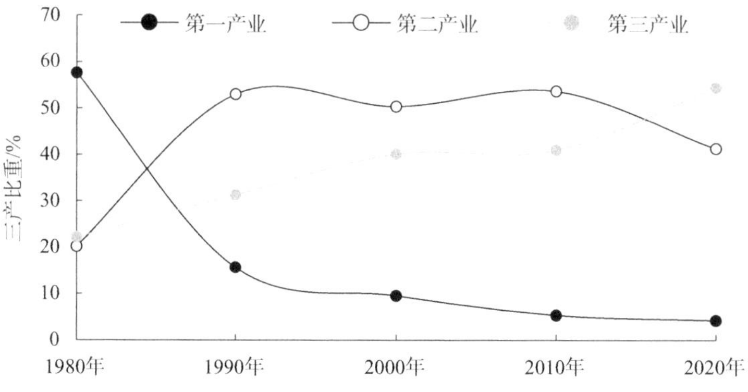

图 6-12 汾河流域第一、二、三产业产值占比变化

2. 产业结构

由汾河流域地区生产总值和产业结构空间分布图（图 6-13）可知，小店区的 GDP ＞ 1000 亿元，为 1063.68 亿元，迎泽区和杏花岭区的 GDP 分别为 902.19 亿元和 749.69 亿元；GDP 在 300 亿 ~500 亿元的县域分别是万柏林区、尖草坪区、尧都区、孝义市和榆次区；GDP ＜ 50 亿元的县域分别为岚县、交口县、浮山县、静乐县、娄烦县和汾西县。第一产业产值＞ 20 亿元的县域分别为万荣县、太谷区和新绛县，第一产业产值在 15 亿 ~20 亿元的县域为祁县、曲沃县、襄汾县和榆次区，而杏花岭区、迎泽区和万柏林区的第一产业产值仅分别为 6451 亿元、3383 亿元和 3202 亿元，位列后三位。第二产业产值最大的县域为小店区，近 500 亿元，尖草坪区和万柏林区的第二产业产值分别为 248.95 亿元和 241.21 亿元，孝义市、灵石县、河津市、介休市和杏花岭区第二产业产值位列第 4 到 8 位。由县域工业生产用地面积变化（图 6-14）可知，孝义市的工业生产用地面积位居第 1 位，达 5832.87hm^2，而孝义市的第二产业产值近 200 亿元，灵石县的工业生产用地面积位居第 4 位，达 4948.65hm^2，其第二产业产值为 161.12 亿元，汾西县的第二产业产值最低，仅为 4.89 亿元，其工业生产用地面积仅为 292.14hm^2。第三产业产值最大的县域为迎泽区，为 791.98 亿元，杏花岭区和小店区位列第 2、3 位，均大于 500 亿元，尧都区、万柏林区、榆次区、孝义市和尖草坪区的第二产业产值的范围为 100 亿 ~300 亿元，静乐县、阳曲县、汾西县、岚县、浮山县、古县、交口县和娄烦县的第二产业产值均低于 20 亿元。

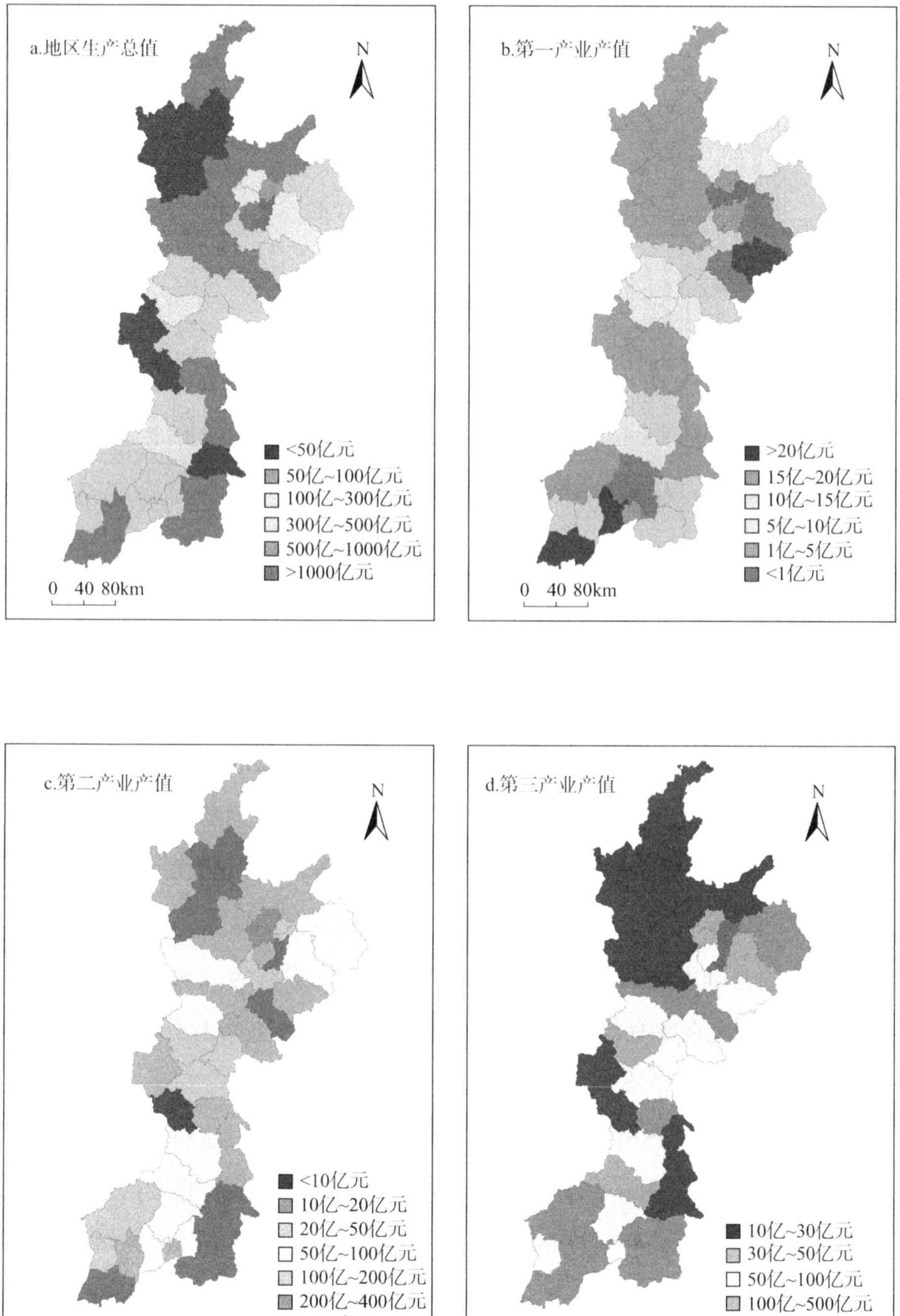

图 6-13 2020 年汾河流域地区生产总值和产业结构空间分布

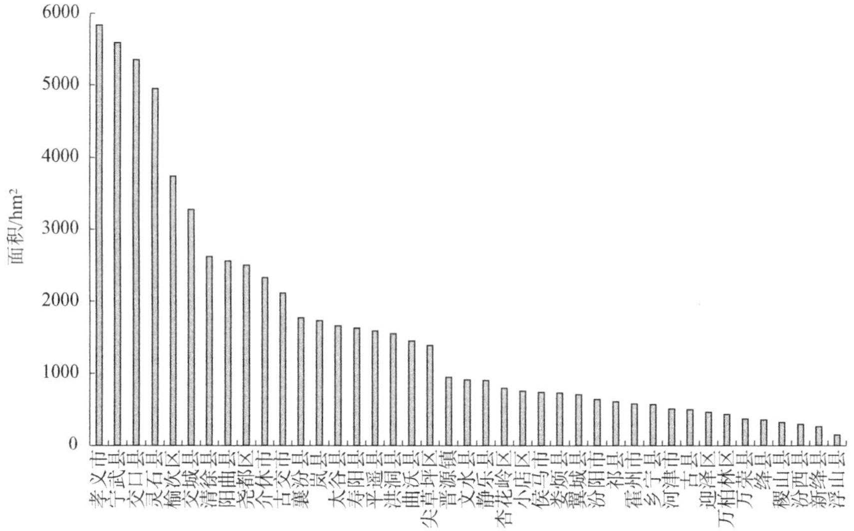

图 6–14　不同县域工业生产用地面积统计

（三）城镇生活用地驱动力

1. 城镇化率

1980—2020 年，汾河流域城镇化率（图 6–15）表现出持续增加的趋势，城镇化率由 1980 年的 22.47% 增加为 2020 年的 66.62%，增长了 44.15%。通过对不同年份城镇化率与城镇生活用地面积变化趋势对比分析发现，流域内城镇生活用地和城镇化率的变化趋势一致，均为持续上升态势，即城镇化率的提升对城镇生活用地的扩张影响强烈，伴随城镇化率的提高是城镇道路等基础设施的修建、房地产市场的开发等行为活动的加强，促使了城镇生活用地在原有建设用地边缘处或在新的地域空间上不断扩张。

为了更详细和精准地反映社会经济因素对汾河流域"三生"空间分布的影响，利用 ArcGIS10.2 软件对不同县域的城镇生活用地和城镇化率进行制图。由图 6–16、图 6–17 可知，城镇生活用地集中在太原城区和晋中市榆次区，其中太原市小店区的城镇生活用地面积最大，达 8679.07hm²，榆次区和万柏林区位列第 2、3 位，分别为 8122.81hm² 和 7888.99hm²，排在前 7 位的县域城镇生活用地面积总和占全部城镇生活用地面积的 51.26%，＜ 1000hm² 的县域为 15 个，仅占全部城镇生活用地面积的 7.18%，交口县

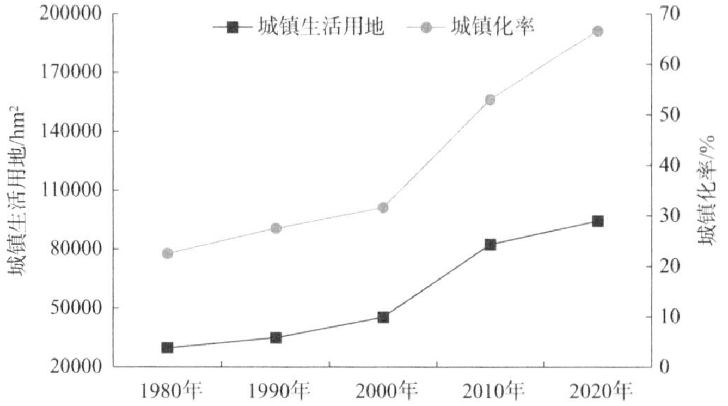

图 6-15 不同年份城镇化率与城镇生活用地的变化趋势对比

的城镇生活用地最少，仅为 10.44hm^2，占全部城镇生活用地的 0.01%。由汾河流域城镇化率空间分布可知，太原市除晋源区外，其余 5 个区的城镇化率均＞ 90%，排在前 10 位的县域城镇化率均＞ 70%，城镇化率 30%~50% 的县域数量为 19 个，万荣县最低，仅为 31.38%。城镇生活用地面积排在前 10 位的县域数量有 9 个与城镇化率排在前 10 位的县域是一致的，其中城镇生活用地面积最多的小店区城镇化率达 93.52%，城镇化率最低的两个县域，襄汾县和万荣县城镇生活用地面积均低于 500hm^2。可见，从空间上来看，城镇化率对城镇生活用地影响极大。

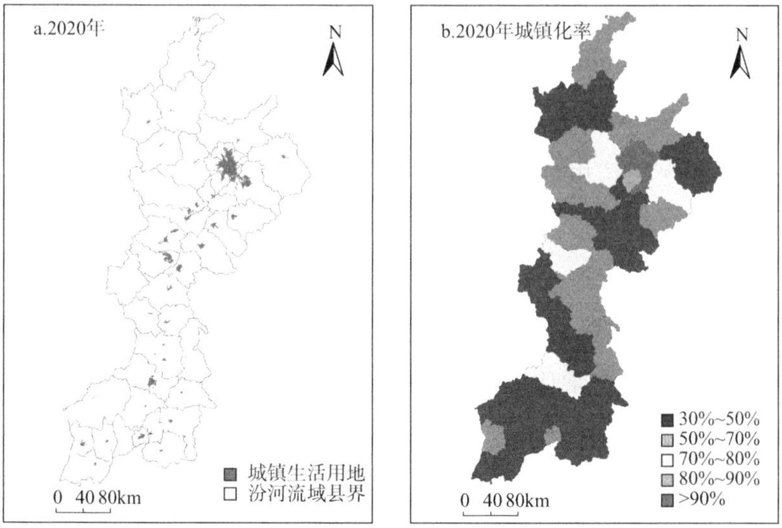

图 6-16 2020 年不同县域城镇生活用地和城镇化率空间分布

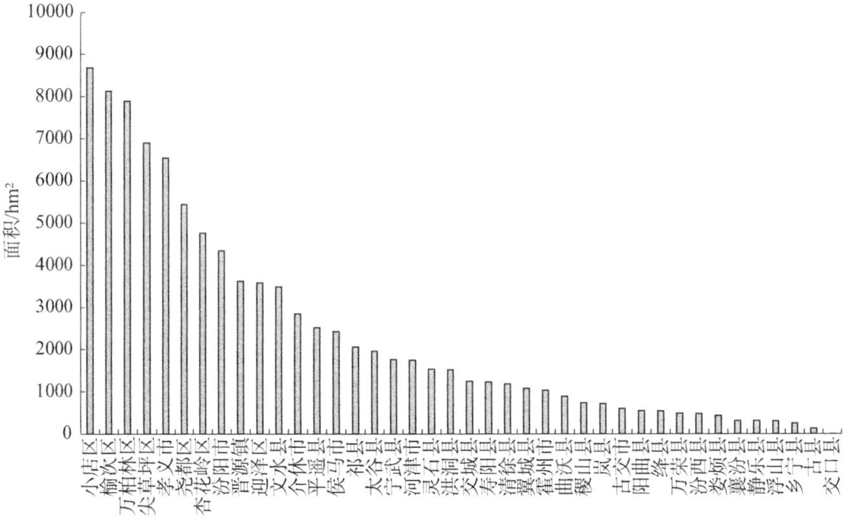

图 6-17　不同县域城镇生活用地面积统计

2. 人口数量和人口密度

1980—2020 年，汾河流域常住人口、城镇人口和城镇生活用地均表现出持续增加的趋势（图 6-18），常住人口由 1980 年的 921.68 万人增加为 2020 年的 1521.17 万人，增长了 599.49 万人，增长了 0.65 倍，年均增长 14.99 万人；城镇人口增长了 806.30 万人，增长了 3.89 倍，年均增长 20.16 万人，可见城镇人口增长速度远高于常住人口。城镇生活用地由 1980 年的 29828.28hm^2 增加为 2020 年的 94315.42hm^2，增加了 2.16 倍，年均增长 1612.18hm^2。说明人口规模扩大尤其城镇人口增加驱动城镇生活用地面积扩张显著。由汾河流域常住人口空间分布（图 6-19）可知，常住人口＞ 100 万人的为小店区，同样小店区的城镇生活用地面积居流域内县域城镇生活用地首位，为 8679.07hm^2。＞ 50 万人的县域数量为 8 个，其中包括太原市 6 个区、晋中市榆次区和洪洞县，城镇生活用地排在第 2~8 位的县域有 4 个，与常住人口在 50 万 ~100 万人的县域相同。5 万 ~10 万人口的县域为浮山县、交口县、娄烦县和古县，古县最少，仅为 7.96 万人。城镇生活用地排在后 4 位的县域分别为浮山县、乡宁县、古县和交口县。

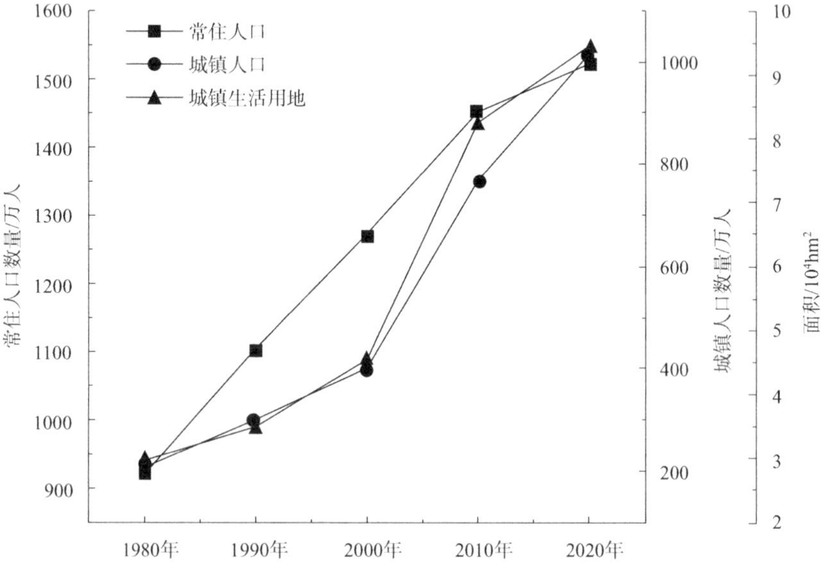

图 6-18　汾河流域常住人口、城镇人口与城镇生活用地变化趋势

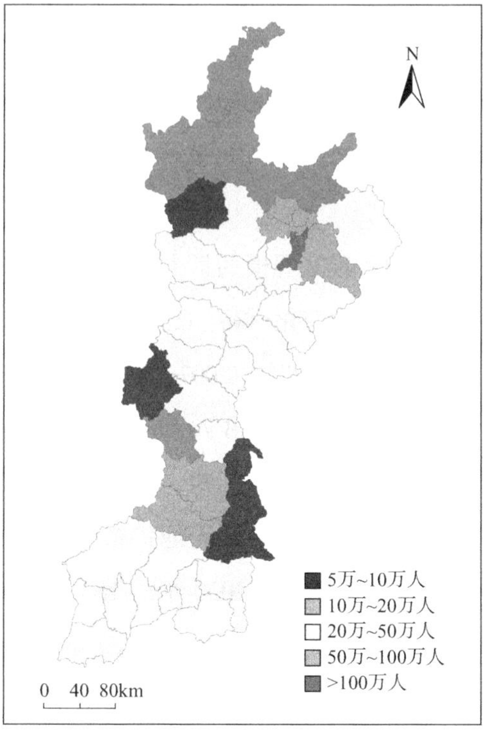

图 6-19　2020 年不同县域常住人口数量空间分布

3. 产业结构

第二产业比重由 2010 年的 53.70% 回落到 2020 年的 41.25%，相反，第三产业比重由 2010 年的 40.92% 上升到 2020 年的 54.48%，在第三产业变为主导产业的驱动下，城镇用地质量逐渐由“量”的扩张变为“质”的提升（图 6-20）。

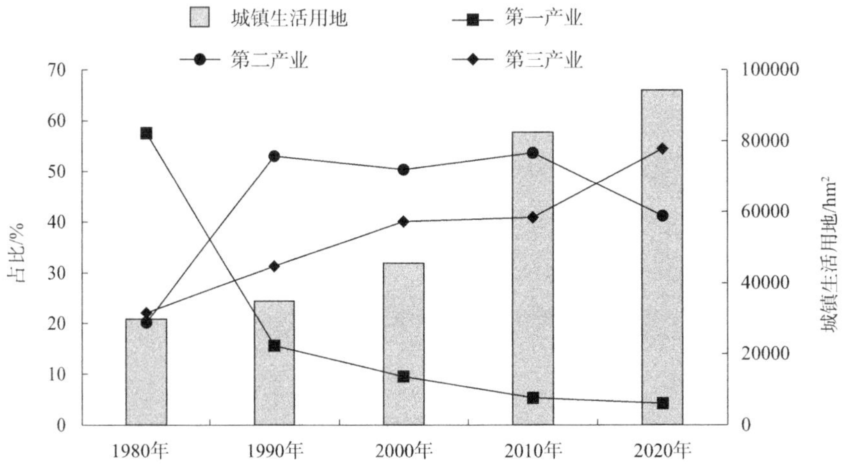

图 6-20　汾河流域城镇生活用地和第一、二、三产业产值占比

（四）农村生活用地驱动力

1. 农村家庭户规模

家庭生命周期演变带来家庭规模的扩大或减小，家庭住宅需求随之变化，进而影响农村生活用地的变化[245]。农村居民生活方式和观念的改变，由“大家族”向“小家庭”模式转变，2007—2020 年山西省乡村平均家庭户规模呈下降趋势，由 3.59 人 / 户降为 3 人 / 户，平均每年下降 0.03 人 / 户。尤其在年轻人结婚后从大家庭中独立出来，自立门户，势必会产生住房的需求，所以农村户数的增加是农村生活用地扩张的原因之一。农村生活用地由 1980 年的 108153.00hm^2 增加到 2020 年的 163168.88hm^2，增长幅度为 50.87%，尤其 2000—2010 年增加了 40284.64hm^2，增长幅度达 35.61%，而 2010—2020 年的增幅快速降低，增长幅度仅为 6.36%，增长了 9752.7hm^2（图 6-21）。

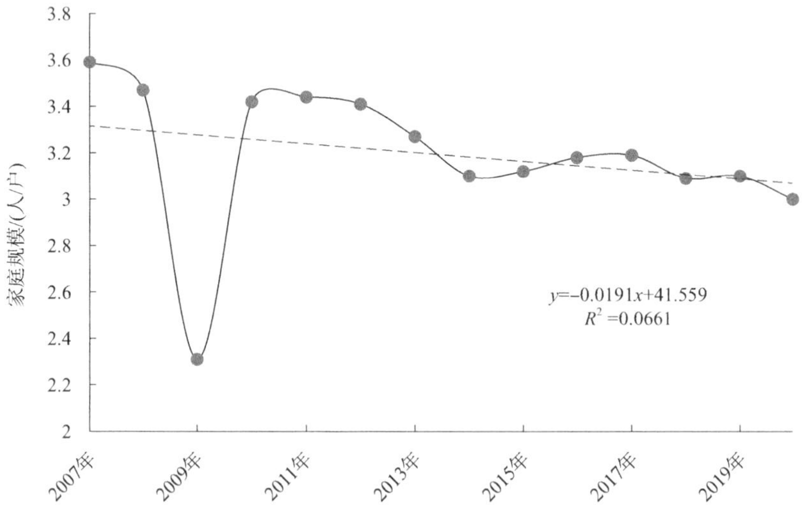

图 6-21　山西省乡村平均家庭户规模变化趋势

2. 乡村人口数量

由图 6-22 可知，2000—2020 年汾河流域乡村人口呈现急剧下降的趋势，乡村人口下降了 356.42 万人，降低幅度为 41.24%，而农村生活用地呈现上升态势，增加了 $5.00 \times 10^4 hm^2$，增加幅度为 44.23%，二者存在负相关关系，此结论与徐晓凡、辛良杰的研究结论相似[246]。其中 2010—2020 年乡村人口下降幅度比 2000—2010 年乡村人口下降幅度提高了 4.70%，而 2010—2020 年农村生活用地增长幅度比 2000—2010 年农村生活用地增长幅度降低了 29.25%。由图 6-23 可知，2000—2020 年除太原市小店区和杏花岭区外，其余各个县域乡村人口均呈持续下降态势，与全流域乡村人口变化趋势一致，农村生活用地呈现不断上升态势的县域数量占全部县域数量的比重达 58.54%，非持续上升趋势的县域数量占比为 41.46%，故大部分县域与全流域农村生活用地变化态势一致。乡村人口与农村生活用地面积变化呈现不协同的特征，给农村土地资源配置带来了极大压力[246]。这种不协调主要是由于乡村户籍人口和乡村常住人口的差异，更多是乡村户籍人口与农村生活用地更为协调。在今天我国高速的城镇化进程中，由于城市的吸引力导致乡村人口大量流入城市，但并没有真正融入城市生活中，在农村还拥有宅基地和住宅，出现了“离村不离户”和“入城不享城”的现象，故“半城镇化”现象导致乡村常住人口在统计时出现小于乡村户籍人口，现行的户籍制度以及与户籍挂钩的土地政策是乡村常住人口与农村生活用地变化失调的重要因素。

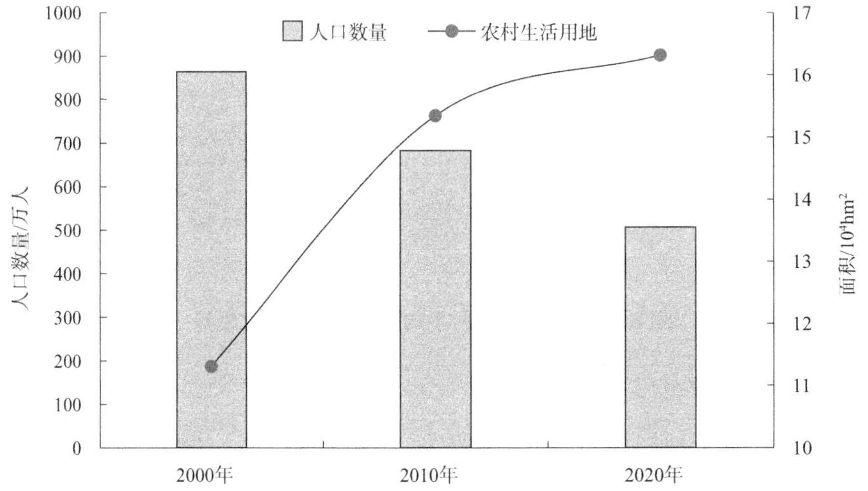

图 6-22　汾河流域乡村人口数量和农村生活用地的关系

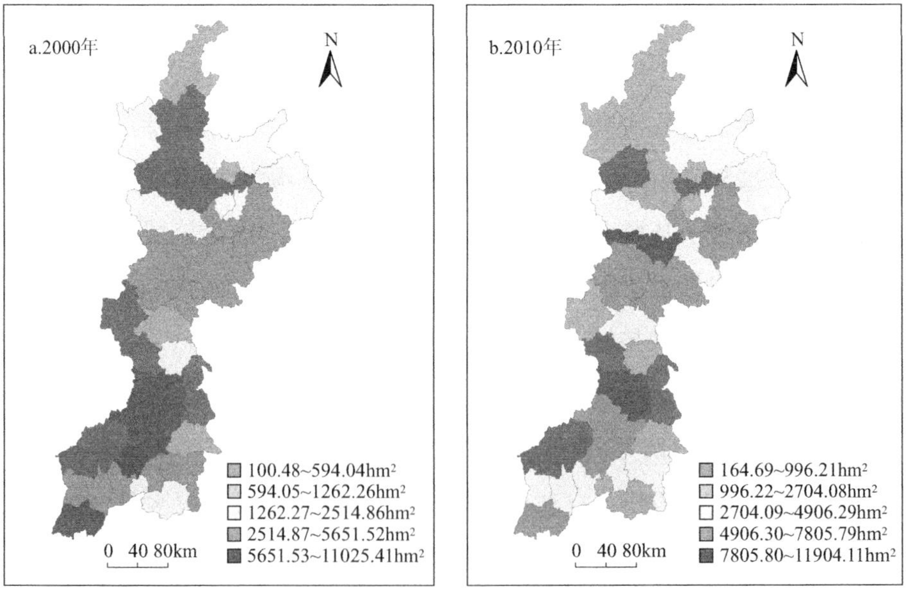

图 6-23　汾河流域不同县域农村生活用地空间变化

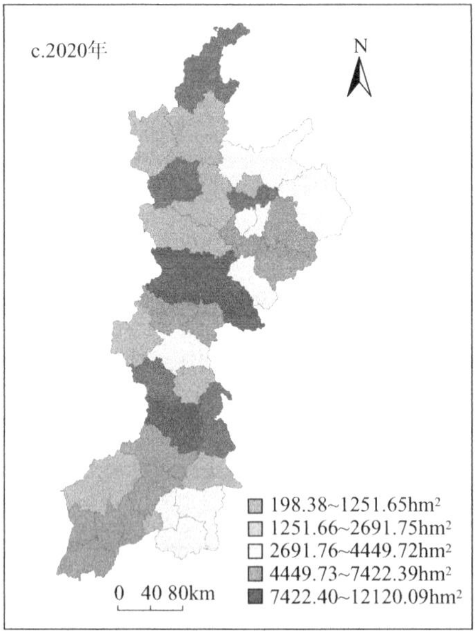

图 6–23　汾河流域不同县域农村生活用地空间变化（续图）

3. 乡村缺乏规划

乡村规划以农村居民点撤并整理为手段，统筹农村居民点数量、规模、范围和具体用地布局[247]。由于乡村规划编制滞后，编制体系不完善，导致农村生活用地在利用过程中秩序混乱。“三分规划，七分管理”，即使有规划，但是在执行过程并没有完全按照规划去建设，比如，规划中有下水管道铺设，但是在实施过程中可能就会出现将下水管道铺设省掉等现象。流域内许多农村生活用地在利用建设时沿公路“一字长蛇阵”布局，或自由散落“天女散花阵”布局，导致农村生活用地无限制、无秩序扩张，出现了对交通用地的侵占和对农业生产用地的切割。农村生活用地开发利用中随意性较大，规划性不强，出现“只见新房，不见新村”的现象，农村建设中缺乏村镇统筹规划和控制性详细规划。

（五）林地生态用地驱动力

1. 地形地貌

通过第四章第二部分相关分析可知，流域内近一半的林地生态用地主要集中在海拔 1000~1500m 范围内，37.55% 的林地生态用地分布在海拔

1500~2000m 范围内，集中分布在吕梁山、中岳山等山区。林地生态用地分布占比以坡度 20° 为界线分别向高处和低处呈现下降趋势，近 60% 的林地生态用地分布在坡度 10° ~20° 之间。林地在阴坡分布较阳坡分布更集中。由汾河流域不同地貌林地生态用地空间分布图（图 6-24）可知，林地生态用地主要分布在山地地貌，占比为 86.95%，其中包括中起伏山地、小起伏山地和大起伏山地，占比分别为 41.87%、32.28% 和 12.80%，大起伏山地的林地生态用地主要集中在芦芽山和太岳山，中起伏山地的林地生态用地在吕梁山广布。良好的山地环境为林地生态用地提供了良好的生长环境，同时人类活动对其干扰也小。

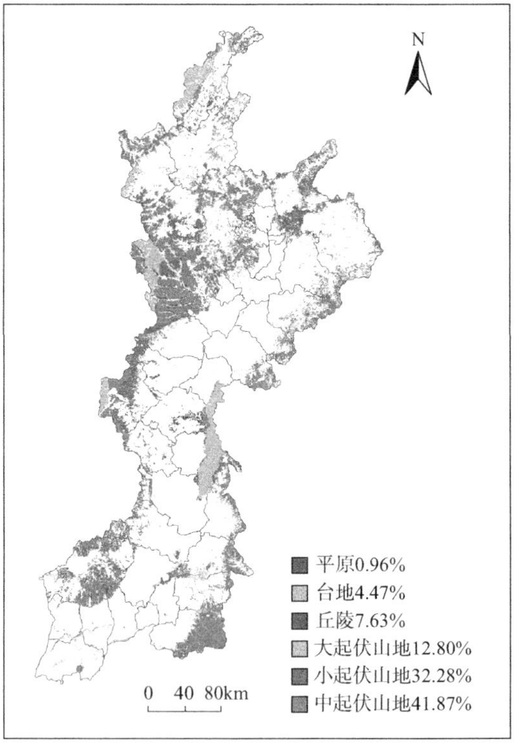

图 6-24　汾河流域不同地貌林地生态用地空间分布

（见彩插 198 页）

2. 气温和降水量

自然环境是森林生长的基础，良好的自然环境促进森林生态系统能量流动、养分循环和植物群落生长[248]。不同研究者因研究区、研究方法、数据来源等差异，导致气温和降水对归一化植被指数（NDVI）的影响也存在差异。降水对湿润地区植被的影响不明显[249]，而干旱地区[250]和山地[251]植被对降水的响应更为敏感。干旱抑制植被生长，导致植被生长力下降[252]。降水对山西黄河流域 NDVI 的影响强于气温，尤其在西北高原丘陵区，降水少，蒸发强，降水对植被变化的影响更为明显，此结果与整个黄河流域植被覆盖影响因素的研究结论相似[253]。普遍认为全球气候变暖有可能通过加速土壤有机质的分解环节进而促进植被净初级生产力的提高，影响植被覆盖状况[254]。水分通过输送营养物质、维持各种生理过程等环节为植物的生长提供保障。气温通过影响植物叶片净光合速率进而影响植物的生长过程。主要因为该区属于雨热同期的季风气候，气温适宜的情况下，降水对植被的生长具有促进作用。不同土地利用类型 NDVI 对气温和降水的响应也存在差异[255]。通过第五章 1980—2020 年汾河流域气温和降水量变化规律分析可知，年均气温以 0.39℃·(10a)$^{-1}$ 的速率增加，年均降水量以 0.96mm·a^{-1} 的速率增加，气温和降水均呈现增长趋势。由 1980—2020 年汾河流域林地生态用地与气温、降水量的关系（图 6-25）可知，林地生态用地和气温降水的变化趋势一致，也呈上升趋势。

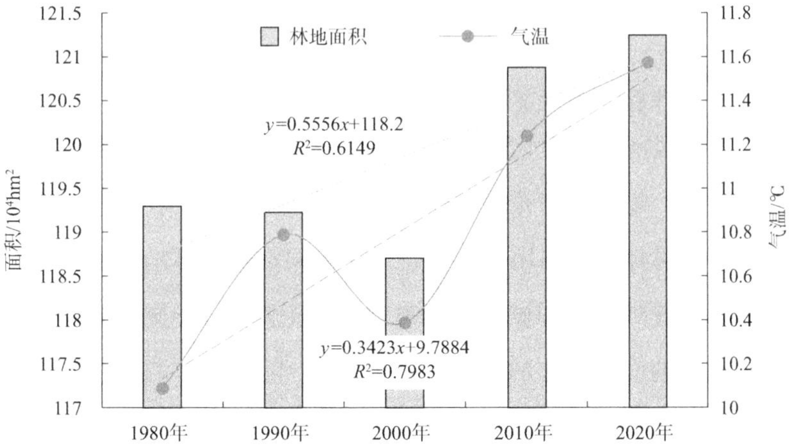

图 6-25　1980—2020 年汾河流域林地生态用地与气温、降水量的关系

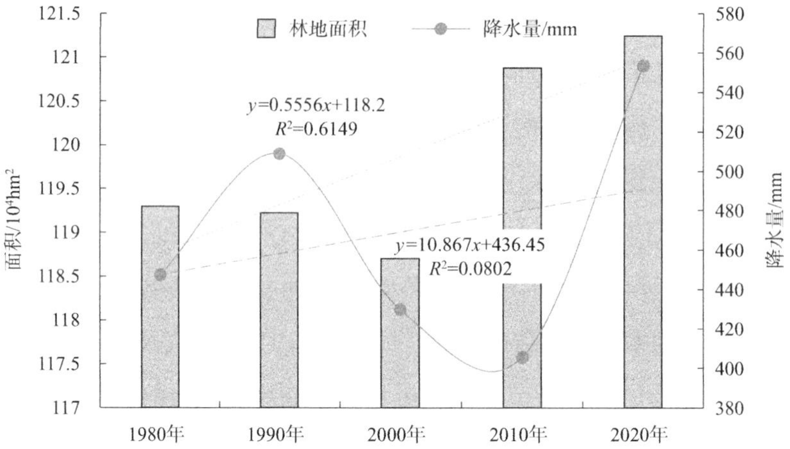

图 6-25　1980—2020 年汾河流域林地生态用地与气温、降水量的关系（续图）

3. 人口数量和经济发展水平

由图 6-26、图 6-27 可知，1980—2000 年常住人口数量和 GDP 与林地生态用地面积变化呈现负相关。随着人口数量的增加，林地呈现萎缩的态势；随着人口数量增加，对粮食需求量加大，人类通过砍伐森林扩大耕地面积来增加粮食产量，尤其在海拔较低，热量与水分条件较好的山地，人类直接或间接影响林地的变化。随着经济发展水平不断提高，促进建设用地规模不断扩大，包括城镇生活用地和农村生活用地以及工业生产用地，挤占一定林地生态用地。2000 年之后，国家开始实施退耕还林政策，林地面积逐渐增长。

4. 交通条件和工业生产活动

随着社会经济和城镇化的快速发展，大量扩张的建设用地不断侵占林地等生态用地，道路扩张抢占林地生态用地[256]。研究表明，到道路和城镇的距离，均对林地生态用地的变化产生负向影响，林地生态用地增加和减少的概率随着到道路和城镇的距离增加而下降[257]，交通发展水平是影响林地生态用地面积变化的主要驱动力[258]。随着煤矿的开发，围绕煤田开发相关的配套基础设施建设加快，林业用地面积受到影响[259]。2022 年，灵石县某煤化工公司在未办理使用林地手续的情况下，擅自在灵石县某村集体林地内进行工业项目建设，没有考虑工业生产活动和林地生态环境的关系。

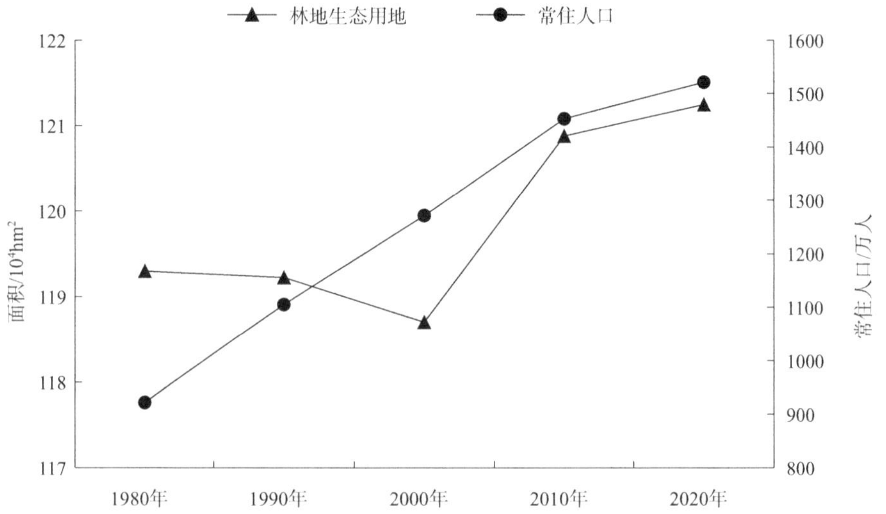

图 6-26　不同年份常住人口与林地生态用地的变化趋势对比

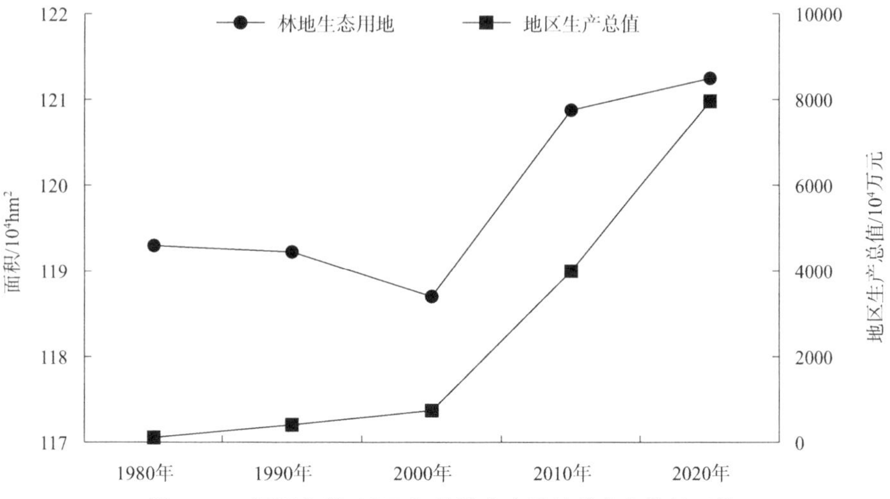

图 6-27　不同年份 GDP 与林地生态用地的变化趋势对比

5. 政策和工程保护措施

1998 年，山西省人民政府发布《关于停止天然林采伐的通告》，启动了天然林保护工程，停止天然林资源商品性采伐。2016 年，山西颁布《山西省永久性生态公益林保护条例》，将天然林资源纳入永久性生态公益林。多年来，通过合作造林、购买式造林、托管造林等新机制，山西完成天然林保护工程 1573 万亩营造林任务。在天然林保护工程的推动下，山西森林资源面积有效恢复和扩大。2019 年，山西天然林保护工程区森林生态系统的生态效益价值总量为 1162.04 亿元，生态、经济、社会等效益显著增强。《2017 年全国生态气象公报》显示，2000—2017 年，山西植被生态质量改善速度居全国之首。还有县域尝试将林地保护与巩固脱贫成果、乡村振兴相结合，比如乡宁县聘用建档立卡贫困人口担任生态护林员。林地保护与农民收入相结合，依托天然林保护工程，着力发展林下经济，重点打造林菌、林药、林禽、林蜂、野生中药材采集加工等林下经济产业。2000—2020 年，受国家退耕还林政策和植树造林工程的影响，林地面积在不断上升。从 2000 年开始，山西省在黄河流域试点退耕还林，截至 2018 年，山西累计完成退耕还林 2730.3 万亩。退耕还林工程实施坚持生态效益和经济效益并重的原则，在适地适树的前提下，引导农户大力发展经济林。探索推行“龙头企业 + 农户”或“龙头企业 + 合作社 + 基地 + 农户”的产业发展模式。还在贫困县成立扶贫攻坚造林专业合作社，通过让贫困群众获得劳务收入来提高大家退耕还林的积极性，2018 年全省 58 个贫困县的 2563 个扶贫攻坚造林专业合作社共获得劳务收入 8.5 亿元。为了增加森林面积，通过自然保护区重大生态工程的实施来带动。2005—2022 年汾河流域共造林 $120.21\times10^4hm^2$（图 6-28），其中 2005—2009 年呈波动上升趋势，2009 年达 $10.40\times10^4hm^2$，2009—2022 年为波动下降趋势，但 2022 年造林面积仍是 2005 年的近 2 倍；2006—2013 年年均造林面积为 $8.87\times10^4hm^2$，2016 年之后，造林面积处于低位运行，均值为 $4.89\times10^4hm^2$，故当年造林面积对林地生态用地扩张有一定的贡献。

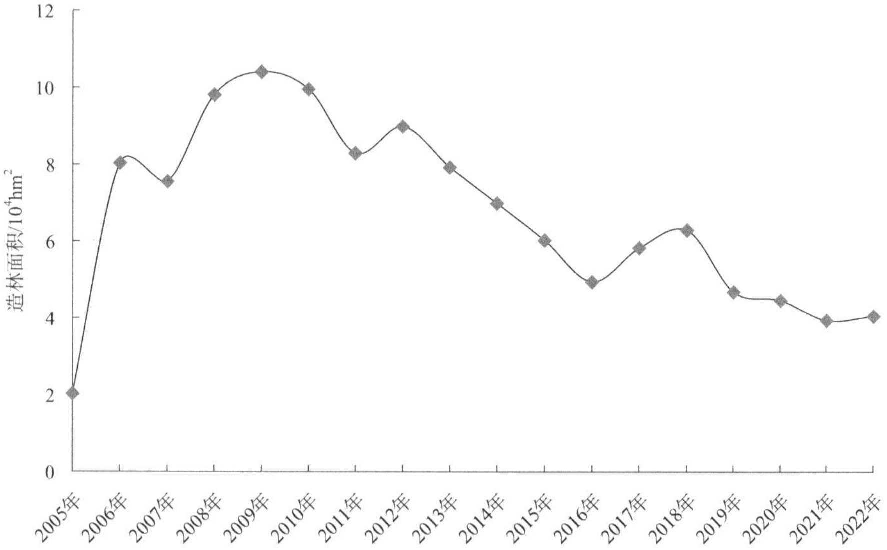

图 6-28 2005—2022 年汾河流域造林面积变化趋势

（六）草地生态用地驱动力

1. 气温和降水

黄土高原地区植被覆盖受到气候和人类活动的综合影响，自 1999 年以来，受国家退耕还林还草工程影响，植被覆盖度与气候因子的相关性降低，植被覆盖度对人类活动的响应明显增强[260]。1980—2020 年汾河流域年均气温增温速率较大，以 0.39℃·（10a）$^{-1}$ 的速率增加，年均降水量以较小的幅度增加，速率为 0.96mm·a^{-1}，这与施雅风等[261]提出的我国气候由暖干向暖湿转型的结论一致，与黄土高原西部以外地区变湿变暖结论基本一致[262]。汾河流域草地生态用地呈现逐渐降低态势，面积由 1980 年的 1103890.00hm^2 降为 2020 年的 1020234.50hm^2，每 10 年下降 16731.10hm^2。从高、中、低覆盖度草地视角进一步分析其与气温和降水的关系（图 6-29、图 6-30）可知，1980—2020 年中覆盖度草地与气温、降水整体上均表现出增长趋势，二者为正相关关系；高覆盖度草地与气温、降水整体上也均表现出增长趋势，二者为正相关关系；低覆盖度草地与气温、降水整体上为负相关关系，故中覆盖度草地对气温和降水响应较大。

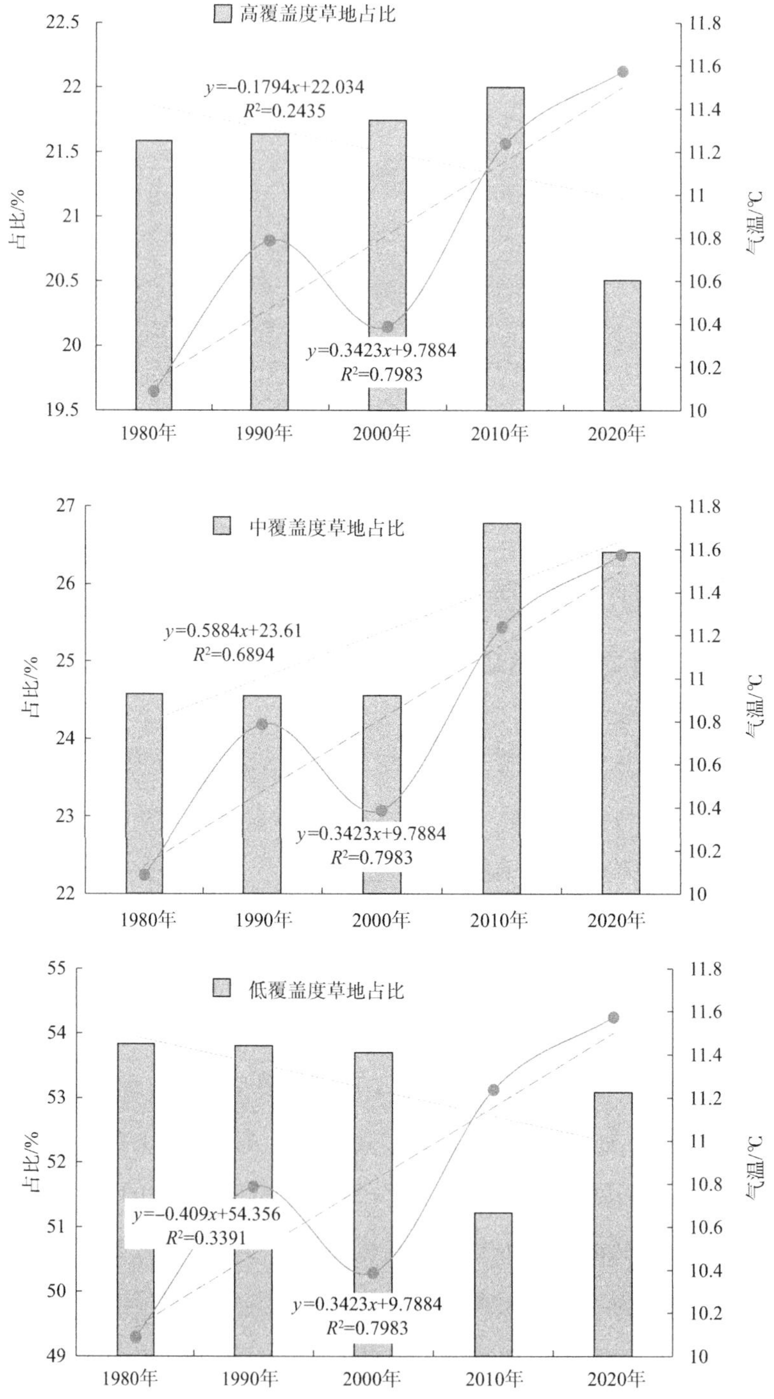

图 6-29　高、中、低覆盖度草地面积占比与气温变化趋势

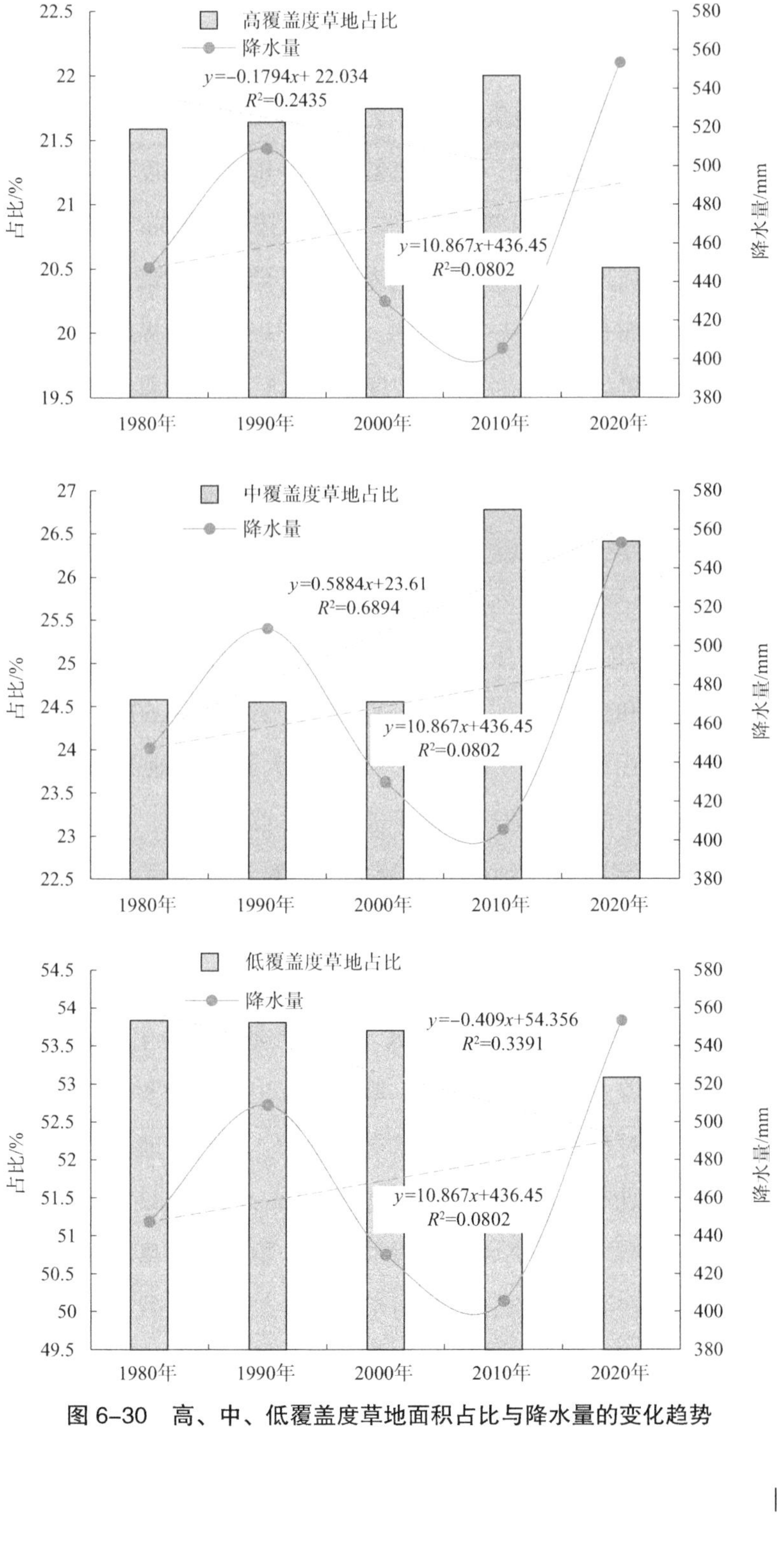

图 6–30　高、中、低覆盖度草地面积占比与降水量的变化趋势

2. 地形

通过第四章分析可知，随海拔升高，太阳辐射增加，温度下降，流域内 83.08% 的草地生态用地集中在海拔 500~1500m 范围内，尤其中上游地区分布更为明显。邓晨晖等[263]研究发现秦岭植被覆盖度随着海拔升高而升高，并上升到一定海拔达到最大值，尤其海拔＜ 1500m 植被覆盖度呈显著的上升趋势。坡度影响到太阳辐射入射角，导致辐射量变化，草地生态用地在坡度上分布也表现出一定规律，占比即以 15° 为界线分别向高处和低处呈现下降趋势。其中，分布在坡度 10° ~15° 之间的草地生态用地的占比最大，为 23.97%；坡度 5° ~10° 和 15° ~20° 之间的草地生态用地分布占比相近，约为 20%。坡向对草地生态用地影响较小，但是南坡草地生态用地分布仍然大于北坡，太阳辐射量南坡大于北坡。草地生态用地主要集中在吕梁山、系舟山、太岳山以及盆地的边缘地带。由汾河流域不同地貌草地生态用地空间分布图（图 6–31）可知，草地生态用地主要分布在小起伏山地和丘陵地貌，占比分别为 31.72% 和 30.60%，台地占比为 18.25%，中起伏山地占比为 14.73%，平原和大起伏山地占比仅为 4.70%。在丘陵和起伏较小的山地地区，由于地势高，坡度较大，但相对台地斜面较平缓，土壤受到水力侵蚀的影响较大，相对台地而言，草地的适宜性较高[264]。

3. 人口数量

由图 6–32 可知，1980—2020 年常住人口数量与草地生态用地面积变化呈现负相关。随着人口数量的增加，草地生态用地呈现萎缩的态势；随着人口数量增加，对畜产品和乳产品需求量加大，农牧民通过增加牲畜数量来提高畜产品和乳产品的产量，引起过牧行为。同时人口数量增加，人们对粮食作物产量需求的提高，农民为了增加产量通过开垦草地生态用地满足其需求，尤其在海拔较低，热量与水分条件较好的农牧交界处，人类直接或间接影响草地生态用地的变化。2000—2010 年草地生态用地快速下降，同时由农牧民毁草造林行为所致，2010—2020 年毁草造林行为得到缓解。

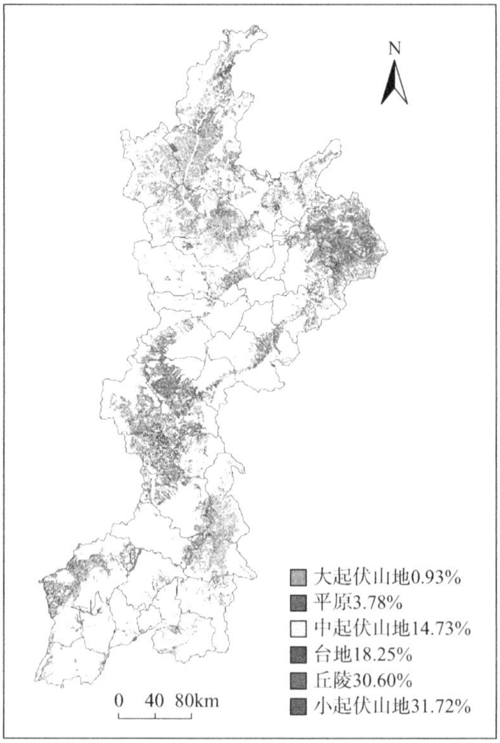

图 6-31 汾河流域不同地貌草地生态用地空间分布

（见彩插 199 页）

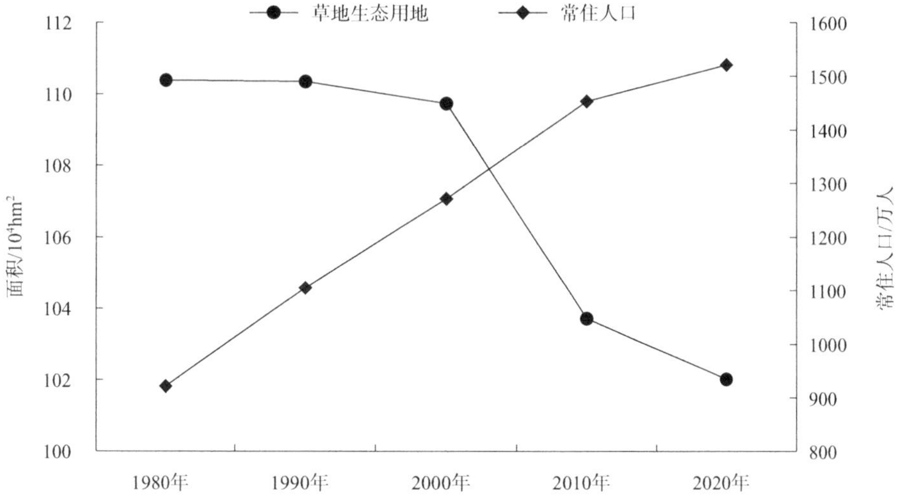

图 6-32 1980—2020 年汾河流域常住人口数量与草地生态用地面积变化趋势

工业生产用地占用草地生态用地现象也较为严重。远离农村居民点等较为偏远的海拔较高的地区，草地生态用地利用效率较低，休养生息的时间短或无，导致草地生态用地退化。

4. 政策

2000—2010 年，受国家退耕还林政策和土地复垦工程影响，受利益驱动影响，农民将缓坡长势较好的草地毁草造林，造成流域内草地生态用地面积大幅度减少，达 60271.14hm^2。2012 年山西省牧草工作站对草原植被生长、草原生产力、草原利用、草原鼠虫害、草原火灾、草原保护建设工程效益等状况的监测表明，山西省草原植被总体长势良好，但草原退化状况较为严重。草地管理最根本的依据就是《中华人民共和国草原法》，但流域内草地管理缺乏更为细致的实施方案和监督办法，草地使用权、所有权一直不明确，造成“有人用、无人管”的局面。故从 2019 年以来，山西省就利用中央财政林草植被恢复资金，从中安排资金 2598 万元用于 3.2475 万亩的亚高山草甸生态保护修复。要着眼构建林草融合发展、共筑立体屏障的生态大体系，从保护、修复、治理、利用等方面，对草原生态进行保护修复治理。强化草原保护制度、健全草原产权制度、建立草原监测预警制度、完善草原科学利用制度、细化草原考核监管制度，坚决做到不能踩线、不越红线、不破底线。在保护和修复中缺乏当地农牧民的参与，仅仅为了修复而修复，修复好之后无专人管理和防护断层，导致草地生态用地不能完好地度过修复好后的恢复生长期，加速退化。

5. 生物灾害

受全球变暖和草地生态用地过度利用的影响，我国草原有害生物正处在发生面积广、危害程度重、防控难度大的严峻阶段，对草原生态保护、畜牧业生产和人民福祉构成严重威胁，已成为制约当地经济、社会和生态可持续发展的重要因素之一[265]。20 世纪 90 年代以来，我国鼠害频繁出现，草地资源受其影响极大，损失严重，成为我国畜牧业可持续发展和草地生物多样性发展的重要限制因子之一[266]。流域内草地生态用地的有害生物主要包括：昆虫、毒害草、病害、鼠害四类。尤其鼠类较为严重，鼠类挖掘草地而加剧汾河草地退化和沙化[267]，破坏草地生态用地生态系统。例如中华鼢鼠在临汾的西山等丘陵山区破坏较为严重[268]，在其春季交配和秋季储藏时期，鼢鼠通过在土层较薄的山坡地带打洞，降水下渗或流入洞内导致表层土壤下沉，加上过牧等行为，坡地的草地和表层土壤出现下滑现象。受退耕还林还草工程影响，生态植被有了明显改善，但也为鼠害的发生提供了食料来源，加上农牧民也放松了对林草地上鼠害的警惕，加剧了鼠害发生的可能性。

（七）水域生态用地驱动力

虽然水域生态用地只占全流域用地总面积的 0.72%，但是其变化深刻影响当地的生态环境和用地优化。通过第四章的分析可知，1980—2020 年水域生态用地主要转移为农业生产用地，主要发生在运城市的万荣县沿黄地区，水域生态用地被农业生产用地占用，水环境和水生态均受到一定影响，涵养水源和蓄洪滞洪能力降低，其中 1990—2010 年此变化最为明显。主要原因是 1996 年黄河小浪底水库建成蓄水导致库区大量占用万荣县农业生产用地，达 5 万余亩，此后运城市将万荣县光华、荣河两乡（镇）黄河滩涂开发的 1.7 万亩耕地作为运城市重点建设项目对淹没耕地的补充。再者河滩地虽然受洪涝的威胁大，但由于其经常被废弃，土地价格较低，甚至不需要租金，故经常被开垦为农业生产用地。河滩地属于河道的行洪泄洪区，属河道管理范围内的土地，为国家所有，一旦被开发为农业生产用地，就会在河滩地种植有秸秆的农作物，会影响河道行洪安全。河滩地作为防汛备用地，严禁任何单位和个人进行开发和占用。河滩地水草丰茂，适合植物生长和亲水性植物的栽培，还适合多种动物在这里栖息，如果被开发为农业生产用地会破坏其生态系统。相反，也要杜绝滥用和占用耕地资源建设湿地公园、挖塘养鱼等，防止耕地“非农化”和“非粮化”。合理开发河滩地，让生态效益和经济效益相统一。曲沃县浍河水源地保护区通过土地整治、新修基本农田，存在水域生态用地转农业生产用地的现象。受自然条件限制以及经济影响，一些废弃的水井、河道、渠道，因为打井粗糙，其利用率不高，加上一些老旧水电站建于20世纪60年代，年久失修，内部杂草丛生，而且有的部分已经被填平，无法利用，发电和灌溉功能基本丧失。随着现代农业经营方式的改变，无法实现使用提水灌溉，浇灌费用太高，当地农民无人利用，故对废弃的渠道进行土地整治、改造，将水域生态用地变为农业生产用地。对于该类型的土地整治、可以促进土地资源可持续利用，改善农业生态环境，促进地方社会效益、经济效益和生态效益相统一，推进乡村振兴，实现农业、农村建设向现代化迈进。

二、国土空间影响因素及其地理探测

考虑到数据收集和处理的难易程度，结合研究区实际需要，参考前人研究成果[269–271]，选取人口、经济、科技投入和自然4大类17个指标作为地理探测的自变量因子，自然因素是“三生”空间土地利用功能变化的基础和长期影响因子，而社会经济因素为短期影响因素。本研究遴选了气温（x_1）、降水（x_2）、高程（x_3）、坡度（x_4）、坡向（x_5）5个自然因素和常住人口（x_6）、城镇化率（x_7）、地区生产总值（x_8）、第一产业产值（x_9）、第二产业产值（x_{10}）、第三产业产值（x_{11}）、人均地区生产总值（x_{12}）、林业产值（x_{13}）、牧业产值（x_{14}）、大牲畜年末存栏（x_{15}）、社会消费品零售总额（x_{16}）、粮食总产量（x_{17}）、粮食作物播种总面积（x_{18}）、农业机械总动力（x_{19}）14个社会经济因素作为地理探测器的自变量因子。通过对所选因子与“三生”空间土地利用类型进行Person相关性检验，相关系数均大于0.05，说明所选因子合理。

为了方便比较不同探测因子对“三生”空间的影响程度，将分异及因子探测的q值进行排序（表6–2）。整体上社会经济因子对流域“三生”空间影响程度明显强于自然因子。q值高于0.5主要分布在农业生产用地、城镇生活用地和农村生活用地，其中对农业生产用地空间分布解释力较强的因子是粮食作物播种总面积（x_{18}）、粮食总产量（x_{17}）、常住人口（x_6）、第三产业产值（x_{11}）、第一产业产值（x_9）、牧业产值（x_{14}）、农业机械总动力（x_{19}）；对城镇生活用地空间分布解释力较强的因子是第三产业产值（x_{11}）、地区生产总值（x_8）、常住人口（x_6）、社会消费品零售总额（x_{16}）、第一产业产值（x_9）、第二产业产值（x_{10}）、城镇化率（x_7）；对农村生活用地空间分布解释力较强的因子是常住人口（x_6）、第三产业产值（x_{11}）、第一产业产值（x_9）、牧业产值（x_{14}）、社会消费品零售总额（x_{16}）、粮食总产量（x_{17}）、农业机械总动力（x_{19}）。从自然因子来看，气温（x_1）和高程（x_3）对农业生产用地解释力较强（q 值 > 0.4），流域内农业生产用地主要集中在海拔较低的汾河谷地，气温较高，适宜农作物生长。高程（x_3）和气温（x_1）对农村生活用地和林地生态用地解释力较强（q 值 > 0.3），海拔较低的平原、河谷、盆地有利于农村居民点的布局，林地主要集中在海拔较高的山地地区。

表 6-2　汾河流域“三生”空间因子地理探测 q 值排序

1A		1B		2A		2B		3A		3B		3C		3D	
因子	q	因子	q	因子	q	因子	q	因子	q	因子	q	因子	q	因子	q
x_{18}	0.578	x_{10}	0.463	x_{11}	0.727	x_6	0.806	x_{15}	0.497	x_{19}	0.470	x_{19}	0.361	x_7	0.336
x_{17}	0.559	x_{13}	0.376	x_8	0.712	x_{11}	0.688	x_{18}	0.452	x_6	0.457	x_{13}	0.276	x_{15}	0.331
x_6	0.547	x_9	0.350	x_6	0.641	x_9	0.628	x_{16}	0.410	x_{17}	0.366	x_{12}	0.244	x_{17}	0.284
x_{11}	0.521	x_{11}	0.339	x_{16}	0.598	x_{14}	0.568	x_{11}	0.392	x_{10}	0.349	x_{11}	0.243	x_6	0.280
x_9	0.509	x_7	0.332	x_9	0.480	x_{16}	0.556	x_{17}	0.382	x_{14}	0.334	x_{18}	0.231	x_{18}	0.248
x_{14}	0.488	x_{16}	0.309	x_{10}	0.450	x_{17}	0.499	x_3	0.373	x_{18}	0.312	x_{17}	0.226	x_{14}	0.239
x_{19}	0.479	x_{12}	0.304	x_7	0.394	x_{19}	0.478	x_1	0.366	x_1	0.280	x_6	0.207	x_9	0.234
x_1	0.472	x_{14}	0.296	x_{17}	0.382	x_8	0.372	x_9	0.348	x_9	0.276	x_3	0.195	x_{11}	0.204
x_3	0.447	x_{17}	0.291	x_{19}	0.339	x_{10}	0.368	x_6	0.345	x_3	0.276	x_9	0.185	x_{13}	0.200

续表

1A		1B		2A		2B		3A		3B		3C		3D	
因子	q	因子	q	因子	q	因子	q	因子	q	因子	q	因子	q	因子	q
x_{16}	0.393	x_8	0.288	x_{14}	0.321	x_3	0.363	x_8	0.331	x_{12}	0.268	x_1	0.177	x_{10}	0.181
x_{15}	0.369	x_{18}	0.272	x_{18}	0.286	x_{18}	0.342	x_{19}	0.317	x_{11}	0.261	x_{10}	0.171	x_{12}	0.166
x_7	0.314	x_6	0.231	x_{12}	0.221	x_1	0.329	x_{10}	0.294	x_7	0.244	x_{16}	0.155	x_{19}	0.165
x_{13}	0.301	x_{15}	0.187	x_2	0.183	x_{15}	0.274	x_7	0.278	x_{16}	0.231	x_8	0.126	x_{16}	0.158
x_4	0.218	x_{19}	0.149	x_3	0.150	x_7	0.261	x_{14}	0.247	x_{13}	0.221	x_7	0.088	x_1	0.142
x_8	0.218	x_2	0.138	x_{13}	0.121	x_4	0.247	x_4	0.195	x_8	0.211	x_4	0.087	x_8	0.116
x_{10}	0.209	x_1	0.046	x_{15}	0.115	x_{12}	0.171	x_{13}	0.152	x_2	0.189	x_{14}	0.058	x_3	0.086
x_{12}	0.157	x_3	0.038	x_1	0.094	x_{13}	0.168	x_{12}	0.149	x_4	0.187	x_{15}	0.046	x_2	0.061
x_2	0.109	x_4	0.012	x_4	0.085	x_2	0.146	x_2	0.057	x_{15}	0.167	x_2	0.032	x_4	0.050
x_5	0.022	x_5	0.012	x_5	0.010	x_5	0.015	x_5	0.016	x_5	0.020	x_5	0.015	x_5	0.020

注：加横线表示没有通过显著性检验，其余均通过了 $p < 0.05$ 显著性检验。

通过交互作用探测（图 6-33）分析发现，不同因子对汾河流域“三生”空间转型的影响并非单独发生，而是表现出交互协同增强效果，均为非线性增强，说明任何两个因子交互作用对“三生”空间转型的解释力增强。社会经济因子之间的交互作用＞自然因子和社会经济因子的交互作用＞自然因子交互作用，其中 64.76% 的社会经济因子和 8.57% 的自然与社会经济因子之间交互作用值均大于 0.8。常住人口与其他因子交互作用影响最强，尤其和第二产业产值、人均地区生产总值、粮食作物播种总面积交互作用显著，其值均大于 0.96。人均地区生产总值和地区生产总值、社会消费品零售总额、粮食总产量交互作用值均大于 0.95。尤其常住人口、第三产业产值、人均地区生产总值与其他因子交互作用较好解释了流域“三生”空间转型。

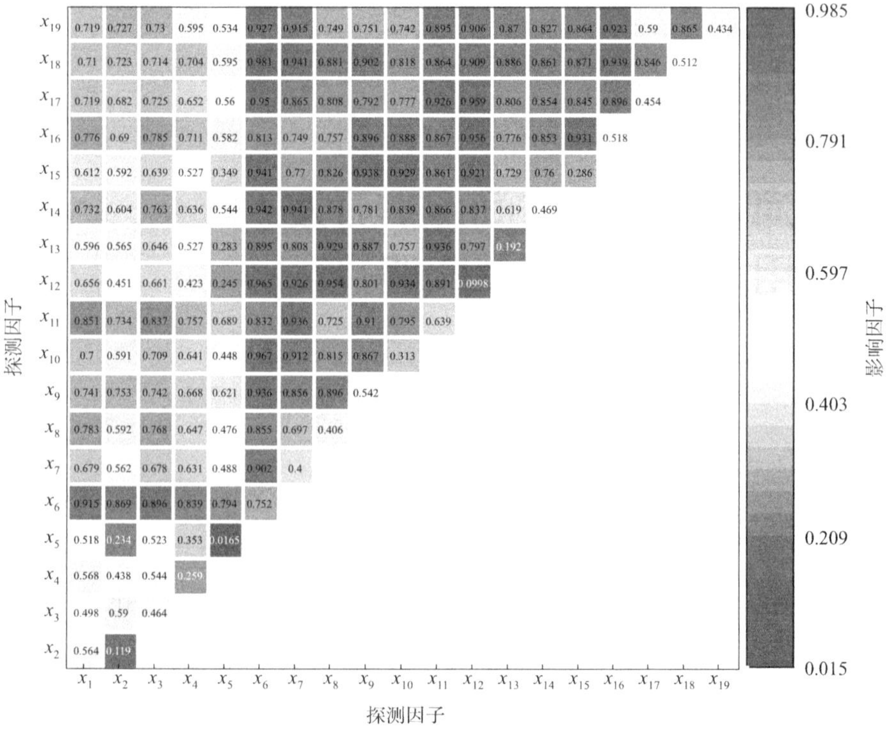

图 6-33 汾河流域“三生”空间影响因子交互探测

（见彩插 200 页）

第七章

汾河流域国土空间保护开发利用问题诊断和战略路径

一、国土空间“三生”用地现状与问题

受自然、社会经济和政策等因素影响，汾河流域“三生”空间土地利用功能变化综合复杂，不同时期、不同区段的土地利用功能变化相互联系又彼此制约，其国土空间开发由混乱无序逐渐走向均衡稳定，人地关系先后经历了缓和平稳—矛盾尖锐—平衡成熟三大阶段。

（一）农业生产用地

农业生产用地被城镇生活用地、农村生活用地和工业生产用地侵占较为严重：2000 年以前，毁林开荒现象突出；2000 年之后，随着退耕还林还草政策的实施，农业生产用地侵占林草地的现象逐步得到改善。

农业生产用地变化与生活空间关系密切，1980—2000 年，农业生产用地被城镇生活用地侵占严重，而 2000—2020 年，农村生活用地占用农业生产用地现象较为明显。1980—2000 年，毁林开荒现象严重，农业生产用地增加量主要来源于生态用地。2000 年，国家开始实施退耕还林还草政策，林草地被侵占的现象逐步得到改善，同时随工业化和城镇化进程不断加快，2000—2010 年，工业生产用地和城镇生活用地对农业生产用地的侵占现象也明显增多，尤其中上游农业生产用地共减少 70830.59hm^2，是下游地区减少面积的 34.49 倍。2010—2020 年，农业生产用地与生态用地之间的转化逐渐趋于平衡，生态环境质量得到改善。中下游的水热条件优于上游，

更适宜农作物生长，宜农未利用土地深挖的潜力不大，而中上游地区成为新增农业生产用地的重要挖潜区域，故农业生产用地重心整体向北移动明显。

（二）工业生产用地

工业生产用地侵占生态用地和农业生产用地现象较为严重，部分地区工业用地规模较大，工业生产用地规模扩大与生态保护压力矛盾尖锐。

2004 年国家提出中部崛起战略，山西借助资源优势发展经济，提高土地投入和产出比例，促使工业用地规模不断扩大，建设速度加快，故工业生产用地单一土地利用动态度在 2000—2010 年较大。此时段生态用地和农业生产用地被工业生产用地侵占现象也愈加严重，同时，土地集约利用程度不高，造成土地资源浪费。其中，孝义市作为重要产煤和铝工业重要基地，工业生产用地面积占全县面积的比重达 6.18%，为流域内工业用地占比最高的县域，与此同时，该市环境空气污染严重，从 2022 年 1—8 月山西省后 10 位县（市、区）环境空气质量排名情况看，孝义市排倒数第一，空气质量综合指数为 6.32[272]。榆次区农业生产用地转为工业生产用地的面积大，主要与晋中产业园区、晋中新能源汽车园区和山西大学城等修建有关。2000—2010 年，中上游比下游工业生产用地增加态势明显，重心向北迁移，其中，宁武县工业生产用地增加面积最大，达 3398.29hm^2，尤其在县域北部增加更明显，为重点优化开发区，煤、电、油等工业用地扩张显著。上游地区是“管涔山汾河源头水源涵养与生物多样性保护生态功能区”“汾河上游水库调蓄与水土保持生态功能区”“太原西山煤炭综合开发与生态环境保护生态功能区”，属于生态重点保护区和生态敏感区，工业生产用地面积扩张必然增加生态保护压力。

（三）城镇生活用地

城镇生活用地侵占其他地类的速度和规模不断扩大，远超其土地供给量，供需矛盾突出。

流域内城镇生活用地增长趋势依次划分为缓慢增加（1980—1990 年）—

低速扩张（1990—2000 年）—快速上升（2000—2010 年）和收缩下降（2010—2020 年）4 个阶段，此结果基本与瞿诗进等[273]研究结论一致。以 2010 年为界，城镇生活用地单一土地利用动态度呈先升后降态势，1980—2010 年，随着流域内城镇化进程不断推进，城镇生活用地侵占其他地类的速度和规模不断扩大，远超其土地供给量，供需矛盾突出。据统计，2010 年，山西省人均城镇工矿建设用地已达到 174.3m^2，高出国家规定最高标准 54.3m^2，超出我国人均城市建设用地 40m^2。但 2010 年之后，其单一土地利用动态度呈下降趋势，主要与国家政策有关，2012 年国土资源部颁布了《土地利用总体规划实施管理的通知》[274]，要求各地严格遵守土地利用总体规划，严守城乡建设用地规模边界，防止城镇建设无序蔓延扩张。2000—2020 年，中游城镇生活用地增加面积最大，达 38674.34hm^2，上中游增加面积是下游增加面积的 5.7 倍。受太原市经济发展重心由北向南移动影响，太原市农业生产用地转为城镇生活用地的态势也呈由北向南扩展，转移主要发生在城乡结合部，耕地“非农化”现象突出。城镇生活用地增加面积位居前三位的分别为榆次区、孝义市和小店区，榆次区城镇生活用地增加面积达 5166.19hm^2，主要因为山西省 10 所高校在榆次区新建了校区，以及带动周边基础设施、城市建设等用地迅速增加。孝义市城镇生活用地面积增加 5087.49hm^2，主要与孝义市县域经济名列全省前列有关，2006 年进入全国县域经济基本竞争力百强行列，快速的经济发展促使其城镇化进程加快，进而导致城镇生活用地面积增加。太原小店区城镇生活用地增加面积为 4784.44hm^2，该区作为山西转型综合改革示范区的重点区域，通过人才引进、科技创新等举措，集聚了太原武宿综合保税区、学府产业园区、武宿国际机场、太原南站等产业区和交通枢纽，导致该区城镇生活用地面积增加较快。第三产业产值是影响城镇生活用地变化的主要因素。产业结构调整有利于提高生产能力和效率，并提供就业机会，提升社会保障能力[275]。社会消费品零售总额反映了向居民和社会集团供应的生活消费品总量，居民收入水平提高，消费能力增强，使生活需求增大，促进服务业发展，推动生产和生活功能完善。改革开放、市场经济体制制度、住房商品化的改革、商品房刺激内需[276]、中部崛起、保障性住房体系建设和城乡关系等政策对城镇生活用地变化影响也较大。

（四）农村生活用地

流域内农村居民点用地审批不规范，加上“建新不拆旧”的现象导致农村居民点土地利用率低，农村生活用地扩张显著，其中转入农村生活用地总量的 84.1% 的地类是农业生产用地。

农村居民点是农村地域的人口聚居地，是农户生活居住和从事生产活动的国土空间[277]。农村利用低效、长时间闲置和荒废的农村居民点用地除了不能实现其自身的功能价值，还对新农村景观、人居环境的协调性、美观性[278]和适宜性产生了负面影响，甚至阻碍全面乡村振兴的步伐。2010—2020 年，农村生活用地总转出面积的近 60% 是农业生产用地，主要与精准扶贫、异地搬迁、农村建设用地整理与复垦以及土地综合整治有关。在充分尊重农民意愿，保障农民合法权益的前提下，政府牵头，有计划、有次序地开展异地搬迁，农村居民点异地重新集聚发展等，进行宅基地退出项目[279]，通过工程措施对原来的宅基地进行平整改造，进而推进农业生产用地由家庭小农经营向集体或个人承包规模化经营模式转变。2017 年山西省本着因地制宜、合理利用原则；符合规划，规范实施原则；注重生态、质量、数量三位一体原则，开展闲置凋敝宅基地整治试点，进一步优化土地利用结构，提高农村土地利用效率，保护和改善乡村生态环境。农村居民点整治对实现耕地总量动态平衡和保障粮食安全具有重要的意义。1980—2010 年，城市化进程加快，城镇生活用地规模不断扩大，城镇生活用地挤占农村生活用地的趋势明显，城镇生活用地沿交通主干道或以交通枢纽为中心向农村生活用地延伸挤占，城镇生活用地的主要发展方向也由旧城区周边向城市新区及功能拓展区的农村扩张[280]；而 2010—2020 年，城乡关系由对立分割逐渐走向协调融合，农村生活用地被占现象得到缓解。

（五）林地生态用地

受国家退耕还林政策、流域内当年造林面积和林草地分布地形的位置影响，使部分坡耕地转变为草地和林地，影响了流域内土地利用变化模式。

受国家退耕还林政策以及流域内当年造林面积的影响，2000—2010年林地生态用地单一土地利用动态度最大，为0.2%，2010年流域内造林面积为99524hm^2，是2005年造林面积的4.89倍。1980—2000年，毁林开荒现象严重，2000—2010年，随着国家退耕还林还草政策的实施，林地、草地被侵占的现象逐步得到改善，2010—2020年，农业现代化水平不断提高，农业生产用地经营逐步向集约经营转化，耕地、林地和草地之间的转化关系逐步向新的平衡方向发展，生态环境质量得到提升。但是同时也存在植树造林中只考虑“林”单一要素，而没有考虑“水”“土”等多要素之间的联系，注重造林速度和规模，对林地发挥的效益考虑较少。因为流域内宜林荒山立地条件较差，土壤贫瘠，适宜树种少，种植难度大，加上降水集中且少，不仅导致增加了植树造林的成本，而且林木成活难、保存难、成材难。“土的命脉在树”，流域内因在营造林地中追求高密度、高生产力和高效率，而对仅依靠天然降水实现新植树种的成活、老旧树种的生长水源的补给和土壤水分承载林地能力的认识不足，加上区域内“降水少，蒸发旺”的气候特点，导致树种过度依赖于深层土壤储水，造成土壤“干层”现象的出现。由于降水量不能满足树木生长水分需求，地下水位低，在地表以下存在干土层，导致树木根系需水量不够，难以扎根，加上当地风沙大，许多树木易动摇，形成大量品质低、功能差的“小老头树”，导致森林质量下降，甚至局部地区出现成活率和保存率下降的状况。而这种树通过植物蒸腾作用吸收地下水分，地下土层变得更干，生态环境形成恶性循环，林地的质量也有待于进一步提高，尤其在农村居民点周边地区，“小老头树”更容易被村民砍伐作为取暖和烧饭的能源，也会影响林地面积变化。汾河流域森林资源质量不高、功能不强、分布不均的现象依然存在，故需要在森林质量精准提升工程上下功夫。

（六）草地生态用地

1980—2020年草地生态用地面积呈逐渐降低态势，每10年下降了16731.10hm^2，主要集中在农业生产用地的周边地区。草地生态用地转为农业生产用地和林地生态用地的面积居于前两位，分别占草地生态用地总转出面积的53.44%和26.91%，其中前3个阶段转为农业生产用地和林地生态用地的面积均为上升趋势，2010—2020年又均变为下降趋势。转为草地生态用地的主体仍然是农业生产用地，占草地生态用地总转入面积的71.85%。草地生态用地转为工业生产用地、城镇生活用地的面积远远超过工业生产用地、城镇生活用地转为草地生态用地的面积，2000—2010年尤其明显。流域内局部区域存在草地转化为建设用地的现象，主要和城市、采矿、重点工程、道路等基础设施的建设有关，导致部分地区草地出现退化现象。退耕还草的人工草地阻抗稳定性能力较弱，导致草地不稳定改善趋势略高于稳定改善趋势。农牧民受利益驱使，退耕过程中还林面积比还草面积大，尤其还经济林更多，不仅导致水土保持功能效果差，而且出现“林长草短”“林强草弱”的现象。水分是草地生态系统稳定性维持的主要限制因子，流域内尤其西北部高原丘陵区3—6月降水少，植物的蒸腾作用较大，加剧草地土壤水分的流失，直接影响和制约草地的生长。

（七）水域生态用地

水域被农业生产用地占用较严重，涵养水源和蓄洪滞洪能力降低。同时，也要杜绝滥用和占用耕地资源建设湿地公园、人造水利景观、挖塘养鱼、挖湖造景等，防止耕地“非农化”和“非粮化”。水域被农业生产用地占用导致河道连通性降低，行洪能力下降，防洪能力减弱，水环境受损和水生态恶化。2022年耕地保护督察发现，晋中违法新开挖水面、修建绿化景观及步道占用近900亩耕地的挖湖造景的行为与耕地保护“国之大者”相违背，要改变重经济发展轻环境保护，重短期效益轻长期思维，不能以牺牲自然环境和违背自然发展规律发展经济。

流域内优质水源保护压力“常态化”，地下水超采问题突出，资源型缺水严重。“水的命脉在山”，汾河作为黄河第二大支流，山西省最大河流，是山西的“母亲河”，发源于管涔山脚下，流域内建多座水库，比如汾河水库、汾河二库、文峪河水库等，汾河水质是影响流域生态环境保护和修复的重要组成部分，长期存在优质水源保护压力，治山等于护水。通过治污攻坚，打好“碧水保卫战”，2020年，山西省河流优良水质比例达到73.3%，全面消除劣Ⅴ类水质，河流水质达到多年来最好水平。而2019年，汾河流域劣Ⅴ类水质断面占33.3%左右，2021年1月，汾河流域劣Ⅴ类水质断面占26.7%，2021年2月Ⅳ、Ⅴ类水质断面占31.3%，故汾河流域水质的保护与治理是一项长期、艰巨的任务。2018年地下水开采量达30.03亿m^3，占全部供水量的40.42%，地下水开采严重。地下水超采区面积达10609km^2，地下水超采会造成地下水水位下降、含水层枯竭、地面沉降等生态环境问题，危及供水安全、粮食安全、经济安全和生态安全，严重制约社会经济可持续发展。2018年全省水资源总量为121.93亿m^3，人均水资源327.92m^3，仅约为全国平均水平的六分之一，流域内水资源过度开发，导致水资源供需矛盾不断加剧，资源型缺水严重，水资源成为农业高质量发展的“瓶颈”，城市高质量建设的“短板”和产业高质量转型的“阻碍”。山西省“五湖”生态保护与修复总体规划（2021—2035年）指出，湖库水体流动性差，管理主体不明确、信息化建设滞后，湖泊水生态、水环境、生物多样性、湖岸绿化、水质等均存在一定问题。比如，晋阳湖河湖水系未连通，水质差，湖泊周围绿化景观弱；漳泽湖水质总体较差，水资源总量不足，植被群落层次单一；伍姓湖水面萎缩，污染严重。

二、国土空间“三生”用地开发利用战略路径

国土空间开发利用是一项系统工程，是区别于传统意义上的单要素开发利用（土地资源、水资源等），更是以人民为中心，与区域经济社会发展相衔接，以适宜的人居环境为宗旨的多目标的人类活动[281]。新时期的国土

空间开发利用以高质量发展为主线，科学布局生产空间、生活空间和生态空间，通过空间的开发、保护、置换和更新，提供支撑社会经济发展的高质量空间体系[282]。“三生”空间变化是多要素综合和全过程复杂的变化过程，具有较强的地域性，是各要素彼此制约但又协同演化的过程，国土空间“三生”用地均衡发展是理顺空间发展秩序、协调城乡关系与促进经济高质量发展的关键[283]。通过分析汾河流域国土空间分异特征及其驱动力，揭示流域气候时空特征变化规律，对国土空间开发利用的影响因子进行地理探测，深入剖析了国土空间“三生”用地现状与问题，有针对性地提出国土空间“三生”用地开发利用战略路径。

（一）农业生产用地开发利用战略路径

对于新增城镇生活用地占用农业生产用地比较严重和产出效率较低的县域应该区别对待，分类施策。坚持“耕地保护一分不少，违法占地一寸不让”的态度，扎实开展农村违法占地问题的工作，杜绝农村乱占耕地建房或挪作他用。对于工业生产用地占用农业生产用地要实施有效的耕地资源补偿机制，保证农民权益，促进社会和谐，实现生态价值。

对于新增城镇生活用地占用农业生产用地比较严重的县域，当地不能以牺牲农业生产用地的方式来推进新型城镇化的进程，应当以耕地“占一补一”为前提条件，以调整优化土地利用结构布局为目标，以土地的适宜性为依据，进行异区和同区内地块的置换，逐步完善土地增减挂钩机制，进而逐步减少新增城镇生活用地的计划指标。同时要执行最严格的耕地保护制度和最严格的节约用地制度，本着占优补优、占水田补水田的原则，促进耕地数量、质量和生态三位一体保护，守住耕地红线。新增城镇生活用地在占用农业生产用地产出效率较低的县域，应严控城镇生活用地增量；实施增量安排与存量盘活挂钩；用“存量”来换“增量”，用“地下”来换“地上”，进行用地结构优化；推动单位 GDP 城镇生活用地使用面积，提升城镇生活用地效率，在提高现有城镇生活用地效率的同时，也应优化新增城镇生活用地的结构和来源。

农村土地是乡村振兴战略的重要组成要素和空间载体，农村土地利用政策供给改革旨在以农村土地要素盘活为突破口，重点治理城市边缘区违法占用基本农田乱搭乱建行为，还地于民，对农村建房实行严格的审批把关制度，坚决遏制新增违法乱占耕地建房问题，同时坚持疏堵结合，切实保障农村居民建房合理用地需求，坚决杜绝占用农业生产用地进行非农业建设和耕地非粮化行为。

由于当前工业生产用地占用农业生产用地价格低廉，且对工业的环保要求较低，工业生产用地后期产生的经济效益比农业生产用地高，导致大量农业生产用地被工业生产用地占用。在工业生产用地占用农业生产用地过程中，不仅要对农业生产用地的经济价值、社会价值进行补偿，而且对其生态价值也要进行补偿，向占用农业生产用地的工业用地占用者征收生态环境补偿费，提高工业用地价格，可以倒逼工业用地的集约利用，只有这样才能实现经济、社会和生态三方面价值最大化，保障农民合法权益，促进社会和谐安定，实现生态环境优良。

坚持陡坡耕地、陡坡梯田等农业生产用地有序退耕还林还草和巩固脱贫攻坚成果相结合，坚持城郊农业助力乡村振兴和科技创新把脉农田“解毒”相结合，逐渐实施集约式灌溉方式取代粗放式灌溉方式。要尊重自然、顺应自然、保护自然的规律，本着“宜农则农、宜林则林、宜牧则牧”的原则，坡度$>25°$的坡耕地、陡坡梯田、严重沙化的耕地等不适宜开垦种植的区域可实施退耕还林还草。对撂荒弃耕地进行性质分类和跟进复种技术指导，鼓励农民自行复耕复种，对有能力复耕复种的农民做好农资调剂供应和生产服务；鼓励引导种粮大户、农业专业合作社等新型经营主体通过土地流转对弃耕撂荒地复耕复种；通过土地整治可以将农民被动弃耕转变为以政府为主导的“土地休耕”项目，将耕地休耕面积与耕地保有量、基本农田指标相衔接，将会更有利于耕地保护的可持续发展[284]。

逐渐取消“大水漫灌”粗放式的农田灌溉方式，逐步推进管灌、喷灌、滴灌等集约式灌溉方式，发展节水农业，提高农田灌溉水有效利用率；积极发展有机旱作农业，实现以旱补水，探索农业用水精细化管理制度；激励灌溉多用地表水，少用地下水。推进新灌区工程建设，加强旧灌区工程改造，促进精品灌溉项目建造，优化引黄灌溉水源等解决农田灌溉用水供需矛盾。实施耕地保护生态治理，有效防治农田污染，打造健康的耕地资源，才能满足人民日益提升的对高品质农产品的需求。汾河平原农产品主产区，应重点推进“美丽乡村”和“高产农田”建设工程、重污染和高风险土地治理工程、“大地疮疤”整治工程等。通过农田整治、高标准基本农田建设、农田防护与生态环境保持等项目实施，助推汾河谷地农业生态系统高质量提升与发展。

（二）工业生产用地开发利用战略路径

通过限制“高耗能、高污染、效益低”的产业项目用地扩张来减少工业生产用地侵占农业生产用地和生态用地，同时通过合理规划产业空间格局，夯实基础设施建设，重点引进高新技术和高附加值等产业来实现经济发展与生态保护双向车道同步前进。

同时随着工业化和城镇化进程不断加快，工业生产用地不断侵占农业生产用地和生态用地，导致粮食生产功能和生态保护功能逐渐减弱。在加快推进工业化进程的过程中，应提高工业生产用地的使用效率，进行土地集约化利用，实施差异化用地指标配置，实现规范用地，同时对已有工业生产用地加以整治，缓解用地供需矛盾。通过将土地用途、容积率、开发强度等指标要素写入土地使用合同形式来约束工业生产用地占用生态用地等地类的行为，同时加强占用生态用地等地类的占用税等相关税制，以此来减少工业生产用地对生态的破坏。加强土地用途管制，限定工业集中在园区内，严格控制园区总用地规模增长，限制、淘汰污染型企业以及清退用地空间。《山西省黄河流域生态保护和高质量发展规划》指出要强化国土空间管控，明确农村居民点用地扩展控制边界，推动工业用地进一步向工业园区集中。强化土地用途管制，严格控制工业生产用地非生产性用地规模，努力提高生产性项目用地比例。将工业限定在工业园区内，严格控制园区总用地规模增长，限制、淘汰污染型企业以及清退用地空间。稳步推进旧工业用地有序更新改造，为新经济、新业态发展释放空间。开展老旧工业生产用地改造，盘活低效用地资源，腾挪产业发展空间，实现空间布局优化，加快产业结构调整，实现工业高质量发展。不断加大资金、人力和技术投入，加快对采矿形成的尾矿库、排土场、渣场、露天采矿坑等损毁压占土地的综合整治和生态环境修复步伐；按照“谁投资，谁受益”的原则，制定积极、优惠政策吸引民间资金开展矿山工业生产用地生态环境治理；对工业生产用地的管控应该从源头进行把控，严格考量其选址，不折不扣编制和实施其规划，严格管控其建设过程，积极推广现代开采模式；确保把工业生产用地对生态环境的影响降到最小，推进生态文明建设，实现工业生产用地和周边生态环境、生态用地的协调发展。

（三）城镇生活用地开发利用战略路径

进一步优化城镇生活用地结构与布局，促使城镇生活用地转型与经济发展转型升级相协调，加快新旧动能转化，加快发展新兴产业和生态产业，调整城镇扩张模式，促进城镇生活用地健康、稳定、合理扩张，提升城镇生活用地扩张质量。

对于新增城镇生活用地占用农业生产用地面积大的县域，比如榆次区、孝义市和小店区，应以保护耕地作为当地新型城镇化发展的前提条件。在不突破城镇生活用地总量的前提下，增加年度新增建设用地指标，适度、合理扩张用地规模，努力促使集约用地的增量上升[285]，推动产业结构优化升级，实现可持续发展。对于城镇生活用地占用生态用地明显的县域，必须防止城镇生活用地无序扩张，调整城镇扩张模式，落实生态保护政策，通过重点完善基础和公共服务设施，发展特色产业和生态产业，促进区域社会和经济发展[286]。重点解决部分县域快速的经济增长和有限的土地资源之间的矛盾，提升城镇生活用地与经济发展水平的耦合协调水平[287]，防止城镇生活用地盲目扩张。深入贯彻落实黄河流域生态保护和高质量发展战略，统筹协调经济发展与生态建设，培育特色产业，提升城镇生活用地扩张质量，进一步深挖存量城镇生活用地，推动城镇内涵集约式发展，充分发挥流域内中心城市的引领和辐射带动作用，促进资源跨地区有序调配和合理配置，推动流域高质量发展。

（四）农村生活用地开发利用战略路径

合理引导村庄规划，提高乡村宅基地和废弃荒地的利用率，优化空间布局，激发土地利用潜力，科学推进农村居民点整治，坚决守住耕地红线，实施乡村振兴与新型城镇化“双轮驱动”战略。

引导村庄规划，优化农村居民点布局，加强农村基础设施和公共服务设施集约配置，促进土地集约利用，整合生产和生态空间，扎实推进乡村振兴进程。对于因自然灾害和人为原因导致农村宅基地废弃的土地，在征得农民自愿的前提下，合理对整理腾挪出的土地采取耕地复垦和平整，激发土地利用潜力。对农村住宅建设占用耕地的，要按照“占一补一、占优补优、占水田补水田”的原则，农村村民建住宅，应当符合乡（镇）土地利用总体规划、村庄规划。《关于切实保障农村村民住宅建设合理用地的通知》要求农村村民住宅建设要优先利用村内空闲地，尽量少占农用地，禁止占用永久基本农田，坚决遏制新增农村乱占耕地建房行为。适度进行中心村建设，有序开发农村居民点[288]。综合考虑乡村整治潜力的基础上，对自然条件和经济条件都优越的村庄进行整治[289]。严格控制农村生活用地规模扩张，以原地微循环和精细化的方式开展农村建设用地复垦，逐步提高农村生活用地利用集约化水平[290]。落实村庄布局，严守永久基本农田保护红线，筑牢生态保护红线，不断优化农村生活空间布局，落实乡村产业发展用地，助推全面乡村振兴。

（五）林地生态用地开发利用战略路径

汾河流域林地建设将进入由大规模“增绿”向“适度扩绿”和高质量“优绿”转变的新阶段。依据不同自然本底，分类分层实施差异化林地生态系统保护、修复和管控措施。

“十三五”期间，山西省累计造林 1378 万亩，森林覆盖率达 20.5%，中国气象局《全国生态气象公报》显示，山西省植被生态质量改善最快。但森林覆盖比全国平均水平低1.16个百分点，平均覆盖水平依然谓之“低”。乔木林单位面积蓄积量表征乔木林的质量高低，全国第八次森林资源清查结果显示，山西省乔木林单位面积蓄积量为46.28m^3，仅为全国平均水平的51.54%，三北防护林区存在600多万亩退化林分，表明森林资源质量提升空间较大，森林资源质量谓之“差”。在退耕还林工程中，要严格控制还经济林的比重，因为有些经济林的水土保持功能不及生态林的30%[291]，这样就没有达到退耕还林加强水土保持功能的效果。

开展国土绿化彩化财化行动，按照林草融合实现“黄土不露脸”的要求，因地制宜推进高质量国土绿化行动。“优绿”不代表不要“增量”，不能“一刀切”，而是“以水定绿、量水而行”，依据水资源的植被承载力额度，宜乔则乔、宜灌则灌，实施树种区别、地域区别、本底区别的林地生态保护和恢复。在自然本底好、立地条件优的区域继续种植乔木树种，推行乔灌结合造林，加强水源涵养和水土保持功能；在立地条件差、造林难度大的区域，以自然恢复为主，人工生物抚育措施为辅，选择合适树种，提高区域内林地覆盖率；在保障生态环境不受影响的前提下，在适宜经济林发展的区域种植以苹果、核桃和枣类等传统经济林木和以双季槐等特色经济林木为主的经济林木，发展和壮大经济林产业，实现林地生态环境保护和经济发展的双向目标。在森林修复条件适宜的地区，开展灌木林改造，以抚育修复、补造修复和平茬复壮为主；推进退化林修复，以更新修复为主，其中林木稀疏、林中空地较多的区域可采用全面补造修复；森林修复谓之“难”。优化林分结构，尤其是生态系统已出现逆向演替态势的林分，提高林地产出效益。坚持尊重自然、顺应自然、保护自然的生态文明理念，在吕梁山区，坚持山水林田湖草共同体的综合治理理念，推动林路、林水、林苗、林田一体化发展；坚持生态化和本土化，适地适树选择乔灌花草，建设沿汾河生态廊道，通过科学造林、集约造林、高效造林，促进了林业提质增效升级。

（六）草地生态用地开发利用战略路径

汾河流域草地保护和修复已经进入了单一对“草”的保护、修复向“林草深度融合”保护、修复转变的新阶段。本着“宜林则林、宜草则草”的原则，实施差异化林草保护和修复策略，推进林草融合高质量发展。

遵照林草相互渗透、此消彼长、自然演替的客观规律，必须破除林与草之间的壁垒，林草规划、保护、修复和管控必须“一张图”。草原是地球的皮肤，森林就是大地的衣裳，草因林而美丽，林因草而挺拔，构建林茂草丰、山川秀美的生态共同体，是顺应自然、尊重自然的选择。严格保护河流源头等重要生态区位天然草原，坚决杜绝在天然草地上盲目造林、林带中盲目铲草等行为。

对于低覆盖度草地继续实施围栏保护草原，补播优良草种、改良天然草地；对于自然保护区等重点保护区实施生态移民搬迁工程、拉网封禁和植被恢复建设等措施，清退自然保护区核心区、缓冲区村落。新造林、经济林和未成林等的林下间隙种植多年生浅根型草种，发挥固碳、保水、改土等作用，形成林草良性互动的生态效益。因地制宜选择草种，在保护原生植被前提下，提高荒山、荒沟、荒滩、荒丘草地覆盖度，有效改良土壤，提高水源涵养能力，加强水土保持力，促进生态环境良性发展。完善基本草原保护、草原征占用、草原承包经营和草畜平衡等制度。坚持植树种草复绿和全面乡村振兴相结合，在脱贫攻坚中实施易地搬迁后的闲置土地以及村落中的其他撂荒地应该植树种草，支持重新激活美丽乡村林草生态效益。

（七）水域生态用地开发利用战略路径

汾河流域水问题已经进入水资源短缺、水环境污染、地下水超采、水生态损害等新老水问题交织新阶段。推进入河排污口“查、测、溯、治”工作，分区、分层、分类限制地下水开采，从单一的“工程治水”向水生态的整体修复的“生态治水”转变。

汾河流域先后经过四次治理，前三次治理以防洪保安、水资源开发利用、治理水土流失为重点，2008年开始实施“千里汾河清水复流工程”，拉开了汾河第四次治理大幕，通过全面实施节水治污和优化水资源配置，结束了汾河干流部分河段连续12年断流的历史，流域地下水位实现止降回升。2019年汾河百公里中游示范区先行示范段项目开始实施，形成了汾河重要的生态廊道。

山西省推进水生态修复治理，突出抓好水网建设、生态修复和民生水利三个主攻方向，努力构建新阶段水利改革发展新格局。加强水土流失治理和推动堤外人工湿地建设，增强植被水源涵养能力，减少泥沙进入河道，提升河流沿岸生态缓冲带防护水平，进而提高水质；加强企业污水排放的深度、精准治理，有序开展流域内入河排污口的“查、测、溯、治”工作；多举措推进城镇生活污水和农业、农村污染系统治理。因地制宜，分区域、分层次、分类别限制地下水开采，在地下水禁采区和限采区，严禁开凿新井。加快建设节水型社会，在山西转型时期，实现经济社会高质量发展的“水瓶颈”向“水支撑”转变。“五湖”生态保护和修复以流域为单元，山水林田湖草系统规划，重点做好湖泊生态空间管控、水污染防治、生物多样性保护、历史文化传承和科学开发，使“五湖”水体及周边生态环境得到根本性改善。坚持水资源、水生态、水环境“三水”统筹，扎实推进水资源保护、水污染治理、水环境改善、水生态修复、水安全保障，高标准建设汾河生态廊道，确保“一泓清水入黄河”，以生态福祉的提升进一步增强人民群众的获得感和幸福感。

（八）水土保持治理战略路径

汾河流域水土保持治理将进入由重“自然治理”、轻“社会需求”向直面人的需求的综合水土保持治理转变的新阶段。本着因地制宜原则，通过工程和生物措施相结合系统治理，保持水土保持和经济发展“双向车道”同时发力。

以往的水土流失治理以自然为单元，以控制水土流失为目的布设人为治理措施，重视短期治理效果，将增加农民收入、改善生活条件作为水土保持效益的体现。而随着水土流失治理程度加强，流失面积缩减，流失强度降低，必须转变治理理念，直接面向人的需求布设治理措施，更改治理目标，以促进农业可持续和高质量发展、改善农村人居环境、提高农民收入和生活水平为目标。

“十三五”期间，山西水土流失治理成效显著，累计治理水土流失面积 1.84 万平方公里，每年向黄河的输沙量由新中国成立之初的 4×10^8t 左右减少到不足 2×10^7t。2021 年山西省完成水土流失治理面积 550 万亩。水土流失治理对策：继续以小流域为治理单元，山水田林路科学规划，优化水土资源配置，尊重自然、顺应自然、保护自然，通过山水林田湖草的系统综合治理，重点以拦沙减沙、改善生态、蓄水保护、增产增效为主导治理，通过工程和生物措施进行系统整治。工程措施包括：进行拦蓄径流、淤地造田、控沟稳坡等沟道工程建设；在保证农产品自给的前提下实施陡坡改梯工程；提升小型水利水保工程拦蓄坡面径流能力。生物措施包括：实施陡坡退耕还林还草工程，增加坡面以灌草为主的植被覆盖；沟坡、沟道、沟头、台地等区域营造水土保持林、防冲林、防护林、护岸和护滩林，缓坡种植沙棘等经济林木。在水土保持的同时要兼顾当地经济发展和农民收入，不能“脱离群众”单纯进行“修复治理”，“十四五”期间要继续加强水土流失综合治理和巩固精准脱贫成果双向发展，力求生态、经济和社会效益相统一，实现水土保持治理助力巩固脱贫向全面乡村振兴平稳过渡。

（九）加强国土空间规划实施和用途管制监督管理

2023 年 5 月，自然资源部印发了《自然资源部关于深化规划用地“多审合一、多证合一”改革的通知》（自然资发〔2023〕69 号），11 月印发了《关于加强和规范规划实施监督管理工作的通知》（自然资发〔2023〕237 号），指出严格国土空间规划实施监督管理，关乎规划严肃性和权威性，关乎民生福祉和高质量发展。依据法定规划实施用途管制，经依法批准的国土空间规划是开展各类国土空间开发保护建设活动、实施统一用途管制的基本依据；规范规划条件设置；严格规划许可管理，为确保资源得到高效利用，必须严格建立并实施土地利用规划许可制度，提高土地利用规划决策和服务水平，保障土地资源发挥最大价值，在建设实践中还需注重健全土地利用规划许可法律程序、完善公众参与机制、规范救济机制等[292]；加强监测评估和监督检查，强化国土空间规划监督管理，建立健全规划实施监督检查制度，实行专项检查与经常性监督检查相结合，加强对规划实施管理的公众监督、舆论监督和人大监督[293]。

从土地资源规划管理上看，由于山西省资源消耗型产业和传统经济的发展，“高耗能、高污染”两高行业长期惯性影响，“三重三轻”（重发展、轻保护，重城市、轻农村，重用地、轻保障）的传统发展观念根深蒂固且转变困难，导致流域内以过度消耗土地资源为代价的传统发展方式普遍存在，部分行业和领域超标准用地、土地浪费现象依然突出，土地利用总体效益低。山西省自然资源厅在2023年12月印发了《关于深化规划用地“多审合一、多证合一”改革推进加强和规范规划实施监督管理工作的通知》（晋自然资发〔2023〕59号），指出要落实以“多规合一”为基础，推动“多审合一”“多证合一”，坚决防止规划实施领域违法违规许可、重许可轻监管等问题，提高审批效能和监管服务水平的要求。从加快乡镇国土空间规划和详细规划的编制报批；落实规划选址综合论证及相关工作要求；严格规范实施各类规划许可；探索优化管理规则和办理流程；严格落实国土空间用途管制要求五个方面做了具体要求。

参考文献

［1］习近平 . 在黄河流域生态保护和高质量发展座谈会上的讲话［J］. 水资源开发与管理，2019，(11)：1-4.

［2］郭晗，任保平 . 黄河流域高质量发展的空间治理：机理诠释与现实策略［J］. 改革，2020，(04)：74-85.

［3］徐勇，王传胜 . 黄河流域生态保护和高质量发展：框架、路径与对策［J］. 中国科学院院刊，2020，35（07）：875-883.

［4］邓旭，谢俊，滕飞 . 何谓“碳中和”？［J］气候变化研究进展，2021，17（01）：107-113.

［5］徐影，郭楠，茹凯丽，等 . 碳中和视角下福建省国土空间分区特征与优化策略［J］. 应用生态学报，2022，33（02）：500-508.

［6］黄贤金，张秀英，卢学鹤，等 . 面向碳中和的中国低碳国土开发利用［J］. 自然资源学报，2021，36（12）：2995-3006.

［7］李克让 . 土地利用变化和温室气体净排放与陆地生态系统碳循环［M］. 北京：科学出版社，2002：5-100.

［8］Qin J，Ou D，Gao X，et al. Synergizing economic growth and carbon emission reduction in China：A path to coupling the MFLP and PLUS models for optimizing the territorial spatial functional pattern［J］.The Science of the Total Environment，2024，929：171926.

［9］柯楠，卢新海，匡兵，等 . 碳中和目标下中国耕地绿色低碳利用的区域差异与影响因素［J］. 中国土地科学，2021，35（08）：67-76.

［10］宋伟，陈百明，刘琳 . 中国耕地土壤重金属污染概况［J］. 水土保持研究，2013，20（02）：293-298.

［11］许丁，张卫民 . 基于碳中和目标的森林碳汇产品机制优化研究［J］. 中国国土资源经济，2021，34（12）：22-28+62.

［12］王君 . 深入实施碳达峰碳中和山西行动［N］. 山西日报，2021-11-27.

［13］王丽蓉，石培基，尹君锋，等 . 碳中和视角下甘肃省县域碳收支时空分异与国土空间分区优化［J］. 环境科学，2024，45（07）：4101-4111.

［14］郝庆，郑筱津，付世华 . 国土空间格局优化的总体思路与技术流程——以市县级国土空间规划为例［J］. 经济地理，2024，44（01）：166-173.

［15］樊杰，陶岸君，吕晨 . 中国经济与人口重心的耦合态势及其对区域发展的影响［J］. 地理科学进展，2010，29（01）：87-95.

[16] 陈逸，黄贤金，陈志刚，等．中国各省域建设用地开发空间均衡度评价研究［J］．地理科学，2012，32（12）：1424-1429.

[17] 王艳飞，刘彦随，严镔，等．中国城乡协调发展格局特征及影响因素［J］．地理科学，2016，36（01）：20-28.

[18] 丁焕峰，刘心怡．城镇化背景下城乡收入差距的时空演化［J］．经济地理，2017，37（04）：32-41.

[19] 沈晓艳，王广洪，黄贤金．1997—2013 年中国绿色 GDP 核算及时空格局研究［J］．自然资源学报，2017，32（10）：1639-1650.

[20] Sun Y，Liu S，Dong Y，et al. Spatio-temporal evolution scenarios and the coupling analysis of ecosystem services with land use change in China［J］. Science of the Total Environment, 2019, 681（SEP.1）: 211-225.

[21] 宋永永，庞先峰，唐宇，等．能源富集区社会—生态系统韧性演化与机理——以榆林市为例［J］．经济地理，2024，44（01）：32-44.

[22] 夏敏，张开亮，文博，等．煤炭资源枯竭型城市工矿用地时空变化模拟与生态风险评价——以江西省萍乡市安源区为例［J］．地理研究，2017，36（9）：1773-1786.

[23] 付建新．山西黄河流域不同土地利用类型 NDVI 时空变化及其对气温、降水的响应［J］．水土保持研究，2023，30（03）：364-372.

[24] 王田雨，岳文泽．面向碳增汇的国土空间格局优化：理论框架与行动逻辑［J］．自然资源学报，2024，39（05）：1008-1021.

[25] 李睿倩，单季香，赵健，等．环渤海地区国土空间利用质量时空演化及障碍因子分析［J］．地理研究，2024，43（03）：736-753.

[26] 陈明星，梁龙武，王振波，等．美丽中国与国土空间规划关系的地理学思考［J］．地理学报，2019，74（12）：2467-2481.

[27] 林坚，刘松雪，刘诗毅．区域—要素统筹：构建国土空间开发保护制度的关键［J］．中国土地科学，2018，32（06）：1-7.

[28] http：//www.gov.cn/zhengce/2019-05/23/content_5394187.htm.

[29] 王晓楠，孙威．黄河流域资源型城市转型效率及其影响因素［J］．地理科学进展，2020，39（10）：1643-1655.

[30] 孙拖焕，等．山西省森林生态连清与生态系统服务功能研究［M］．北京：中国林业出版社，2019.

[31] 胡西武，何福杰，姚海艳，等．青海省生态友好等级区识别、时空演化与地理探测——基于“三生”空间视角［J］．干旱区资源与环境，2024，38（02）：39-50.

[32] 董建红，张志斌，刘奔腾，等．“三生”空间视角下西北地区生态环境质量分异机制的地理探测［J］．干旱区地理，2023，46（04）：515-526.

[33] Lambin E F，Meyfroidt P. Land use transitions：Socio- ecological feedback versus socio-economic change［J］. Land Use Policy, 2010，27（02）：108-118.

[34] 陈万旭，李江风，曾杰，等．中国土地利用变化生态环境效应的空间分异性与形成

机理［J］. 地理研究，2019，38（09）：2173-2187.
［35］刘超，许月卿，孙丕苓，等. 土地利用多功能性研究进展与展望. 地理科学进展，2016，35（09）：1087-1099.
［36］黄金川，林浩曦，漆潇潇. 面向国土空间优化的三生空间研究进展. 地理科学进展，2017，36（03）：378-391.
［37］魏国恩，刘耀彬，李汝资，等. 近 40 年鄱阳湖区“三生空间”格局转型与空间异质机制［J］. 生态学报，2024，44（06）：2308-2322.
［38］凌子燕，李延顺，蒋卫国，等. 山江海交错带城市群国土三生空间动态变化特征——以广西北部湾城市群为例［J］. 经济地理，2022，42（02）：18-24.
［39］杜品品. 北盘江流域三生空间格局演变与驱动因素［J］. 地域研究与开发，2024，43（02）：41-47.
［40］康庆，郭青霞，丁一，等. 山西省“三生”功能协同 / 权衡关系分析［J］. 自然资源学报，2021，36（05）：1195-1207.
［41］刘俊祥，张蕾，刘格格，等. 湖北省国土空间“三生”功能权衡特征及影响因素分析［J］. 水土保持研究，2024，31（02）：354-366+378.DOI：10.13869/j.cnki.rswc.2024.02.014.
［42］杨朔，杨禾馨，赵国平. 内蒙古农牧交错带土地利用转型生态环境效应及分异机制——基于三生空间主导功能判别视角［J］. 干旱区资源与环境，2024，38（01）：22-30.
［43］黄烈佳，鲁昭，胡伟艳. 长江经济带城市空间“三生”功能耦合协调时空演化特征及影响因素［J］. 长江流域资源与环境，2024，33（04）：687-698.
［44］梁浩源，李晶，殷守强，等. 辽中南—哈长城市群“三生”功能耦合协调时空演变及影响因素分析［J］. 中国农业大学学报，2023，28（09）：218-233.
［45］张蓉，毛德华. 长株潭都市圈“三生空间”用地转型及生态环境效应［J］. 湖北农业科学，2024，63（02）：120-127.DOI：10.14088/j.cnki.issn0439-8114.2024.02.020.
［46］尹君锋，宋长青，石培基，等. 耦合视角下甘肃省县域乡村“三生”功能协调度的时空跃迁特征与影响因素［J］. 地理研究，2024，43（04）：874-892.
［47］於冉，汪沁，张茜，等.“三生”协调视角下村庄主导功能分区研究［J］. 沈阳农业大学学报，2023，54（04）：478-489.
［48］董兆蓉，苑全治，王紫晨，等. 川西农牧交错带“三生”空间冲突演变特征分析及模拟预测——以阿坝州四县为例［J］. 生态学报，2023，43（15）：6243-6256.
［49］万鼎，王志远，谭勇，等. 基于开发保护综合效益的洞庭湖生态经济区“三生空间”格局优化［J］. 应用生态学报，2024，35（01）：255-267.
［50］张考，黄春华，王志远，等. 基于 DTTD-MCR-PLUS 模型的三生空间格局优化——以长沙市为例［J］. 生态学报，2022，42（24）：9957-9970.
［51］王佳楠，张志. 基于 Markov-PLUS 模型的柴北缘土地利用变化及模拟分析［J］. 西北林学院学报，2022，37（03）：139-148+179.

[52] 黄栋，刘跃宗，刘建宁，等．辽宁省“三生”功能时空演变及其碳排放效应［J］．水土保持通报，2024，44（01）：421–431.

[53] 高鹏飞，杨朝现，信桂新，等．三峡库区重庆段国土空间“三生”功能时空演变特征及格局优化［J］．生态与农村环境学报，2023，39（09）：1103–1113.

[54] 刘纪远，张增祥，徐新良，等.21世纪初中国土地利用变化的空间格局与驱动力分析［J］．地理学报，2009，64（12）：1411–1420.

[55] 武占云，单菁菁．城市“三生空间”格局演化与优化对策研究［J］．城市，2019，（10）：15–26.

[56] 董建红，张志斌，笪晓军，等．“三生”空间视角下土地利用转型的生态环境效应及驱动力——以甘肃省为例［J］．生态学报，2021，41（15）：5919–5928.

[57] 高星，刘泽伟，李晨曦，等. 基于“三生空间”的雄安新区土地利用功能转型与生态环境效应研究. 生态学报，2020，40（20）：7113–7122.

[58] 山西省统计局，国家统计局山西调查总队．山西统计年鉴（2021）［M］．北京：中国统计出版社，2021.http：//tjj.shanxi.gov.cn/tjsj/tjnj/nj2021/zk/indexch.htm.

[59] 王秀兰，包玉海．土地利用动态变化研究方法探讨［J］．地理科学进展，1999，18（01）：81–87.

[60] 徐岚，赵羿．利用马尔柯夫过程预测东陵区土地利用格局的变化［J］．应用生态学报，1993，4（03）：272–277.

[61] 朱会义，李秀彬．关于区域土地利用变化指数模型方法的讨论［J］．地理学报，2003，58（05）：643–650.

[62] Wang J F，Li X H，Christakos G，et al. Geographical detectors：Based health risk assessment and its application in the neural tube defects study of the Heshun Region，China［J］. International Journal of Geographical Information Science，2010，24：107–127

[63] 王劲峰，徐成东．地理探测器：原理与展望［J］．地理学报，2017，72（1）：116–134.

[64] 霍兵．建立我国空间规划机制和方法的探讨［J］．城市，2002，（02）：7–11.

[65] 王铮，乐群，吴静．理论地理学（第二版）［M］．北京：科学出版社，2015.

[66] 胡兆量．地理环境概述［M］．北京：科学出版社，1994.

[67] 靳利飞，刘天科，刘芮琳．空间秩序的尺度选择：基于国家级国土空间规划视角的剖析［J］．城市发展研究，2022，29（07）：30–37.

[68] 黄征学，黄凌翔．国土空间规划演进的逻辑［J］．公共管理与政策评论，2019，8（06）：40–49.

[69] 彭建，吕丹娜，董建权，等．过程耦合与空间集成：国土空间生态修复的景观生态学认知［J］．自然资源学报，2020，35（01）：3–13.

[70] 马海涛．科学认知“国土空间”［J］．科学，2015，67（05）：42–44+4.

[71] 孙爱博，张绍良，公云龙，等．国土空间用途的权衡决策方法研究［J］．中国土地科学，2019，33（10）：13–21.

［72］康庆，郭青霞，丁一，等．山西省 2005—2018 年“三生”功能的时空分异特征及其影响因素［J］．水土保持通报，2021，41（05）：327–337.
［73］张永姣，方创琳．空间规划协调与多规合一研究：评述与展望［J］．城市规划学刊，2016，（02）：78–87.
［74］肖金成．优化国土空间开发格局的基本思路［N］．中国科学报，2013–04–29（08）.
［75］李广东，方创琳．中国县域国土空间集约利用计量测度与影响机理［J］．地理学报，2014，69（12）：1739–1752.
［76］张晋晋，韩克勇，黄征学．中国式现代化国土空间体系的内涵把握与实践方略［J］．江苏社会科学，2024，（03）：178–186.
［77］赵群毅，高一朝，张梦宇，等．走向“双脉络”耦合的国土空间治理现代化路径探讨［J］．城市发展研究，2024，31（03）：9–15+38.
［78］江曼琦，刘勇．“三生”空间内涵与空间范围的辨析［J］．城市发展研究，2020，27（04）：43–48+61.
［79］张令达，侯全华，段亚琼．生态文明背景下三生空间研究：内涵、进展与对策［J］．生态学报，2024，44（01）：47–59.
［80］王孚鑫，王元，吴婷婷，等．基于“三生”空间协调的彭泽县空间适宜性评价与优化［J］．江西农业学报，2023，35（10）：169–176.
［81］崔家兴，顾江，孙建伟，等．湖北省三生空间格局演化特征分析［J］．中国土地科学，2018，32（08）：67–73.
［82］朱媛媛，余斌，曾菊新，等．国家限制开发区“生产—生活—生态”空间的优化——以湖北省五峰县为例［J］．经济地理，2015，35（04）：26–32.
［83］李广东，方创琳．城市生态—生产—生活空间功能定量识别与分析［J］．地理学报，2016，71（01）：49–65.
［84］陈振，郭杰，张雪微，等．耦合景观生态安全格局的南京市“三生”空间多情景模拟［J］．水土保持研究，2024，31（04）：383–394.
［85］尹登玉，于昊辰，卢彦琦，等.2000—2020 年黄河流域国土空间格局演变及生态响应［J］．农业工程学报，2023，39（04）：217–228.
［86］刘彦随，刘玉，陈玉福．中国地域多功能性评价及其决策机制［J］．地理学报，2011，66（10）：1379–1389.
［87］孙雪东．国土空间规划体系中“三区三线”的基本考虑［J］．城市规划，2023，47（06）：51–56+88.
［88］中共中央办公厅 国务院办公厅印发《关于在国土空间规划中统筹划定落实三条控制线的指导意见》［N］．人民日报，2019–11–1（1）.
［89］陆大道．关于“点—轴”空间结构系统的形成机理分析［J］．地理科学，2002，22（01）：1–6.
［90］陆大道．我国区域开发的宏观战略［J］．地理学报，1987，42（02）：97–105.

[91] 樊杰 . 我国主体功能区划的科学基础 [J] . 地理学报，2007，62（04）：339–350.
[92] 樊杰 . 中国主体功能区划方案 [J] . 地理学报，2015，70（02）：186–201.
[93] 陈磊，姜海 . 国土空间规划：发展历程、治理现状与管制策略 [J] . 中国农业资源与区划，2021，42（02）：61–68.
[94] 兰利花，田毅 . 国土空间规划研究进展与展望 [J] . 江西农业学报，2020，32（09）：134–142.
[95] WCED. Our Common Future [M] . Oxford：Oxford University Press，1987.
[96] 黄晶 . 从 21 世纪议程到 2030 议程——中国可持续发展战略实施历程回顾 [J] . 可持续发展经济导刊，2019，（Z2）：14–16.
[97] United Nations. Transforming our world：The 2030 agenda for sustainable development. division for sustainable development goals：New York NYUSA [EB/OL] . 2015，https：//sustainable development.un.org/post 2015/transforming our world.
[98] 张朝枝，杨继荣 . 基于可持续发展理论的旅游高质量发展分析框架 [J] . 华中师范大学学报（自然科学版），2022，56（01）：43–50.
[99] 吴传钧 . 论地理学的研究核心——人地关系地域系统 [J] . 经济地理，1991，（03）：1–6.
[100] 邓伟，张少尧，张昊，等 . 人文自然耦合视角下过渡性地理空间概念、内涵与属性和研究框架 [J] . 地理研究，2020，39（04）：761–771.
[101] 牛文元 . 可持续发展战略——21 世纪中国的必然选择 [J] . 中国科学院院刊，2000，（04）：270–275.
[102] 吴传钧 . 人地关系地域系统的理论研究及调控 [J] . 云南师范大学学报（哲学社会科学版），2008，40（02）：1–3.
[103] 杨宇，李小云，董雯，等 . 中国人地关系综合评价的理论模型与实证 [J] . 地理学报，2019，74（06）：1063–1078.
[104] 吴传钧. 人地关系与经济布局 [M]. 北京：学苑出版社，1998.
[105] 李振民，石磊 . 高质量发展视角下湖南武陵山片区人地关系协调与空间协调研究 [J] . 人文地理，2024，39（01）：113–121.
[106] 樊杰 . “人地关系地域系统”是综合研究地理格局形成与演变规律的理论基石 [J] . 地理学报，2018，73（04）：597–607.
[107] 李从欣，刘佳源 . 中国式现代化视角下京津冀人与自然和谐共生的实证研究 [J] . 统计与管理，2023，38（12）：73–81.
[108] 李小建，文玉钊，李元征，等 . 黄河流域高质量发展：人地协调与空间协调 [J] . 经济地理，2020，40（04）：1–10.
[109] 张永芳，周斌，李蛟，等 . 黄河流域生态承载力及人地关系可持续发展——基于异速生长模型的研究 [J] . 西北人口，2024，45（04）：112–126.
[110] 盛科荣，樊杰 . 地域功能的生成机理：基于人地关系地域系统理论的解析 [J] . 经济地理，2018，38（05）：11–19.

[111] 陈东，刘宝印，樊杰，等.主体功能区战略的实施评估与前景展望［J］.中国科学院院刊，2024，39（04）：620-628.
[112] 吴桐，岳文泽，夏皓轩，等.国土空间规划视域下主体功能区战略优化［J］.经济地理，2022，42（02）：11-17+73.
[113] 周恺，张旭阳，夏依宁，等.人口—土地协调视角下的湖南省主体功能区优化探索［J］.资源科学，2024，46（02）：421-433.
[114] Perroux F .Economic Space：Theory and Applications1［J］.The Quarterly Journal of Economics，1950：89-104.
[115] 哦玛啦，郭健斌，郝文渊.基于增长极理论的林芝市经济发展研究［J］.经济研究导刊，2024，（01）：9-12.
[116] 肖良武，黄臻，罗玲玲.省域经济增长极选择及培育路径研究［J］.经济问题，2017，（05）：117-122.
[117] 李铭，易晓峰，刘宏波，等.作为增长极的省会城市经济、人口和用地的集聚机制分析及对策建议［J］.城市发展研究，2021，28（08）：70-76+2.
[118] 齐元静，金凤君，刘涛，等.国家节点战略的实施路径及其经济效应评价［J］.地理学报，2016，71（12）：2103-2118.
[119] 柳卸林，王宁，吉晓慧，等.中心城市的虹吸效应与区域协调发展［J］.中国软科学，2022，（04）：76-86.
[120] 于珊.东北地区经济发展的问题和路径——基于非均衡发展理论［J］.社会科学家，2021，（10）：86-92.
[121] 徐露.基于增长极理论的乡村旅游资源深度利用研究［J］.农业经济，2017，（08）：88-90.
[122] 郭佳君，李茜.增长极理论与农业产业空间布局研究［J］.农学学报，2021，11（01）：85-90.
[123] 金泽龙.增长极理论视阙下的粤东西北产业园区建设与提质增效能力探究［J］.经济论坛，2019，（02）：121-125.
[124] 王璐玮，孙俊，王苏鹏，等.潜在增长极的空间区位研究——基于江苏省地缘系数的双门槛效应分析［J］.地理与地理信息科学，2019，35（02）：127-134.
[125] 樊杰."十五五"时期中国区域协调发展的理论探索、战略创新与路径选择［J］.中国科学院院刊，2024，39（04）：605-619.
[126] 杨伟民.规划体制改革的理论探索［M］.北京：中国物价出版社，2003.
[127] 马凯."十一五"规划战略研究［M］.北京：北京科学技术出版社，2005.
[128] 樊杰.地域功能—结构的空间组织途径——对国土空间规划实施主体功能区战略的讨论［J］.地理研究，2019，38（10）：2373-2387.
[129] 国家发展和改革委员会. 全国及各地区主体功能区规划（下）［M］. 北京：人民出版社，2015.
[130] 王俊枝，窦银银，薛志忠，等.基于主体功能区划的内蒙古自治区近30年国土空间

演化遥感监测与分析［J］. 测绘通报，2023，（04）：54–58.
［131］王亮，顾伟男，陈沛然 . 主体功能区约束与区域发展协同决策：逻辑与机制［J］. 自然资源学报，2023，38（06）：1430–1446.
［132］樊杰 . 贯彻落实主体功能区战略促区域经济协调发展［J］. 经济研究参考，2023，（06）：9–11.
［133］祁帆，邱思齐，赵成双，等 . 在国土空间规划中完善主体功能区政策制度［J］. 中国科学院院刊，2024，39（04）：714–725.
［134］王亚飞，郭锐，樊杰 . 国土空间结构演变解析与主体功能区格局优化思路［J］. 中国科学院院刊，2020，35（07）：855–866.
［135］林锦耀，黎夏 . 基于空间自相关的东莞市主体功能区划分［J］. 地理研究，2014，33（02）：349–357.
［136］罗伟玲，王艳阳，张恒 . 基于多源数据的主体功能区划分方法——以广州市为例［J］. 热带地理，2020，40（01）：110–118.
［137］马利邦，牛叔文，石培基，等 . 天水市国土空间功能区划与未来空间发展格局——基于主体功能区划框架［J］. 经济地理，2015，35（06）：68–77.
［138］黄淑琳 . 基于主体功能区划思想的荆州市国土空间划分研究［J］. 规划师，2013，29（08）：92–97.
［139］毛蒋兴，黎云莉，陆西茜，等 . 南宁市国土空间总体规划中主体功能区战略传导路径探索［J］. 规划师，2021，37（17）：30–37.
［140］李志刚，姜海，陈海洋 . 主体功能区下协作性土地利用规划管理机制研究［J］. 中国土地科学，2016，30（12）：10–17.
［141］李娜，高晓清，杨发奎，等 . 主体功能区划背景下的宁夏生态文明建设［J］. 中国沙漠，2019，39（01）：12–17.
［142］许顺才，伍黎芝 . 基于空间主体功能导向的国土综合整治研究［J］. 城市发展研究，2020，27（11）：44–50.
［143］薄立明，尹力，魏伟，等 . 主体功能区视角下山东省国土空间格局演变及驱动因素分析［J］. 地理与地理信息科学，2024，40（01）：37–46.
［144］樊杰 . 主体功能区战略与优化国土空间开发格局［J］. 中国科学院院刊，2013，28（02）：193–206.
［145］樊杰 . 中国人文地理学 70 年创新发展与学术特色［J］. 中国科学：地球科学，2019，49（11）：1697–1719.
［146］樊杰，周侃，陈东 . 生态文明建设中优化国土空间开发格局的经济地理学研究创新与应用实践［J］. 经济地理，2013，33（01）：1–8.
［147］夏皓轩，岳文泽，王田雨，等 . 省级“双评价”的理论思考与实践方案——以浙江省为例［J］. 自然资源学报，2020，35（10）：2325–2338.
［148］杨帆，宗立，沈珏琳，等 . 科学理性与决策机制：“双评价”与国土空间规划的思考［J］. 自然资源学报，2020，35（10）：2311–2324.

［149］周道静，徐勇，王亚飞，等．国土空间格局优化中的“双评价”方法与作用［J］．中国科学院院刊，2020，35（07）：814–824.
［150］祁鹿年．“双评价”在国土空间规划中的定位与实施探讨［J］．江苏城市规划，2020，302（01）：28–33.
［151］刘小波，王玉宽，李明．国土空间开发适宜性评价的理论、方法与技术应用［J］．地球信息科学学报，2021，23（12）：2097–2110.
［152］杨帆，席广亮，甄峰，等．“形流融合”视角的国土空间开发适宜性评价：以南京都市圈为例［J］．资源科学，2023，45（12）：2372–2384.
［153］岳文泽，吴桐，王田雨，等．面向国土空间规划的“双评价”：挑战与应对［J］．自然资源学报，2020，35（10）：2299–2310.
［154］马仁锋，季顺伟，马静武，等．海域“双评价”的实践与应用——以温州为例［J］．经济地理，2022，42（01）：21–27.
［155］刘超，霍逸馨，李思颖，等．“双评价”中面向城镇开发的方法与技术优化——以浙江省嘉兴市域为例［J］．自然资源学报，2023，38（03）：618–630.
［156］杨立焜，王璇，孙道成，等．地形位置指数在“双评价”中的研究和应用［J］．自然资源情报，2022，（08）：59–64+58.
［157］张韶月，刘小平，闫士忠，等．基于“双评价”与 FLUS–UGB 的城镇开发边界划定——以长春市为例［J］．热带地理，2019，39（03）：377–386.
［158］项广鑫，符金豪，曾丽婷，等．基于“双评价”的城镇开发边界划定技术——以湘潭县中心城区为例［J］．自然资源学报，2020，35（10）：2401–2414.
［159］杨钦宇，佘婷，卢庆强，等．市县“双评价”技术方法及应用体系研究——基于国土空间规划整体认知视角［J］．城市发展研究，2023，30（02）：7–12+24.
［160］王亚飞，樊杰，周侃．基于“双评价”集成的国土空间地域功能优化分区［J］．地理研究，2019，38（10）：2415–2429.
［161］刘秀霞，董林玥，马士萌，等．基于“双评价”的科尔沁地区三生空间划定［J］．中国农业大学学报，2022，27（09）：213–225.
［162］罗彦，蒋国翔，陈少杰，等．基于“双评价”和主体功能区优化的国土空间规划探索［J］．城市规划，2022，46（01）：7–17+52.
［163］苏鹤放，曹根榕，顾朝林，等．市县“双评价”中优势农业空间划定研究：理论、方法和案例［J］．自然资源学报，2020，35（08）：1839–1852.
［164］李龙，吴大放，刘艳艳，等．生态文明视角下喀斯特地区“双评价”研究——以生态敏感区宁远县为例［J］．自然资源学报，2020，35（10）：2385–2400.
［165］王丽霞，姜群鸥，齐元静，等．大都市外围乡村地区国土空间规划双评价与分区研究——以北京昌平为例［J］．中国农业大学学报，2024，29（01）：167–185.
［166］程佳琦，林伊琳，赵俊三，等．昆明市“三生空间”功能耦合协调时空特征与影响因素［J］．水土保持研究，2024，31（03）：299–310+319.
［167］杨政琨，张雪松，雷自耕，等．鄂北低丘岗地乡村三生空间功能耦合协调度时空

变化研究——以湖北省广水市长岭镇为例［J］.长江流域资源与环境，2024，33（06）：1354-1368.
［168］李波，杨朝现，谢德体，等.山地丘陵区“三生”功能时空演变特征分析——以重庆市江津区为例［J］.水土保持研究，2021，28（04）：316-323.
［169］雷敏，江星月，王蓉，等.黄河流域收缩城市“三生”功能耦合协调分析［J］.西北大学学报（自然科学版），2024，54（03）：461-471.
［170］赵宏波，魏甲晨，孙东琪，等.大城市内部“生产—生活—生态空间”多尺度耦合协调度——以郑州市为例［J］.资源科学，2021，43（05）：944-953.
［171］江东，林刚，付晶莹.“三生空间”统筹的科学基础与优化途径探析［J］.自然资源学报，2021，36（5）：1085-1101.
［172］刘继来，刘彦随，李裕瑞.中国“三生空间”分类评价与时空格局分析［J］.地理学报，2017，72（7）：1290-1304.
［173］陈婧，史培军.土地利用功能分类探讨［J］.北京师范大学学报：自然科学版，2005，41（5）：536-540.
［174］勾蒙蒙，刘常富，李乐，等.“三生空间”视角下三峡库区土地利用转型的生态系统服务价值效应［J］.应用生态学报，2021，32（11）：3933-3941.
［175］丁孝媛，叶长盛.环鄱阳湖城市群“三生”用地转型的生态环境效应及其地形梯度分析［J］.水土保持研究，2024，31（01）：315-326.
［176］韩美，孔祥伦，李云龙，等.黄河三角洲“三生”用地转型的生态环境效应及其空间分异机制［J］.地理科学，2021，41（06）：1009-1018.
［177］吴艳娟，杨艳昭，杨玲，等.基于“三生空间”的城市国土空间开发建设适宜性评价——以宁波市为例［J］.资源科学，2016，38（11）：2072-2081.
［178］倪维秋，夏源，赵宁宁.乡村地域“三生空间”功能演化与耦合协调度研究——以黑龙江省为例［J］.中国土地科学，2022，36（09）：111-119.
［179］张振龙，侯琰珍，孙鸿鹄.乡镇街道尺度国土“三生”空间功能评价及协调关系［J］.自然资源学报，2022，37（11）：2898-2914.
［180］刘海元，韩俊扬，罗雷.基于“三生”空间的土地利用功能转型及其生态环境效应研究——以天津市为例［J］.国土与自然资源研究，2023，（01）：45-51.
［181］付建新.1980—2020年汾河流域“三生空间”土地利用功能变化及其驱动力［J］.应用生态学报，2023，34（07）：1901-1911.
［182］韦军，李晓丹，马丽娅，等.陇中黄土丘陵区土地利用功能时空演变及影响因素［J］.水土保持研究，2021，28（3）：194-202+215.
［183］张涵，李阳兵.城郊土地利用功能演变——以贵州省惠水县乡村旅游度假区好花红村为例［J］.地理科学进展，2020，39（12）：1999-2012.
［184］黄孟勤，李阳兵，李明珍.基于地形地貌差异的三峡库区山区土地利用功能演变研究——以重庆市开州区岳溪镇为例［J］.重庆师范大学学报（自然科学版），2020，37（6）：51-62.

［185］范业婷，金晓斌，项晓敏，等．江苏省土地利用功能变化及其空间格局特征［J］．地理研究，2019，38（2）：383–398.
［186］李德一，张树文，吕学军，等．基于栅格的土地利用功能变化监测方法［J］．自然资源学报，2011，26（8）：1297–1305.
［187］叶静，关瑜，陈影．滨海盐碱区土地利用功能权衡与协同关系及分区——以河北省黄骅市为例［J］．应用生态学报，2023，34（2）：423–432.
［188］单薇，金晓斌，冉娜，等．江苏省土地利用“生产—生活—生态”功能变化与耦合特征分析［J］．长江流域资源与环境，2019，28（7）：1541–1551.
［189］李芬，甄霖，黄河清，等．土地利用功能变化与利益相关者受偿意愿及经济补偿研究——以鄱阳湖生态脆弱区为例［J］．资源科学，2009，31（4）：580–589.
［190］梁小英，段宁，刘康．土地利用功能变化与农户响应研究进展［J］．干旱区地理，2019，42（2）：385–391.
［191］金星星，陆玉麒，林金煌，等．闽三角城市群生产—生活—生态时空格局演化与功能测度［J］．生态学报，2018，38（12）：4286–4295.
［192］杨婷婷，杨丹丽，孙建伟，等．喀斯特山区“三生”功能时空演变及驱动机制——以贵州省为例［J］．生态科学，2023，42（04）：215–224.
［193］朱润苗，陈松林．基于“三生”功能的福建省国土空间特征及优化研究［J］．水土保持通报，2021，41（04）：323–330+2.
［194］王亚楠，肖潇，蒲金芳，等．40 年来长江经济带“三生”空间时空演化特征［J］．农业机械学报，2022，53（11）：215–225.
［195］郑皓，吴颖岷，邓华．苏南地区“三生”空间时空格局特征及机制研究［J］．规划师，2022，38（04）：127–133.
［196］颜俊君，佟涛，马泉来，等．近 30 年来河南省国土“三生”空间转型特征及其情景模拟［J］．水土保持研究，2024，31（04）：374–382+394.
［197］李欣，方斌，殷如梦，等．江苏省县域“三生”功能时空变化及协同 / 权衡关系［J］．自然资源学报，2019，34（11）：2363–2377.
［198］陕永杰，魏绍康，原卫利，等．长江三角洲城市群“三生”功能耦合协调时空分异及其影响因素［J］．生态学报，2022，42（16）：6644–6655.
［199］畅田颖，张仲伍，乔旭宁，等．黄河流域 2000—2020 年“三生”空间土地利用转型及其生态环境效应［J］．水土保持通报，2021，41（04）：268–275.
［200］帕茹克·吾斯曼江，郝晋珉，王楠，等．基于“三生”功能的土地利用转型及其生态环境效应——以尉犁县为例［J］．干旱区地理，2021，44（06）：1612–1622.
［201］李晶，陈松林．基于“三生空间”的福州市土地利用功能转型与生态环境效应研究［J］．生态科学，2024，43（01）：186–194.
［202］邹易，赵一阳，蒙吉军．气候变化背景下黑河流域“三生”空间转型对生态环境质量的影响［J］．北京大学学报（自然科学版），2024，60（03）：528–538.
［203］武燕，吴映梅，李琛，等．基于风险—质量的高原湖泊流域生态分区构建——以

滇池流域为例［J］.生态学报，2024，44（03）：1052–1066.
［204］戴文远，江方奇，黄万里，等.基于“三生空间”的土地利用功能转型及生态服务价值研究——以福州新区为例［J］.自然资源学报，2018，33（12）：2098–2109.
［205］高扬，李加林，刘瑞清，等.长江三角洲核心区绿地系统时空演变特征及生态服务价值评估［J］.生态学杂志，2020，39（03）：956–968.
［206］安斯文，马彩虹，袁倩颖，等.生态移民区“三生”用地变化对生态系统服务的影响——以宁夏红寺堡区为例［J］.干旱区地理，2021，44（06）：1836–1846.
［207］刘莹，耿文亮，邵静文，等.“三生空间”视角下土地利用变化与生态系统服务价值响应——以黄河下游地区为例［J］.地域研究与开发，2021，40（04）：129–135.
［208］叶斌，郑晓华，罗海明，等.“三区三线”统筹划定：现象剖析、技术逻辑与南京经验［J］.城市规划学刊，2024，（01）：54–62.
［209］孙中原，孙成苗，展昀，等.国土空间规划体系下“三生空间”与“三区三线”划定及功能定位研究［J］.自然资源情报，2023，（12）：26–30.
［210］林树高，陆汝成，叶宗达，等.广西国土空间格局演变特征与形成机理［J］.地理科学，2022，42（11）：1963–1974.
［211］梁健，梁婧祎.县域“进出平衡”耕地资源补充潜力分析——以重庆市巴南区为例［J/OL］.自然资源情报：1–8［2024–05–02］.
［212］刘翠霞，梁宇哲，李俊亭.空间治理背景下“三区三线”的管控优化探讨［J］.中国土地，2023，（09）：36–39.
［213］桂增琳，李林，熊耀平，等.“三线”统筹划定情境下山地工业园规划策略——以西林县轻工产业园控规为例［J］.规划师，2022，38（S1）：99–103.
［214］方利，姚敏，于忠伟，等.“三区三线”统筹划定中永久基本农田布局优化方法与实证［J］.农业工程学报，2022，38（16）：42–50.
［215］张斌，李璐，夏秋月，等.“三线”约束下土地利用变化及其对碳储量的影响——以武汉城市圈为例［J］.生态学报，2022，42（06）：2265–2280.
［216］樊杰，周侃.以“三区三线”深化落实主体功能区战略的理论思考与路径探索［J］.中国土地科学，2021，35（09）：1–9.
［217］郝庆，彭建，魏冶，等.“国土空间”内涵辨析与国土空间规划编制建议［J］.自然资源学报，2021，36（09）：2219–2247.
［218］傅伯杰.国土空间生态修复亟待把握的几个要点［J］.中国科学院院刊，2021，36（01）：64–69.
［219］吴次芳，叶艳妹，吴宇哲，等.国土空间规划［M］.北京：地质出版社，2019.
［220］杨建新.国土空间开发布局优化方法研究［D］.武汉：中国地质大学，2020.
［221］黄贤金，陈逸，赵雲泰，等.黄河流域国土空间开发格局优化研究——基于国土开发强度视角［J］.地理研究，2021，40（06）：1554–1564.

[222] 樊杰 . 我国国土空间开发保护格局优化配置理论创新与“十三五”规划的应对策略［J］. 中国科学院院刊，2016，31（01）：1–12.
[223] 肖金成，刘保奎 . 国土空间开发格局形成机制研究［J］. 区域经济评论，2013，（01）：53–57.
[224] 肖金成，欧阳慧 . 优化国土空间开发格局研究［J］. 经济学动态，2012，（05）：18–23.
[225] 彭建，李冰，董建权，等 . 论国土空间生态修复基本逻辑［J］. 中国土地科学，2020，34（5）：18–26.
[226] 冯广京，王睿，谢莹 . 国家治理视域下国土空间概念内涵［J］. 中国土地科学，2021，35（05）：8–16.
[227] 侯勃，岳文泽，马仁锋，等 . 国土空间规划视角下海陆统筹的挑战与路径［J］. 自然资源学报，2022，37（04）：880–894.
[228] 付建新，曹广超，郭文炯 . 祁连山国家公园青海片区山水林田湖草的时空分异［J］. 应用生态学报，2021，32（08）：2866–2874.
[229] 油畅，渠鸿娇，郭泺 . 山水林田湖草沙生命共同体理念下社会—生态系统时空耦合及模拟预测［J］. 生态学报，2024，44（07）：2745–2760.
[230] 严金明，黄宇金，夏方舟 . 面向中国式现代化的国土空间格局优化：基本遵循、理论逻辑和战略任务［J］. 中国土地科学，2023，37（11）：1–10.
[231] 史利江，刘敏，李艳萍，等 . 汾河流域县域经济差异的时空格局演变及驱动因素［J］. 地理研究，2020，39（10）：2361–2378.
[232] 李京京，吕哲敏，石小平，等 . 基于地形梯度的汾河流域土地利用时空变化分析［J］. 农业工程学报，2016，32（07）：230–236.
[233] 吴瑾，郜丹阳，安祥生 . 汾河流域交通优势度空间格局分析［J］. 经济研究参考，2018，（04）：64–70.
[234] 巴特尔・巴克 . 汾河灌区作物生产力模拟及流域水平衡模型之研究［D］. 北京：中国农业大学，2005.
[235] 杜国华，周明枞，王浩清，等 . 试论潮土基层分类［J］. 土壤学报，1981，18（01）：80–86.
[236] 山西省地图编纂委员会 . 汾河流域地图集［M］. 西安：西安地图出版社，2012.
[237] 刘宇峰，孙虎，原志华 .1960 年至 2007 年汾河流域气温年际和季节性变化特征分析［J］. 资源科学，2011，33（03）：489–496.
[238] 刘凯，聂格格，张森 . 中国 1951—2018 年气温和降水的时空演变特征研究［J］. 地球科学进展，2020，35（11）：1113–1126.
[239] 黄建平，张国龙，于海鹏，等 . 黄河流域近 40 年气候变化的时空特征［J］. 水利学报，2020，51（09）：1048–1058.
[240] 赵宗慈，罗勇，黄建斌 . 围绕全球变暖“停滞”的争论［J］. 气候变化研究进展，2016，12（06）：571–574.

[241] 侯剑英. 1961—2012 年汾河流域降水量变化特征 [J]. 水资源保护, 2015, 31 (03): 63-66.
[242] 刘正佳, 钟会民, 李裕瑞, 等. 近 20 年中国粮食生产变化特征及其对区域粮食供需格局的影响 [J]. 自然资源学报, 2021, 36 (06): 1413-1425.
[243] 龙花楼. 中国乡村转型发展与土地利用 [M]. 北京: 科学出版社, 2012.
[244] 刘雅雯, 肖长江, 马晓冬, 等. 乡村人口减少对耕地利用转型的作用路径研究 [J]. 地理科学进展, 2024, 43 (06): 1088-1101.
[245] 李敏, 陈尧, 唐鹏, 等. 家庭生命周期对农户宅基地退出意愿的影响 [J]. 资源科学, 2020, 42 (09): 1692-1703.
[246] 徐晓凡, 辛良杰.2006—2015 年中国乡村人口与住房面积的时空协同研究 [J]. 中国农业大学学报, 2018, 23 (09): 171-185.
[247] 杨帆, 邹伟. 农村宅基地建房规划管理: 现实困境与制度重构 [J]. 南京社会科学, 2017, (05): 53-57.
[248] 潘金生, 张红蕾, 黄龙生, 等. 内蒙古呼伦贝尔市森林生态系统服务功能及价值研究 [M]. 北京: 中国林业出版社, 2019.
[249] Wang J, Wang K L, Zhang M Y. Impacts of climate change and human activities on vegetation cover in hilly southern China [J]. Ecological Engineering the Journal of Ecotechnology, 2015, 81 : 451-461.
[250] 路建兵, 鞠珂, 廖伟斌. 2000—2020 年甘肃省植被覆盖特征及其对气候变化和人类活动的响应 [J]. 中国沙漠, 2023, 43 (04): 118-127.
[251] 汲玉河, 周广胜, 王树东, 等. 2000—2019 年秦岭地区植被生态质量演变特征及驱动力分析 [J]. 植物生态学报, 2021, 45 (06), 617-625.
[252] 刘宪锋, 潘耀忠, 朱秀芳, 等. 2000—2014 年秦巴山区植被覆盖时空变化特征及其归因 [J]. 地理学报, 2015, 70 (05), 705-716.
[253] 张志强, 刘欢, 左其亭, 等. 2000—2019 年黄河流域植被覆盖度时空变化 [J]. 资源科学, 2021, 43 (04), 849-858.
[254] 张镱锂, 李兰晖, 丁明军, 等. 新世纪以来青藏高原绿度变化及动因 [J]. 自然杂志, 2017, 39 (03), 173-178.
[255] 贾丹阳, 熊祯祯, 高岩, 等. 近 30a 台特玛湖地区土地利用 / 土地覆被变化及其影响因素 [J]. 干旱区地理, 2021, 44 (04): 1022-1031.
[256] 梁冠敏, 肖瑶, 刘渺渺, 等. 交通规划背景下福州市土地利用与碳储量变化模拟及其启示 [J]. 自然资源学报, 2023, 38 (12): 3074-3092.
[257] 邓元杰, 侯孟阳, 张晓, 等. 基于 Logistic 回归模型的陕西秦巴山区林地变化驱动力分析 [J]. 南京林业大学学报 (自然科学版), 2022, 46 (01): 106-114.
[258] 崔绿园, 李晶, 邓晓娟, 等. 重点区域林地时空变化特征及驱动力分析 [J]. 中国农业大学学报, 2021, 26 (03): 164-175.
[259] 牡丹, 潮洛濛. 鄂尔多斯市林地变化与社会经济驱动因素研究 [J]. 环境科学与

技术，2010，33（S2）：98-101.
［260］史晓亮，王馨爽．黄土高原草地覆盖度时空变化及其对气候变化的响应［J］．水土保持研究，2018，25（04）：189-194.
［261］Shi Y F，Shen Y P，Kang E， et al. Recent and future climate change in northwest China［J］. Climatic Change，2007，80（3-4）：379-393.
［262］任婧宇，彭守璋，曹扬，等 .1901—2014 年黄土高原区域气候变化时空分布特征［J］. 自然资源学报，2018，33（04）：621-633.
［263］邓晨晖，白红英，高山，等．秦岭植被覆盖时空变化及其对气候变化与人类活动的双重响应［J］. 自然资源学报，2018，33（03）：425-438.
［264］何维灿．基于地貌类型单元的山西省土地利用变化与适宜性分析［D］. 太原：太原理工大学，2016.
［265］岳方正，李璇，杨鼎，等．我国主要草原有害生物防治指标制定与分析［J］. 草业科学，2022，39（09）：1773-1781.
［266］高新中，薛艳明，牛健中．吕梁草地鼠害调查与分析［J］. 草原与草坪，2008，（04）：51-53.
［267］周春雷．山西省忻州市草地鼠害综合防治措施［J］. 山西农业（畜牧兽医），2007，（12）：17.
［268］赫磊．中华鼢鼠对山西省草地的危害及防治［J］. 山西农业科学，2011，39（04）：361-363.
［269］付建新，曹广超，郭文炯 .1980—2018 年祁连山南坡土地利用变化及其驱动力［J］. 应用生态学报，2020，31（08）：2699-2709.
［270］黄晶，薛东前，董朝阳，等．干旱绿洲农业区土地利用转型生态环境效应及分异机制——基于三生空间主导功能判别视角［J］. 地理科学进展，2022，41（11）：2044-2060.
［271］付建新，曹广超，郭文炯 .1980—2018 年祁连山南坡土地利用地形梯度变化及其地形因子地理探测［J］. 水土保持研究，2021，28（06）：371-381+4.
［272］https：//sthjt.shanxi.gov.cn/zwgk/wrfz/dqwrfzgl/202209/t20220921_7140502_ewm.shtml. 山西省生态环境厅．
［273］瞿诗进，胡守庚，李全峰．中国城市建设用地转型阶段及其空间格局［J］. 地理学报，2020，75（07）：1539-1553.
［274］中华人民共和国自然资源部．国土资源部关于严格土地利用总体规划实施管理的通知（国土资发〔2012〕2 号）. 北京：中华人民共和国自然资源部，2012.
［275］逯承鹏，纪薇，刘志良，等．黄河流域甘肃段县域“三生”功能空间时空格局及影响因素识别［J］. 地理科学，2022，42（04）：579-588.
［276］李国庆，钟庭军．中国住房制度的历史演进与社会效应［J］. 社会学研究，2022，37（04）：1-22+226.
［277］张佰林，张凤荣，周建，等．农村居民点功能演变的微尺度分析——山东省沂水

县核桃园村的实证［J］. 地理科学，2015，35（10）：1272–1279.
［278］林元城，杨忍，葛语思. 农村土地综合整治助力乡村振兴的内在逻辑与传导机制［J］. 规划师，2023，39（05）：12–18.
［279］黄梓鑫，付艳华，李晶，等. 基于村庄类型差异的农村居民点整治潜力研究——以聊城市为例［J］. 中国土地科学，2022，36（12）：78–90.
［280］徐高源，张磊，李正升. 环滇池地区城镇用地时空演变及影响因素分析［J/OL］. 生态经济：1–14［2024–07–05］.
［281］杨浩，方超平，林蕙灵，等. 基于县域单元的福建省国土空间开发利用效率评价［J］. 中国人口·资源与环境，2017，27（S1）：109–113.
［282］罗小龙，陆建城. “十四五”时期发展新趋势与国土空间规划应对［J］. 城市规划，2019，43（10）：9–12+28.
［283］赵瑞，刘学敏. 京津冀都市圈“三生”空间时空格局演变及其驱动力研究［J］. 生态经济，2021，37（04）：201–208.
［284］郝润梅，马玲玲. 关于内蒙古半干旱地区弃耕的思考——以和林格尔县为例［J］. 中国土地科学，2014，28（10）：48–54+96–97.
［285］陈卓，许彩彩，毕如田，等. 基于不同城市化发展阶段的山西省城镇建设用地适度集约利用研究［J］. 中国土地科学，2020，34（06）：103–111.
［286］刘岁，张洪鑫，程伟亚，等. 山东省城镇建设用地扩张质量研究——基于不同扩张模式的分析［J］. 城市问题，2021，（10）：76–84.
［287］魏建飞，李强，安子琪，等. 中国建设用地利用效率与经济发展水平的空间格局演进分析［J］. 地理与地理信息科学，2021，37（03）：82–88.
［288］苑韶峰，张宇，傅锦威，等. 浙江省农村居民点与乡村人口耦合关系及时空特征［J］. 农业工程学报，2024，40（12）：237–245.
［289］李彤，师学义，荣联伟. 黄土山丘区农村居民点整治优先度分析［J］. 中国人口·资源与环境，2017，27（S2）：218–222.
［290］陈昌玲，许明军，诸培新，等. 近 30 年来江苏省农村居民点时空格局演变及集约利用变化［J］. 长江流域资源与环境，2020，29（10）：2124–2135.
［291］冯香平. 山西省退耕还林还草的问题与对策［J］. 山西水土保持科技，2004，（04）：36–37.
［292］庄慧. 关于建立土地利用规划许可制度的研究［J］. 中华建设，2023，（09）：64–66.
［293］郭文炯，等. 汾河流域城镇变迁与城镇化［M］. 北京：科学出版社，2017：193–194.

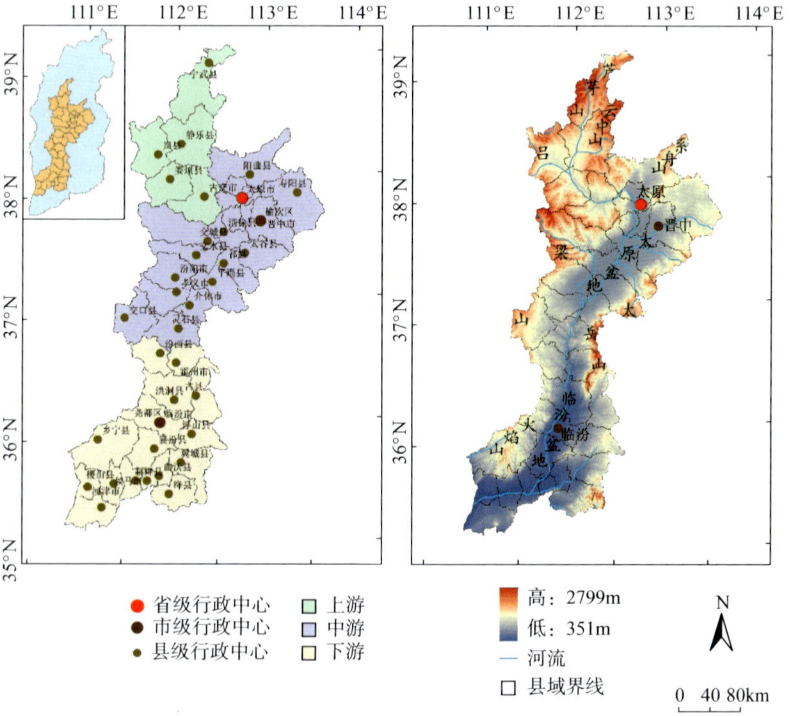

图 3-1 汾河流域行政区划与 DEM 图

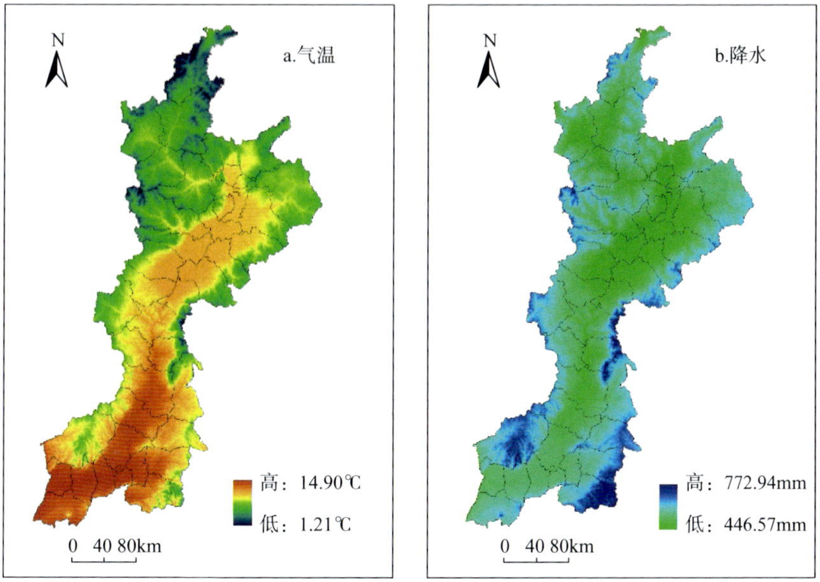

图 3-2 汾河流域气温和降水分布

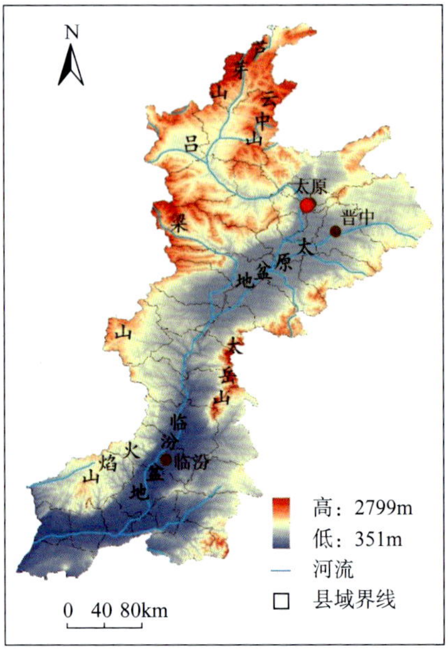

图 3–3　汾河流域地形分布

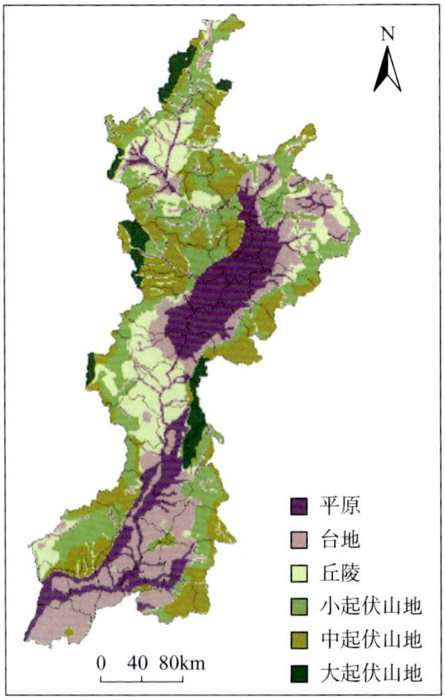

图 3–4　汾河流域地貌分布

中国 1：100 万地貌类型空间分布数据来源于《中华人民共和国地貌图集（1：100 万）》

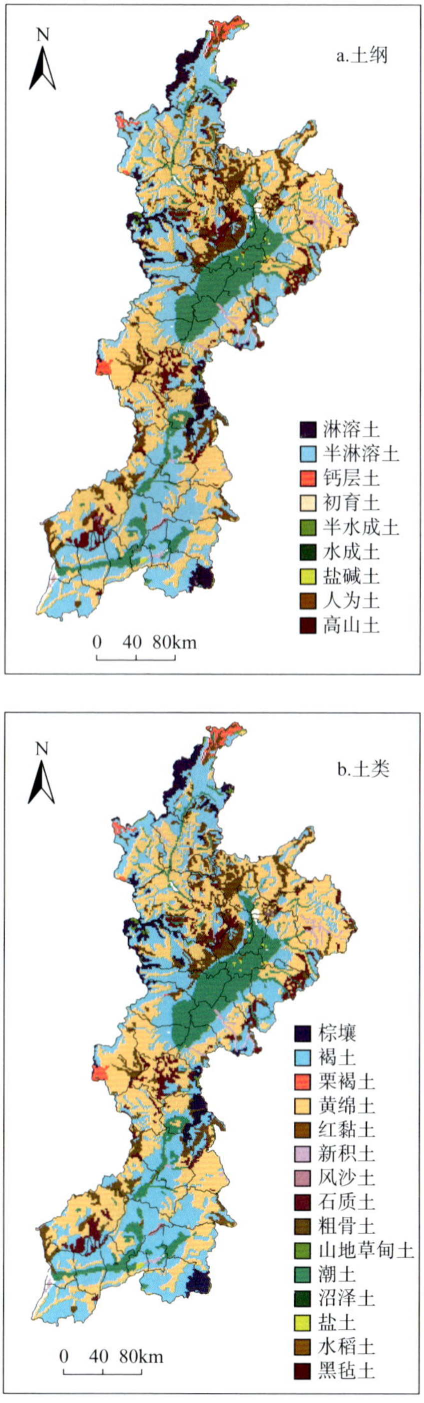

图 3-5　汾河流域土壤分布

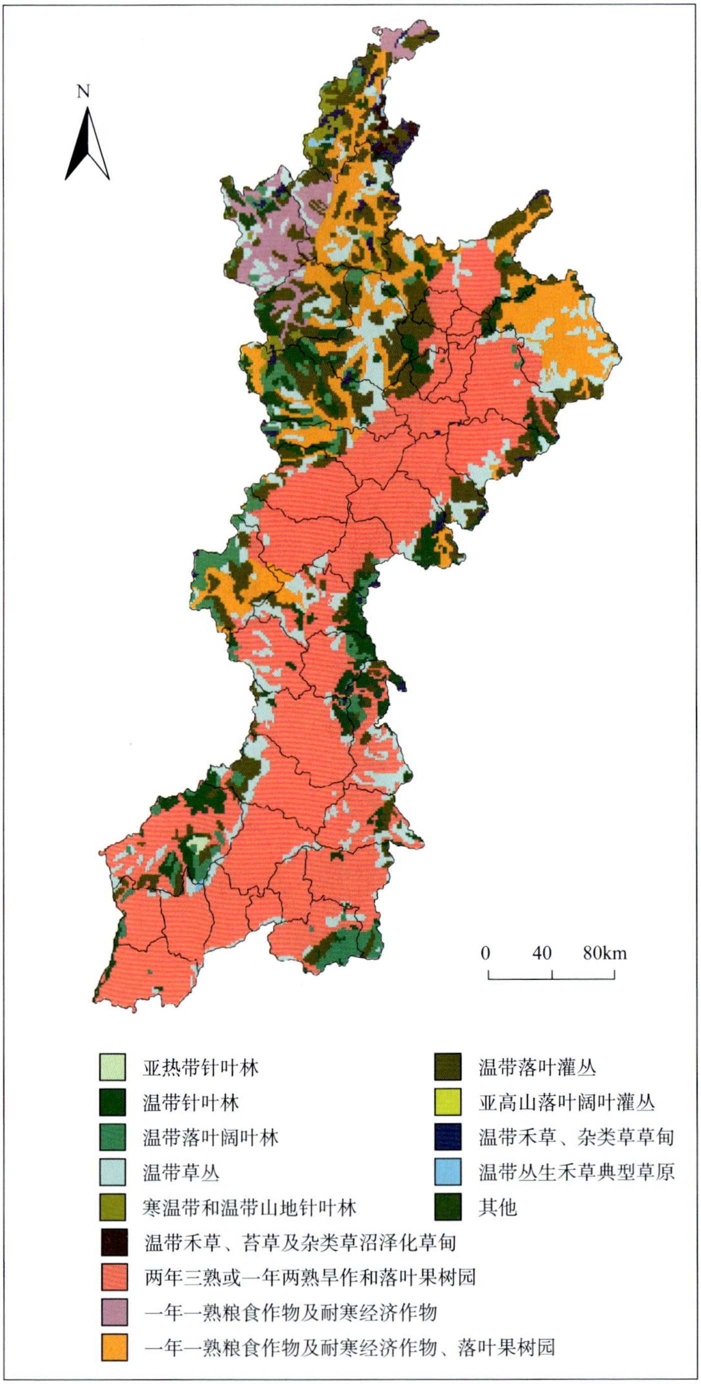

图 3–6　汾河流域植被分布

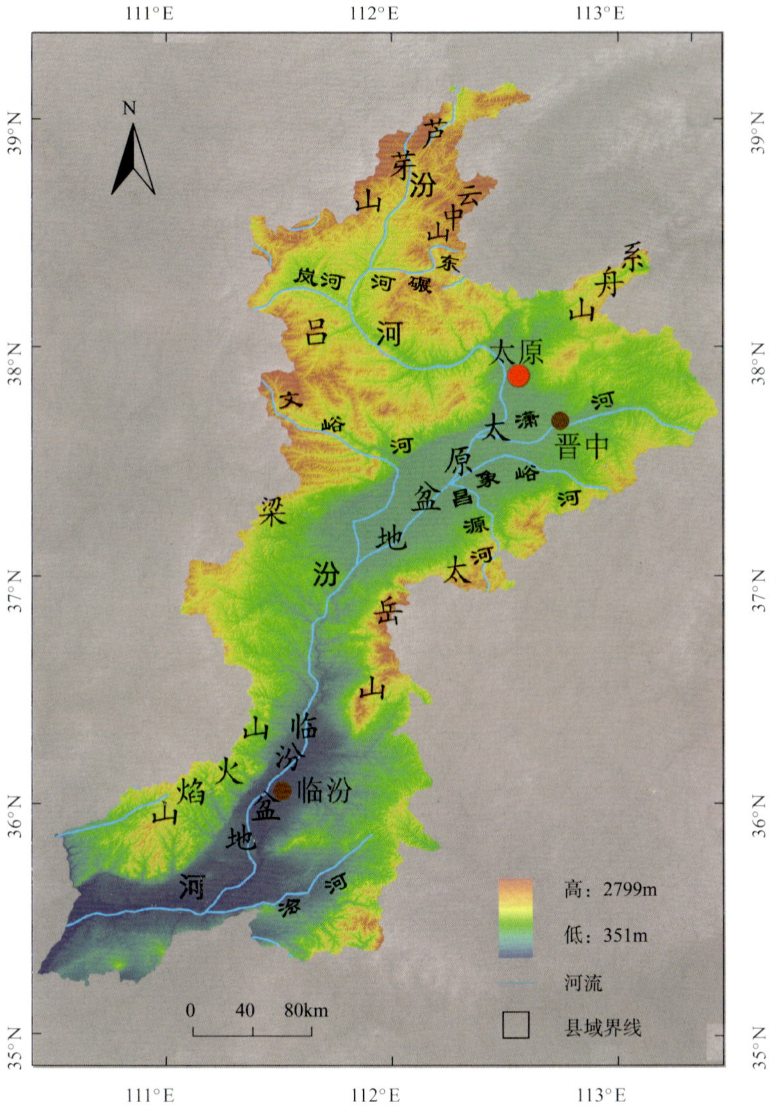

图 3-7 汾河流域水系分布

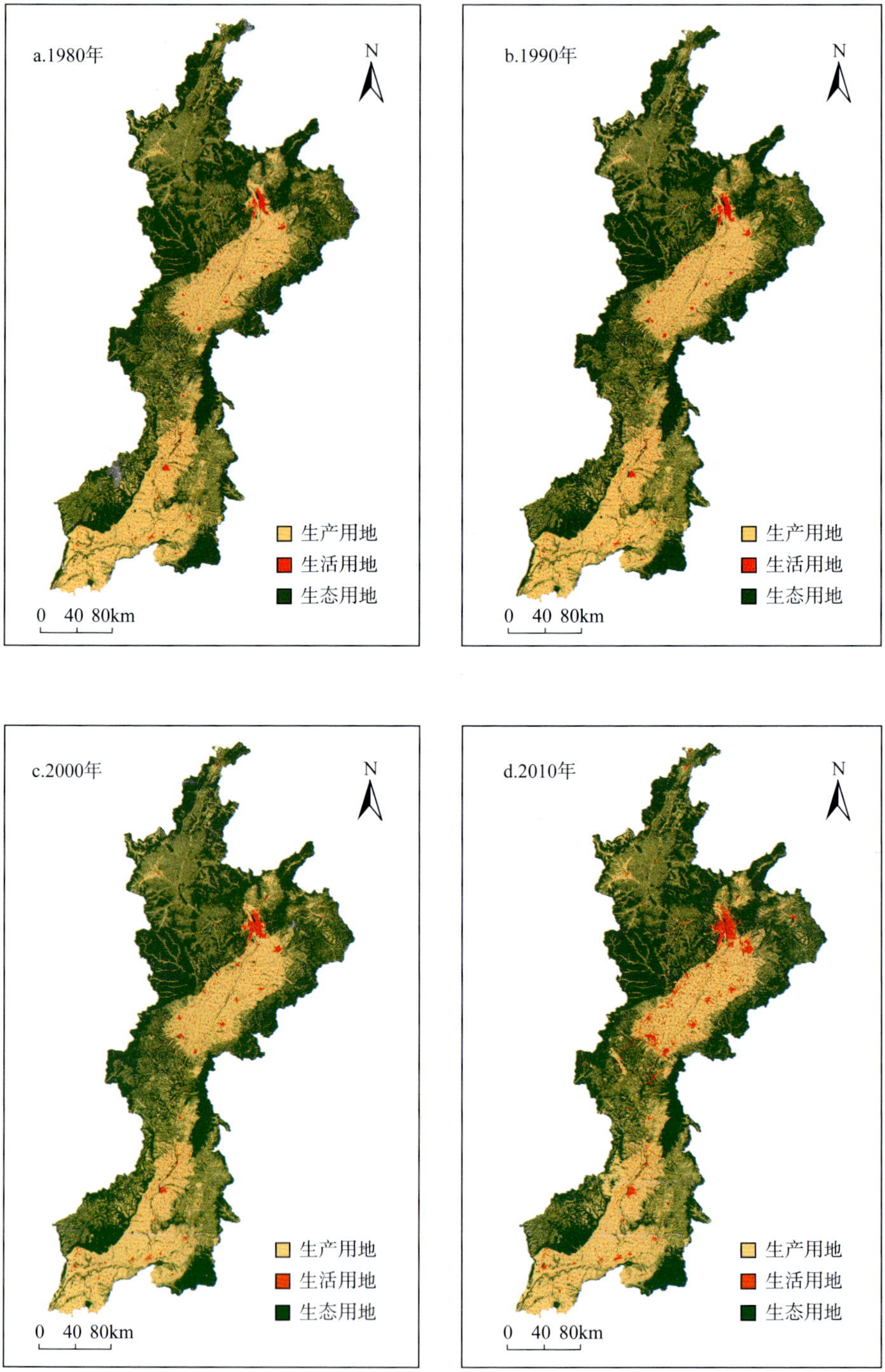

图 4-1　汾河流域“三生”空间功能一级分类格局变化

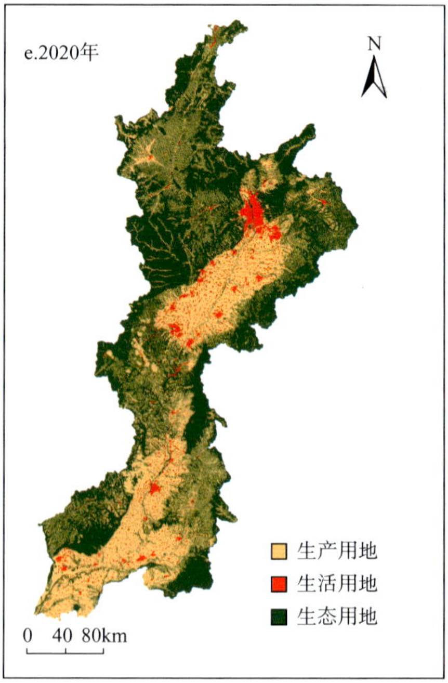

图 4-1　汾河流域“三生”空间功能一级分类格局变化（续图）

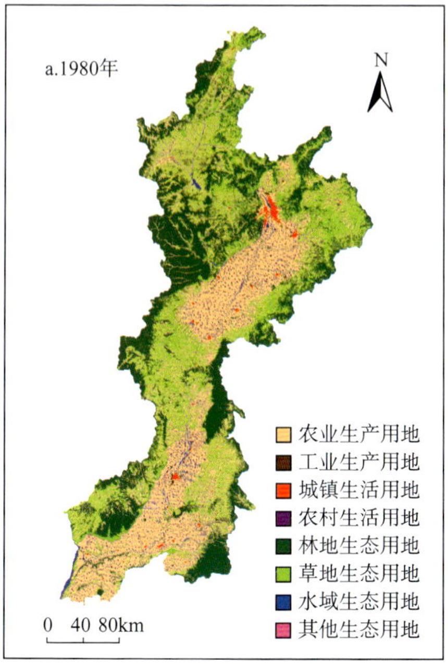

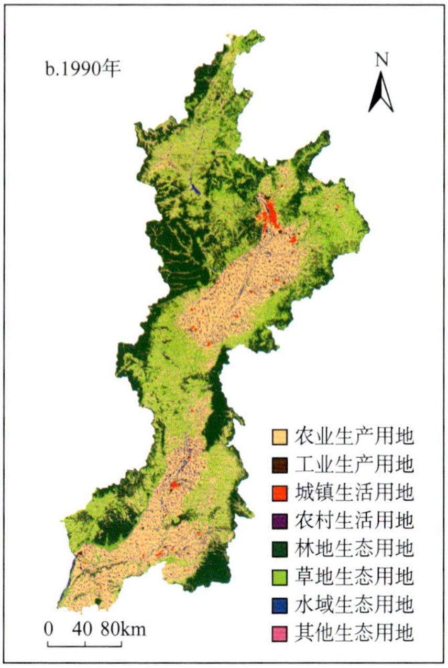

图 4-3　汾河流域“三生”空间功能二级分类格局变化

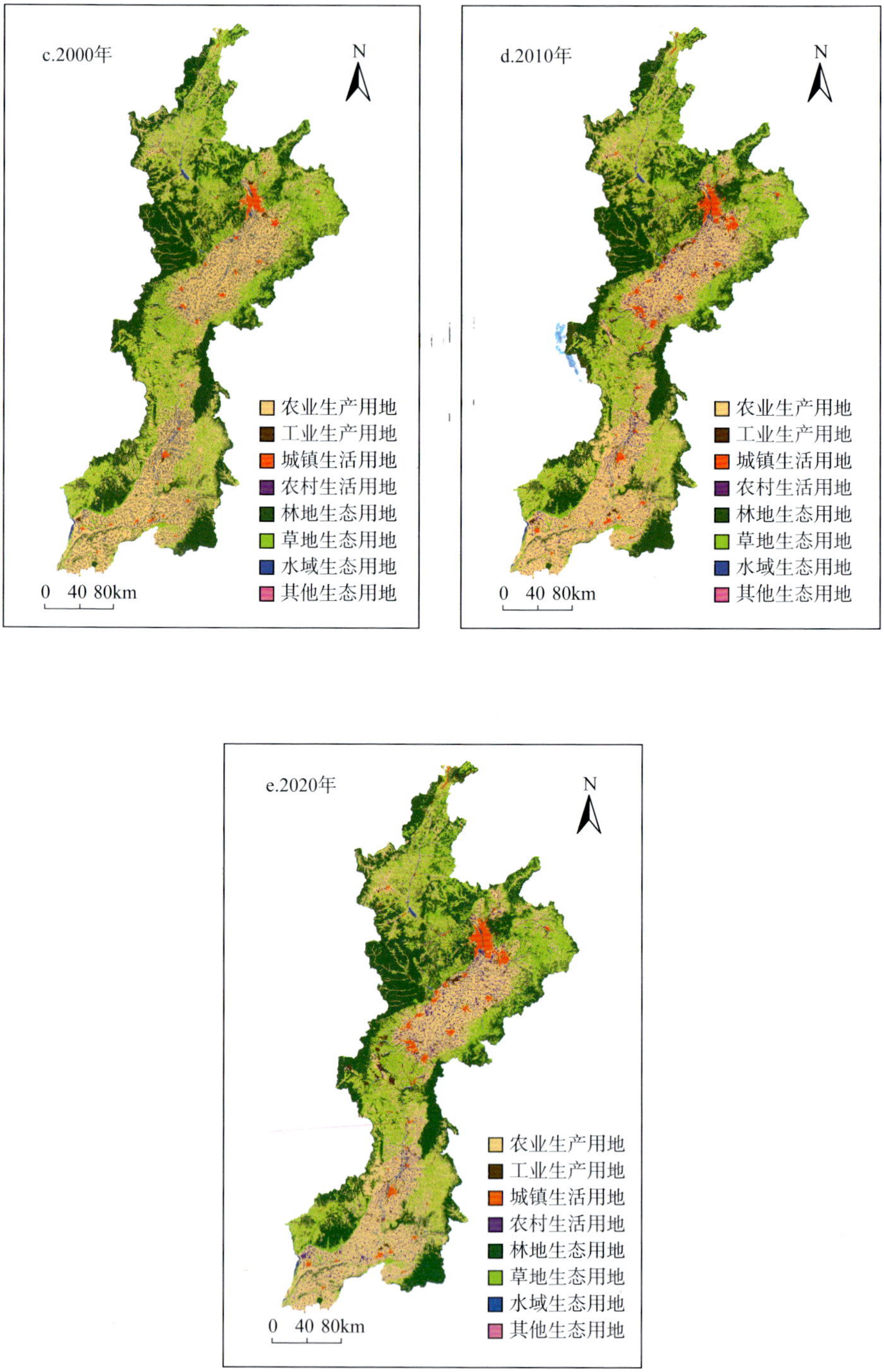

图 4–3　汾河流域“三生”空间功能二级分类格局变化（续图）

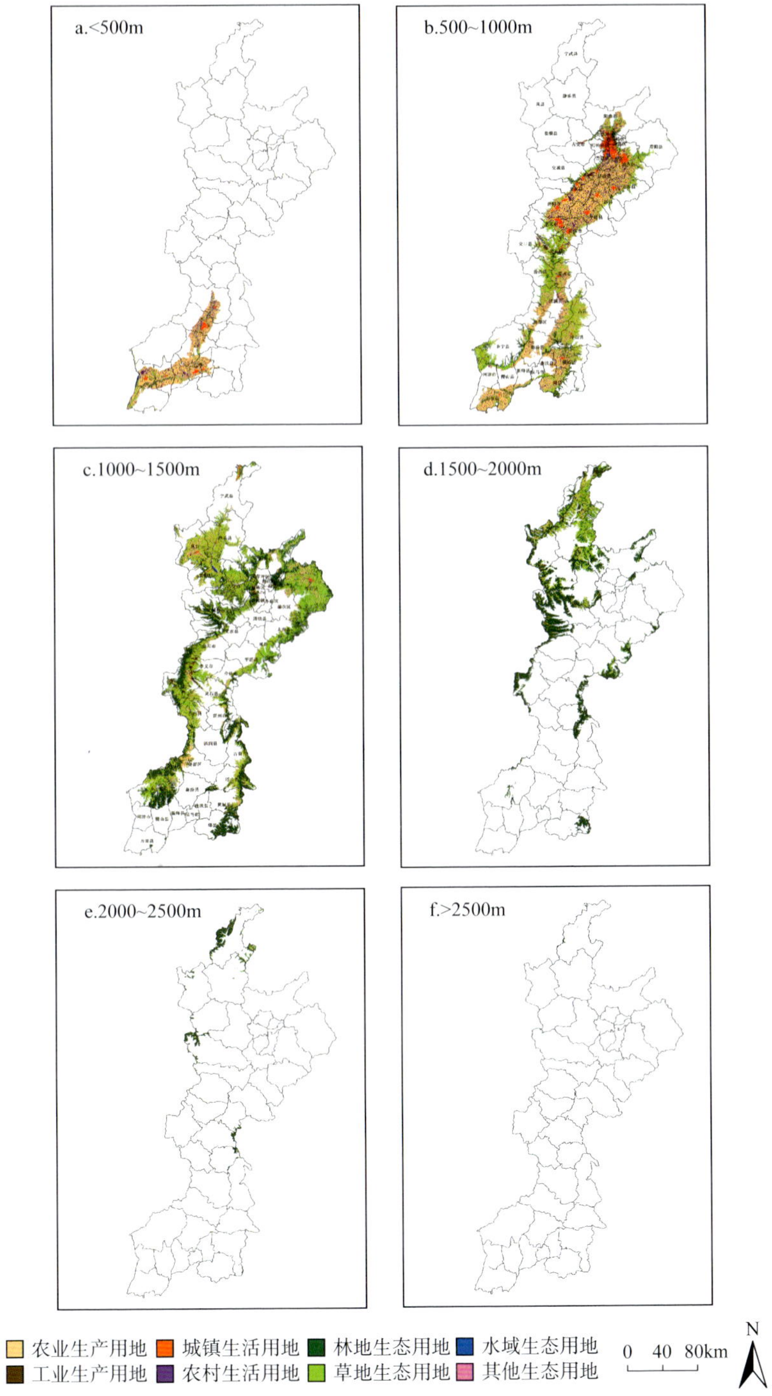

图 4–5　汾河流域不同海拔“三生”空间分布

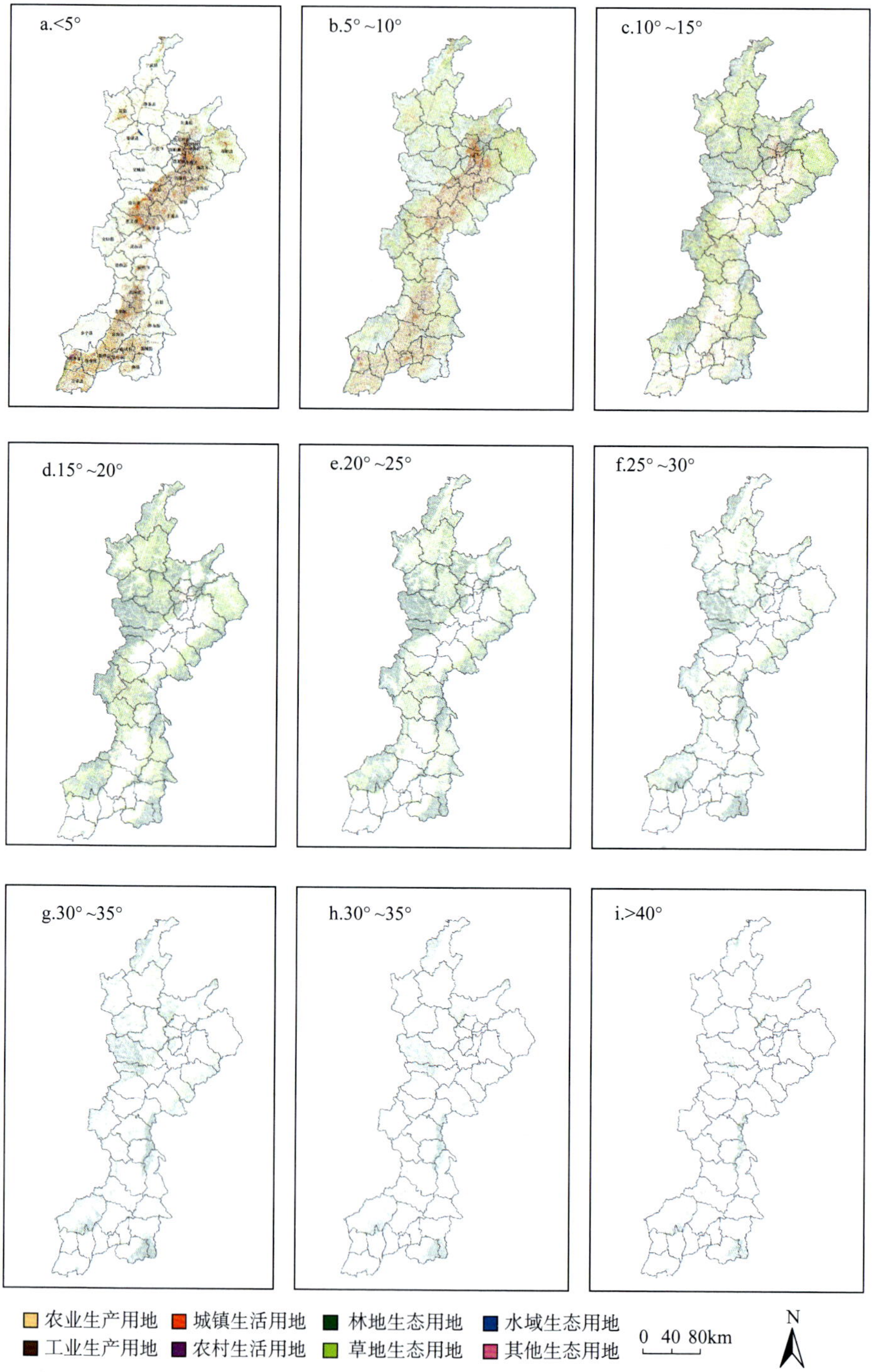

图 4-8　汾河流域不同坡度“三生”空间分布

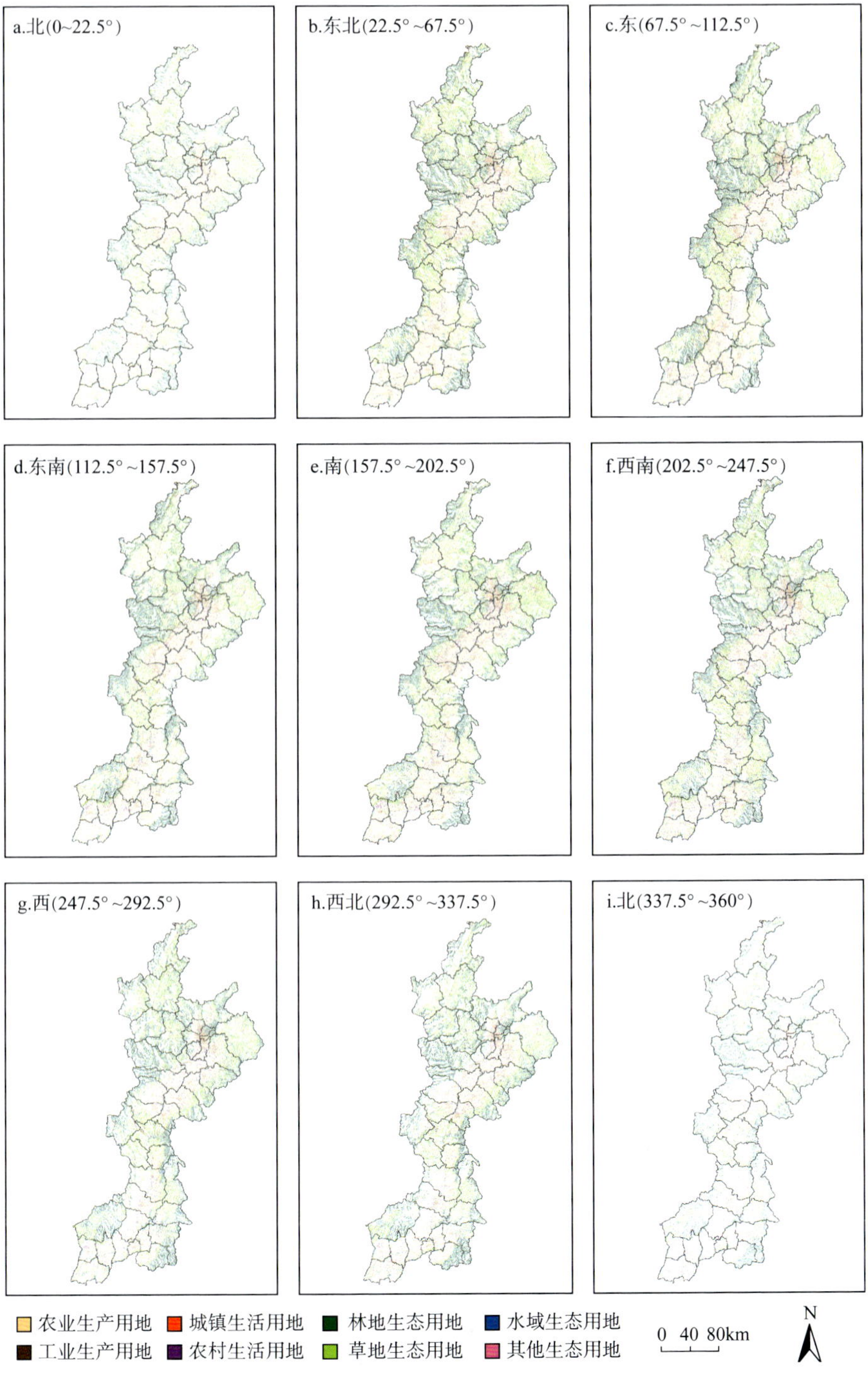

图 4–11　汾河流域不同坡向“三生”空间分布

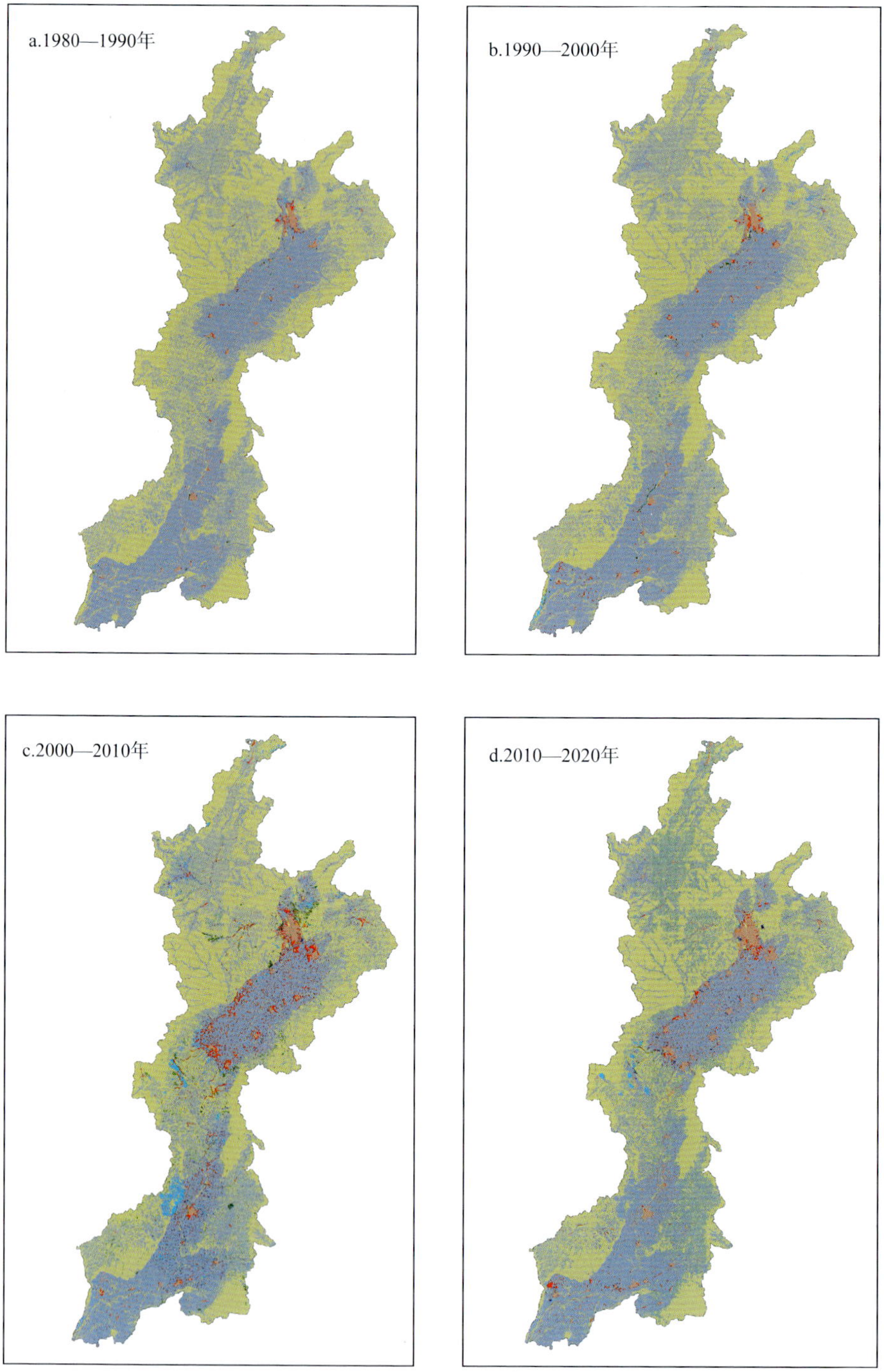

图 4-16　1980—2020 年汾河流域“三生”空间一级分类空间变化

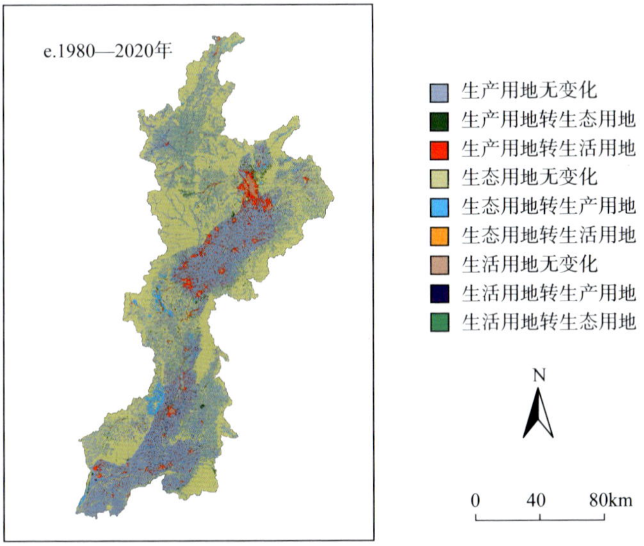

图 4-16　1980—2020 年汾河流域“三生”空间一级分类空间变化（续图）

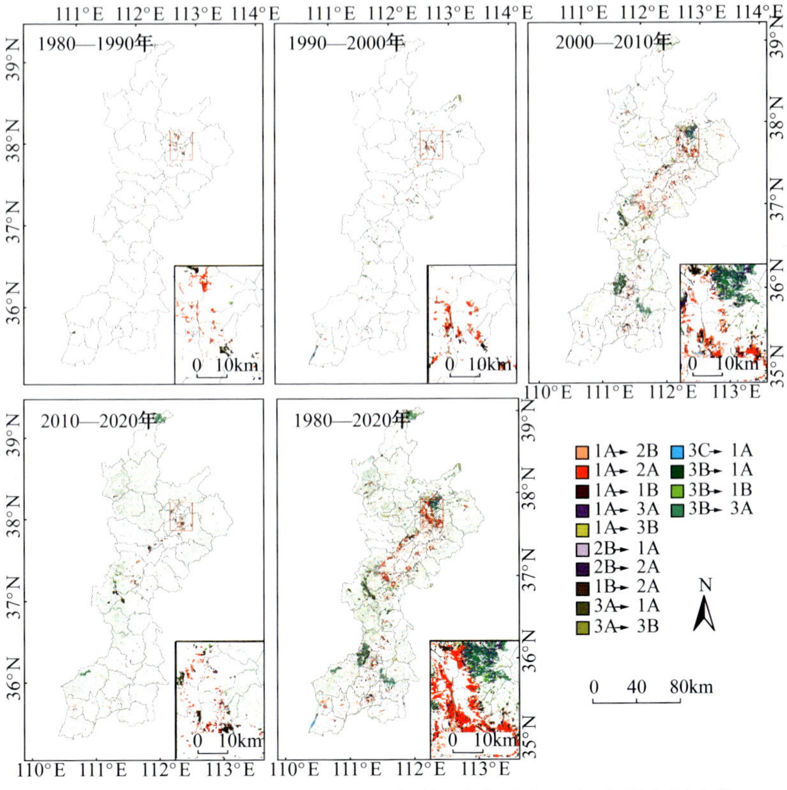

图 4-18　1980—2020 年汾河流域“三生”空间二级分类空间变化

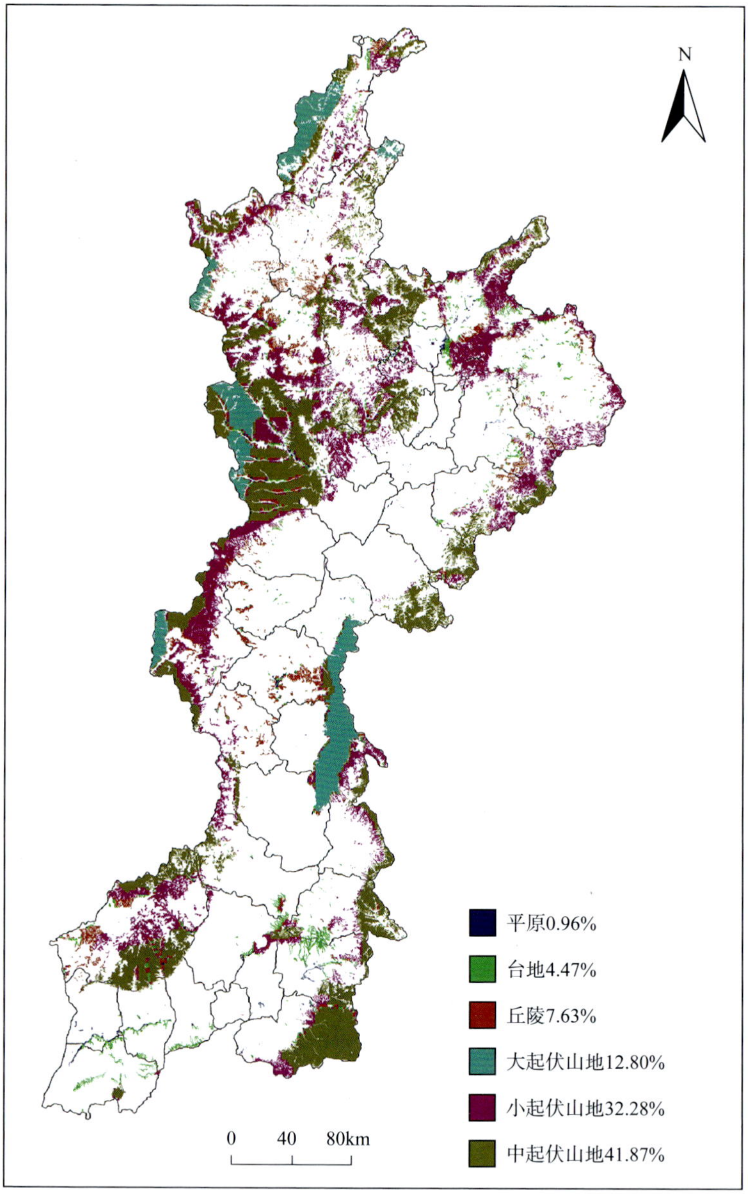

图 6-24 汾河流域不同地貌林地生态用地空间分布

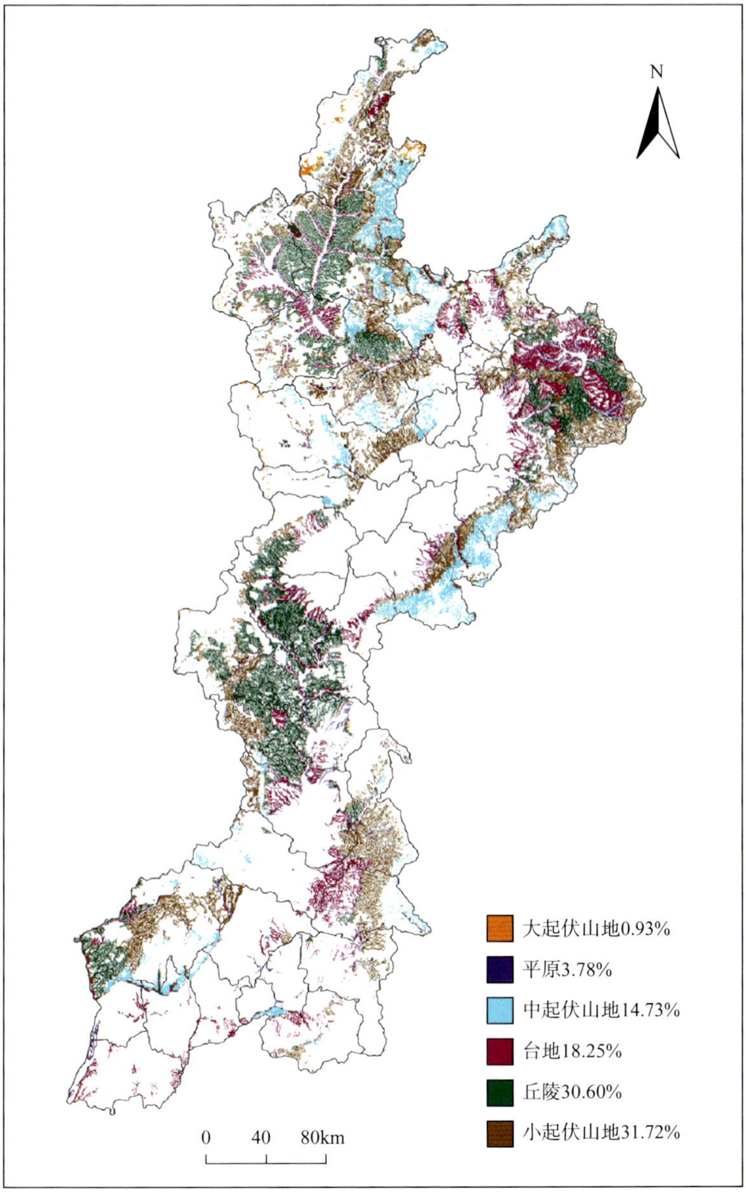

图 6-31　汾河流域不同地貌草地生态用地空间分布

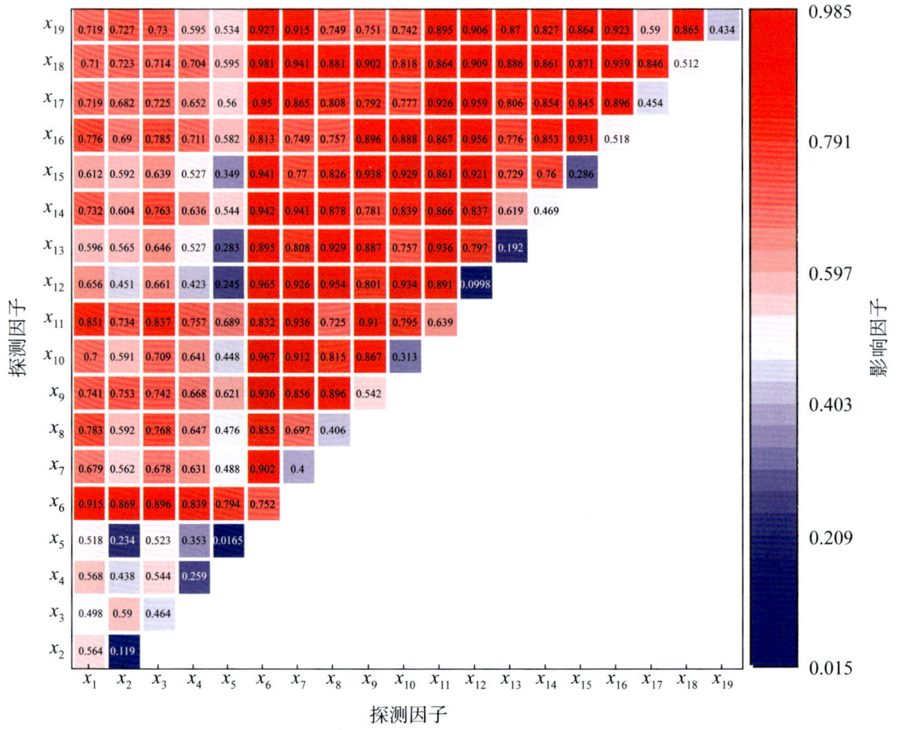

图 6-33　汾河流域“三生”空间影响因子交互探测